编辑委员会名单

主　　任：张伟斌　迟全华
副主任：葛立成　毛　跃　潘捷军　陈柳裕　王金玲
成　　员：（按姓氏笔画排序）
　　　　　万　斌　毛亚敏　卢敦基　华忠林　杨建华
　　　　　吴　蓓　谷迎春　宋月华　陈　野　陈永革
　　　　　陈华兴　林华东　徐吉军　徐剑锋　董郁奎
　　　　　解力平　戴　亮

中国地方社会科学院学术精品文库·浙江系列

中国地方社会科学院学术精品文库·浙江系列

转型发展：国际经验与浙江路径

The Transformation Development:
International Experiences and
Zhejiang Route

● 聂献忠 / 著

社会科学文献出版社
SOCIAL SCIENCES ACADEMIC PRESS (CHINA)

本书由浙江省省级社会科学学术著作出版资金资助出版

浙江省新型重点专业智库浙江省社会科学院发展战略
和公共政策研究成果

特色学科"发展经济学"阶段成果

打造精品　勇攀"一流"

《中国地方社会科学院学术精品文库·浙江系列》序

光阴荏苒，浙江省社会科学院与社会科学文献出版社合力打造的《中国地方社会科学院学术精品文库·浙江系列》（以下简称《浙江系列》）已经迈上了新的台阶，可谓洋洋大观。从全省范围看，单一科研机构资助本单位科研人员出版学术专著，持续时间之长、出版体量之大，都是首屈一指的。这既凝聚了我院科研人员的心血智慧，也闪烁着社会科学文献出版社同志们的汗水结晶。回首十年，《浙江系列》为我院形成立足浙江、研究浙江的学科建设特色打造了高端的传播平台，为我院走出一条贴近实际、贴近决策的智库建设之路奠定了坚实的学术基础，成为我院多出成果、快出成果的主要载体。

立足浙江、研究浙江是最大的亮点

浙江是文献之邦，名家辈出，大师林立，是中国历史文化版图上的巍巍重镇；浙江又是改革开放的排头兵，很多关系全局的新经验、新问题、新办法都源自浙江。从一定程度上说，在不少文化领域，浙江的高度就代表了全国的高度；在不少问题对策上，浙江的经验最终都升华为全国的经验。因此，立足浙江、研究浙江成为我院智库建设和学科建设的一大亮点。《浙江系列》自策划启动之日起，就把为省委、省政府决策服务和研究浙江历史文化作为重中之重。十年来，《浙江系列》涉猎领域包括经济、哲学、社会、文学、历史、法律、政治七大一级学科，覆盖范围不可谓不广；研究对象上至史前时代，下至21世纪，跨度不可谓不大。但立足浙江、研究浙江的主线一以贯之，毫不动摇，为繁荣浙江省哲学社会科学事业积累了丰富的学术储备。

贴近实际、贴近决策是最大的特色

学科建设与智库建设双轮驱动，是地方社会科学院的必由之路，打造区域性的思想库与智囊团，是地方社会科学院理性的自我定位。《浙江系列》诞生十年来，推出了一大批关注浙江现实，积极为省委、省政府决策提供参考的力作，主题涉及民营企业发展、市场经济体系与法制建设、土地征收、党内监督、社会分层、流动人口、妇女儿童保护等重点、热点、难点问题。这些研究坚持求真务实的态度、全面历史的视角、扎实可靠的论证，既有细致入微、客观真实的经验观察，也有基于顶层设计和学科理论框架的理性反思，从而为"短、平、快"的智库报告和决策咨询提供了坚实的理论基础和可靠的科学论证，为建设物质富裕、精神富有的现代化浙江贡献了自己的绵薄之力。

多出成果、出好成果是最大的收获

众所周知，著书立说是学者成熟的标志；出版专著，是学者研究成果的阶段性总结，更是学术研究成果传播、转化的最基本形式。进入20世纪90年代以来，我国出现了学术专著出版极端困难的情况，尤其是基础理论著作出版难、青年科研人员出版难的矛盾特别突出。为了缓解这一矛盾和压力，在中共浙江省委宣传部、浙江省财政厅的关心支持下，我院于2001年设立了浙江省省级社会科学院优秀学术专著出版专项资金，从2004年开始，《浙江系列》成为使用这一出版资助的主渠道。同时，社会科学文献出版社高度重视、精诚协作，为我院科研人员学术专著出版提供了畅通的渠道、严谨专业的编辑力量、权威高效的书稿评审程序，从而加速了科研成果的出版速度。十年来，我院一半左右科研人员都出版了专著，很多青年科研人员入院两三年就拿出了专著，一批专著获得了省政府奖。可以说，《浙江系列》已经成为浙江省社会科学院多出成果、快出成果的重要载体。

打造精品、勇攀"一流"是最大的愿景

2012年，省委、省政府为我院确立了建设"一流省级社科院"的总体战略目标。今后，我们将坚持"贴近实际、贴近决策、贴近学术前沿"的科研理念，继续坚持智库建设与学科建设"双轮驱动"，加快实施"科研立院、人才兴院、创新强院、开放办院"的发展战略，努力在2020年年底总体上进入国内一流省级社会科学院的行列。

根据新形势、新任务，《浙江系列》要在牢牢把握高标准的学术品质不放松的前提下，进一步优化评审程序，突出学术水准第一的评价标准；进一步把好编校质量关，提高出版印刷质量；进一步改革配套激励措施，鼓励科研人员将最好的代表作放在《浙江系列》出版。希望通过上述努力，能够涌现一批在全国学术界有较大影响力的学术精品力作，把《浙江系列》打造成荟萃精品力作的传世丛书。

是为序。

张伟斌

2013年10月

内容摘要

　　以经济转型为核心的国家或地区转型是直接关系到发展能否持续、发展是否高质量的重要议题，也是发展中国家迈向现代化的必由之路，转型成功直接关系到现代化发展进程和国际竞争优势的建立与提升。改革开放以来，浙江经济发展一直走在全国前列，浙江不仅积累了坚实的物质基础，形成了明显的发展优势，而且为探索中国特色社会主义道路提供了丰富的实践经验。进入21世纪以来，浙江延续了经济社会发展的良好势头，保持了在全国的领先位置，但随着进入高水平全面建成小康社会、高水平全面建设社会主义现代化的发展新阶段，浙江也非常明显地面临传统增长乏力、体制机制约束、高端要素和创新不足的难题。特别是进入全球一体化发展与全球全域互联互通时代，信息经济已经并将持续深刻地影响经济发展的方方面面，从而给传统制造业转型发展带来更多的压力；但同时，新经济背景下的智能制造趋势、互联网应用创新以及大数据平台、人工智能的蓬勃兴起又为制造业转型和新兴产业战略布局提供了更多机遇与挑战。

　　转型是一项长期而艰巨的任务。自工业化中后期以来，经济转型一直贯穿于浙江经济发展历程，社会与法制、政府职能与制度建设等领域的转型也一直在大力推进中。当前，在浙江人均生产总值成功跨越1万美元向2万美元、奋力向高水平的全面小康和率先基本现代化迈进的关口，转型发展的迫切性和重要性已经逐渐由政府层面扩散到社会，人的生存发展优于区域发展、社会公平与进步优于经济发展的观念也日益深入人心。然而，体制机制不完善和市场资源配置不均衡等因素仍然存在，在不同程度上仍然阻碍着浙江发展方式的转变与转型进程。在类似发展阶段，欧美各国、日本、韩国等都有成功的探索经验，而南美有些国家则出现转型魔咒，这值得警惕与深思。日本于20世纪80年代开始进行结构性转型，发展重点转向服务业并扩大内需以减少对外需的依赖。伴随着日本制造业大规模向海外转移以降低生产成本、提高国际竞争力，大企业和中型企业也大规模向外走，产业空心化越来越严重，直接影响到国内就业与财政基础；而具有核心竞争力的创新型产业以及服务业并未形成规模，占据主导地位，制造业企业仍是出口主力。综合分析日本不算成功的转型经验，除去房产泡沫危机导致的深远影响外，转型发展环境未能创造与体制性障碍未能有效突破是首要原因。因此，浙江要真正走上转型发展道路，不仅要克服诸多约束性障碍，还需要更全面、更完善的制度环境和改革举措来强化推动。

为此，在当前转型升级、创新引领、体制机制与社会等全方位深刻变革的重要关口，浙江要顺利实现"两个高水平"建设，更需超前谋划，增强"走在前列"的意识，全面推进转型发展是现阶段浙江经济迈向高水平国际化根本出路的路径宣传。浙江需要高度重视创新与转型在经济发展中的重要战略地位，高度重视创新与转型在地区现代化进程中的重要意义，真正在经济、社会、文化、生态与体制机制等全面转型和以自主、协同、创新为特点的发展进程中践行"八八战略",把"六个浙江"建设落在实处,推向高水平。以此为目的,本书着力于纵向梳理和横向比较研究,通过理论分析与实践研究,掌握转型发展的特点和规律及其要求。通过系统分析创新与转型发展的国际经验和浙江实践,系统总结转型发展的国际经验,为浙江转型发展提供参考;通过全面梳理浙江转型发展过程中可推广的成功经验、存在的问题与障碍,为下一步深化改革和转型发展提供经验支撑;并积极为转型理论研究提供参考。这些研究,都将有助于从更宏观的视野来把握转型的方向和创新的力量,对于今后积极探讨浙江经济社会发展、现代化建设道路和政府管理模式的转型,将有着实际意义。

首先,本书从宏观的角度,系统地梳理转型发展的国际经验与浙江探索,包括先行国家和地区转型发展的经验以及近年来浙江推进转型发展的探索与实践。"八八战略"是事关浙江现代化建设全局的重大战略选择,因此浙江的转型探索具有这样的脉络:以"八八战略"为纲领,积极推进浙江转型升级;大力推进"腾笼换鸟"与产业转移,促进浙江产业转型;以"四换三名"和生态治理为抓手;以"最多跑一次"为抓手深化改革,推进转型发展等。其次,分析了当前及未来一段时间内,浙江转型发展面临的新环境、新要求、新挑战,包括浙江转型发展面临的国内外环境、转型发展迈入新阶段面临的要求与约束、进一步推进转型发展面临的机会与挑战等。再次,讨论了浙江转型发展的战略目标与路径选择,主要围绕浙江转型发展的战略目标体系、实现浙江转型发展目标的主要路径、率先实现基本现代化是转型发展的根本目标等角度展开。然后,从增长动力角度研究加快动力转换与提升的途径,包括探讨发达国家和地区提升新增长动力的战略思路和战略举措;提升经济增长新动力重在建立增长新机制;谋划提升新增长动力的路径工程以及从民生与社会发展中获取新动力。转型发展同样离不开深化体制与机制变革，特别是要加快"消费驱动型"的配套体制改革、推进"市场导向型"的竞争体制创新、构建"创新驱动型"的内生驱动机制、推动"服务导向型"的政府体制改革、建立"高质量增长"的系统长效机制。而且，全面深化改革、扩大开放，也是推进转型发展的重要议题。为此，必须推进改革强省，营造浙江体制机制新优势；推进开放强省，提升以新经济引领为核心的国际竞争力。在此基础上，加快实现创新引领，推进转型发展。主要从实现创新引领是转型发展的关键、"创新引领"发展模式的国际经验与启示、推进浙江实现创新引领的战略思路与举措、发挥金融资本在推进创新与转型发展中的助动力作用等方面进行研究。推进转型发展，加快现代产业培育、建立现代产业体系是重要的支撑。为此，需要重点培育战略性产业，发挥龙头企业带动作用；大力发展生产性服务业，助推传统产业转型升级；高度重视发展软产业，有效提升制造业竞争力；战略推进健康产业大发展，提升居民幸福获得感。转型发展更需要增强空间集聚与优化，形成和谐发展。在这方面，本书主要论述了转型发展需要增强大产业大集聚、吸取发达国家与地区集聚型均衡的国际经验、进一步增强浙江大都市区集聚功能、推进县域城市化向都市区经济转型、补短板强优势以促进浙南浙北协调发展等内容。在转型发展进程中，东部沿海地区限于生态约束以及面临的要素成本压力，需要不断推进产业转移。因此，本书主要围绕空间转移梳理产业梯度转移的国内外经验、探讨加快浙江产业转移促进转型发展的总体思路、推进浙江产业转移的有效模式与路径以及加快推进浙江产业转移的政策与举措。最后，重点分析了新工业革命下的转型发展与智能制造问题，包括应对新工业革命的国内外经验与启示、浙江大力推进智能制造与机器换人、人工智能与制造业转型升级以及构建大数据平台以推进转型发展；研究了加强互联网应用创新，以推进转型发展问题，包括立足浙江互联网领先优势、加快推进互联网应用创新，重点谋划创新中心、推进转型发展以及浙江加快推进互联网应用创新的战略举措。

目　录

导　言 …………………………………………………………………… 1

第一章　转型发展的新环境新挑战 ………………………………… 9
　一　浙江转型发展面临的国内外环境 ……………………………… 10
　二　转型发展迈入新阶段面临的要求与约束 ……………………… 15
　三　进一步推进转型发展面临的机遇与挑战 ……………………… 22

第二章　转型发展的国际经验与浙江探索 ………………………… 28
　一　先行国家和地区转型发展的经验 ……………………………… 29
　二　浙江推进转型发展的探索与实践 ……………………………… 38

第三章　转型发展的战略目标与支撑 ……………………………… 55
　一　浙江转型发展的战略目标体系 ………………………………… 56
　二　率先实现基本现代化是转型发展的根本目标 ………………… 63
　三　实现浙江转型发展目标的战略支撑 …………………………… 73

第四章　转型发展的动力转换与提升 …………………………… 89

一　稳定中高速增长，提升新增长动力 ……………………… 89

二　发达国家和地区提升新增长动力的战略思路 …………… 94

三　发达国家和地区提升新增长动力的战略举措 …………… 98

四　提升经济增长新动力重在建立增长新机制 ……………… 102

五　提升新增长动力需谋划若干系统工程 …………………… 106

六　从民生与社会发展中获取新动力 ………………………… 110

第五章　转型发展的改革深化与推进 …………………………… 115

一　推进改革强省，营造浙江体制机制新优势 ……………… 115

二　全面深化各领域改革，构建高效率发展运行机制 ……… 125

三　推进新一轮改革，建立形成高质量发展长效机制 ……… 133

第六章　转型发展的高水平开放新格局 ………………………… 142

一　对外开放与合作面临新变革 ……………………………… 142

二　坚持高水平开放与引进，推进全面开放新格局 ………… 144

三　推进开放强省，提升新经济国际竞争力 ………………… 148

第七章　转型发展的创新驱动与引领 …………………………… 153

一　实现创新引领是推进转型发展的关键 …………………… 153

二　创新引领发展模式的国际经验与启示 …………………… 156

三　推进浙江实现创新引领的战略思路与举措 ……………… 159

四　发挥金融资本助动力，推进创新与转型发展 …………… 165

第八章　转型发展的空间集聚与优化 …… 171
一　转型发展需要增强空间大集聚 …… 172
二　发达国家与地区集聚型均衡发展的国际经验 …… 176
三　进一步增强浙江大都市区集聚功能 …… 179
四　推进县域城市化向都市区经济转型 …… 182
五　补短板强优势，促进浙南浙北协调发展 …… 187

第九章　强生态促转移，推进转型发展 …… 193
一　产业梯度转移的国内外经验 …… 193
二　加快产业转移促进转型发展的总体思路 …… 200
三　推进浙江产业转移的有效模式与路径 …… 206
四　加快推进浙江产业转移的政策与举措 …… 211

第十章　建立现代产业体系，推进转型发展 …… 217
一　重点培育战略性产业，发挥龙头企业带动作用 …… 217
二　大力发展生产性服务业，助推传统产业转型升级 …… 221
三　高度重视发展软产业，提升制造业竞争力 …… 235
四　重点推进健康产业大发展，提升居民幸福获得感 …… 242

第十一章　新工业革命下的转型发展与智能制造 …… 257
一　应对新工业革命的国内外经验与启示 …… 257
二　浙江大力推进智能制造与机器换人 …… 269
三　人工智能与制造业转型升级 …… 276
四　构建大数据平台，推进转型发展 …… 279

第十二章　加强互联网应用创新，推进转型发展 …………… 282

一　立足互联网领先优势，加快推进互联网应用创新 ………… 283

二　基于互联网应用的创新在浙江的探索与实践 ……………… 286

三　重点谋划全球互联网应用创新中心，推进转型发展 ……… 290

四　浙江加快推进互联网应用创新的战略举措 ………………… 293

参考文献 …………………………………………………………… 297

导　言

　　经济转型是各国各地区在发展道路上面临的普遍难题，转型触及许多基本问题，如国有经济改革、公有产权明晰化、资源配置方式转换、政府职能转换、社会价值观演化，也凸显出诸如分权、激励、竞争、不确定性、不完全信息、治理结构、价值创造与价值分配、政府职能、利益集团、寻租、制度演进等概念的分析价值。经济体制转型为政治经济学发展提供了千载难逢的机会。转型发展问题是近年来国际经济学的一个研究热点，也是国内经济领域研究的重点内容。随着我国经济发展进入新时代，社会、经济和政治都发生了一系列变化，这些变化不仅仅是表现为传统社会向现代社会的总体性转型，从计划经济向市场经济的转型，从农业性乡村社会向工业性城镇社会的转型，从封闭半封闭社会向开放社会的转型，实际上，转型研究的广度与深度更加复杂，已经广泛涉及经济学、社会学、法学和政治学等各类相关学科领域。从全球发展趋势而言，当今世界经济转型的主要特征就是经济全球化和经济信息化的突起，经济全球化是对全球资源和市场追逐的结果，经济信息化则是信息技术突飞猛进使然。目前，我国各地政府都高度重视信息经济在经济发展中的重要战略地位，从战略高度来关注经济转型的重大特征有着重要的理论意义。

20世纪以欧美发达国家为代表的经济体成功实现了以经济转型为核心的国家竞争力提升，21世纪以中国为代表的新兴经济体将面临转型的关键阶段，转型的成功与否将直接关系区域现代化进程和竞争优势的能否建立，直接决定着中华民族的伟大复兴进程。从有关文献资料看，对20世纪发达国家和地区转型的模式与经验研究，主要集中在四大研究领域。一是对不同国家和地区根据各自经济社会基础和发展模式形成不同转型方式的相关研究。如对以技术领先型为特色的美国经验与模式、以体制创新为特色的韩国转型经验与模式、以产业赶超型为特点的日本经验与模式、以外向型产业为特点的新加坡转型经验与措施、以资源型城市或地区产业转型为模式的德国鲁尔区经验研究等，为同类型地区转型发展提供了借鉴与可能。二是部分国家或地区现代化进程中的社会转型与公共建设问题研究。西方社会转型不同于中国社会转型，西方经济社会转型主要是市场化作用的结果，转型往往是内生渐进发展过程。市场经济因素在转型前的自然经济中产生并逐渐壮大。由于这种变革是从传统体制内部引发的长期渐进性的社会变革，所以对历史传承性的破坏和冲击相对要轻缓与微弱。对于我们这样的后发国家来说，如果这种矛盾和冲击被压缩到较短的时间内，则往往是突发性的休克式疗法，因而很有可能像苏联一样，发生一系列不可预测的无法回避的社会风险。这种情况下的社会转型容易导致失业、社会分化、犯罪、社会不安、社会公害等方面的问题集中出现。尼尔·J.斯梅尔塞认为：社会转型是调整所带来的出乎意料的后果，20世纪末世界发生的重大而且持续的转型——持续的经济增长、持续的民主革命、新的集团和新的认同以及普通的环境危机等——并不是普遍性的进化原则决定的主要趋势，而是国家和国家集团短期调整行为不断积淀而意外地造成的后果。斯梅尔塞认为，当今世界发生的重大转型，仅仅是单个国家或国家集团对他们目前的社会和政治环境做出的相对短期反应，而没有更多地考虑其长期后果。长期的转型——乃至发生革命——常常是这种短期反应的后果积累所致，出乎人们预料。对实践、形势和危机的反应虽然互不关联，却以人们意想不到的方式日积月累，形成全球性的变化。他认为最重要的四种趋势是：经济增长的革命持续不断；民主革命的继续；团结和认同的革命；环境革命。上述四种趋势结合在一起，导致一些突出的矛盾，一个长期而为人熟知的矛盾为：国际资产阶级的胜利这一趋势是国内阶级和群体间的极端不平等以及国家间的极端不平等长期化的结果。三是转型时期政府建设的国际经验研究。从国际经验看，转型发展的总趋势是向着现代化的目标迈进，并伴随着两个方面：传统农业社会的分化解体和现代工业社会的整合生成。旧的分化和新的整合发生在经济、政治、社会结构和意识形态等所有领域，各个领域的分化整合过程相互影响、相互制约，形成一个环环相扣的有机整体。每一领域的分化与整合不会超越其他领域所提供的历史条件，但又给其他领域的过渡造成深刻影响。四是有关转型社会中的法律援助与法律改革研究。社会学者阿兰·图雷纳认为，经济因素导致社会冲突，然后导致各种制度化的机制，并通过法律或合同解决这些冲突。俄罗斯卢德米拉·格卢哈雷瓦教授认为，现代化意味着人口的高素质化，俄罗斯的法制现代化树立了新的人道主义概念和态度，以捍卫、维护、发展公民权利为目标；德国卡斯滕·施密特（Karsten Schmidt）教授则揭示了德国商法在转型时期的发展历程和影响因素。

从国内看，中国经济转型之路有自己的特色，也比较成功。有学者对中国政府、企业、社会在工业化、城市化、市场化和国际化的过程中是如何进行转型，以及中国经济转型的经验教训和理论启示等问题，进行了广泛深入的研究。从研究领域看，一是转型的路径选择研究。从最初对俄罗斯"休克"（激进）模式与中国"摸着石头过河"（渐进）模式进行比较研究开始。杨小凯认为，经济转型的核心是大规模的宪制转变，赞成渐进模式的经济学家缺乏宪制思考，只看到不同转型方式的短期经济效果就轻易地下结论，不能以中国"渐进"的成果去否定俄罗斯"休克"的失败。如果考虑到长期因素，中国现行改革造成的长期宪制转型成本可能超过了在短期内取得的收益。林毅夫则认为，转型必然是一个长期的过程，不会因为一部宪法的颁布和一次选举的举行而完成。因此，激进改革并不能真正实现宪制转型，但这种改革对经济的破坏是直接和立即的。因此，渐进的改革比激进的改革好。就"激进"和"渐进"的选择而言，主要发生在经济自由化和宏观经济的稳定方面、结构改革和制度变革方面、产业的微观结构重组方面。二是转型的制度研究。改革开放以来，伴随着产权配置与资产改革，经济转型领域的制度建设一直是改革的重点任务。打破国有资产对国民经济的垄断，对国有资产重新配置，由计划经济向现代市场经济转型，推动民营企业进入垄断领域以及"国退民进"等诸多改革也就成为各级政府部门的工作任务。三是政府职能转型问题研究。改革开放以来，政府职能在转型中经历了由管理向服务的巨大转变。政府职能转变的目标是依法行政。政府职能转变既是经济转型的关键，也是推进政治体制转型的起点。四是社会转型问题研究。很多文章深入研究了中国近代社会转型的动力和阻力。自1992年中国建立社会主义市场经济体制以来，中国社会转型就建立在明确的经济体制转型基础之上。但社会转型本身是社会体制的转变，是社会制度的创新。实行转型，必须对原有的国有经济垄断布局进行调整和结构改革，必须对原来的收入分配平均主义制度进行调整,必须使产业、金融、财政等方面的宏观调控逐步适应现代市场经济运行的需要,而这一切都会引起社会经济利益的新矛盾,从而引发一些社会问题甚至导致社会动荡,如通货膨胀(紧缩)压力、失业和再就业、城市退休和养老、农村养老和保险、文化教育医疗、地下经济等诸多城乡社会问题。五是转型的社会保障体系研究。社会的成功转型不仅需要建立完善的市场经济运行机制;还需要完善的社会保障体制并重构新的社会安全网,由具有社会保障、社会服务和社会救助功能的政府部门和其他社会组织构成社会保护伞,维护与经济发展水平相适应的社会公平。六是转型的法律问题研究。在我国经济与社会转型的大背景下,社会冲突日益复杂,社会矛盾不断增加,社会分层现象明显,各类疑难法律问题也逐渐出现,这与我国对法律对等性研究的缺失有关,为此,完善实质公平的法律体系逐渐成为转型发展的重要内容之一。

但总体来看,转型研究仍然存在诸多问题。从国内研究看,由于中国经济转型着眼于经济发展,注重经济的增长速度,忽视社会政策的有效性,贫富差距扩大,因此,就转型经济学领域的研究成果看,大多停留在对经济发展政策解释的层面上,对更深层的问题却缺乏研究。所以,单从经济学的角度来研究转型,或者对转型国家的进程进行比较,可能是一个死胡同,因为它还涉及政治、文化、民族、历史、宗教等全方位的理论问题,需要多学科协同研究、民主讨论。转型经济学研究需要多学科进一步协调,与政治学、社会学以及历史学、民族学等学科合作攻关。主要表现在以下三个方面。一是要增强对转型的制度建设研究。法治建设是一个博弈过程,它涉及政治文化、制度、政府可利用的财政和监督工具以及社会进行政治组织的能力之间的关系。各国经济转型的成效，在很大程度上取决于其创立的新制度有效与否，而新建的制度，需要在控制无序与集权的危害中做出权衡取舍。随着转型的深入，政府一定要为市场机制提供一个制度平台。没有制度平台，就很难摆脱规则扭曲、秩序混乱、权力干预市场交易等状况。二是要增强对转型的权力与资本研究。在转型发展期，如果处理不好中国特殊的国情，会使这种天然属性得以放纵。其一，中国实行社会主义市场经济体制，市场经济在权力的主导下运行，资本准入市场的门槛完全由权力控制，经济增长、追求 GDP 一旦成为决策的主题，权力与资本结合而由此引发的一系列社会问题，就很难避免，比如贪污和行贿等；其二，就业困难在很长的一个时期内仍然是中国一项重大的经济、社会问题。剩余劳动力的存在，使劳动相对资本始终处于被动地位，很难避免利润侵蚀工资的问题，从而使收入差距逐渐拉大。构建权力、劳动与资本之间的和谐关系，这是中国特色社会主义实践的一个全新理论问题。三是要增强对转型的跨学科研究。德国学者何梦笔用演化经济学的研究框架来研究大国转型，他认为：中国和俄罗斯两国存在巨大的空间（或地区）差异，全国统一的经济转型政策将会引发各地区政治经济不同的反应，而这种反馈差异又将促使各地区逐渐形成不同的转型路径，从而使地方利益逐渐形成并日益强化；只有正视这个演化过程，才能为政府竞争创造一种能够操作的政策框架。

转型发展首先是多元化发展的综合体，更是动态发展的矛盾体。从长期目标看，转型不仅是针对经济层面的，而且最终要落实到社会各个层面，不是改变一个地区和一个部门，而是改变整个社会；从转型主体看，转型有各种角色参与，例如政府、企业、注解机构以及工会团体等，它们都为实现转型目标而奋斗；从转型路径看，转型要对经济、社会乃至文化精神等诸多层面的架构进行改变；从转型目标看，转型的目标与结果应当保持某种一致性。对以往转型经验的全面分析和系统总结，是为了对转型进行有效引导和调控，不仅要借鉴过去转型变革的经验和吸取教训，还要继往开来探讨创新与转型的可能方向。转型经济是当今世界经济理论与实践的一个前沿性命题。在全球各个转型经济国家中，中国是转型经济的大国和代表性国家，在转型实践中取得了巨大的成就，未来的经济转型进程也值得期待。

改革开放以来，浙江一直走在全国前列，不仅积累了坚实的物质基础，形成了明显的发展优势，而且为探索中国特色社会主义道路提供了实践经验。自21世纪以来，中国进入加快高水平全面建成小康社会、高水平全面建设社会主义现代化的发展新阶段，浙江延续了经济社会发展的良好势头，保持了在全国的领先位置，但也非常明显地遇到了发展的烦恼、瓶颈的制约和高端要素的约束。特别是当前互联网时代，信息经济深刻地影响着经济发展的方方面面，制造业转型发展更是面临新经济带来的智能制造、大数据等更多机遇与挑战。为此，在当前转型升级、创新引领、体制机制与社会等全方位深刻变革的重要关口，浙江要顺利实现"两个高水平"建设，更需超前谋划，增强"走在前列"的意识，全面推进转型发展这一现阶段浙江经济升级迈向高水平的根本出路。因此，需要高度重视创新与转型在经济发展中的重要战略地位，高度重视创新与转型在地区现代化进程中的重要意义，真正在经济、社会、文化、生态与体制机制等全面转型和以自主协同创新为特点的发展进程中践行"八八战略"，把"六个浙江"建设落在实处，推向高水平。以此为目的，本书通过理论分析与实践研究，掌握转型发展的特点和规律及其要求。通过系统分析创新与转型发展的国际经验和浙江实践，系统总结转型发展的国际经验，为浙江转型发展提供参考；通过全面梳理浙江转型发展过程中可推广的成功经验、存在的问题与障碍，为下一步深化改革和转型发展提供经验支撑；并积极为转型理论研究提供参考。这些研究，都将有助于从更宏观视野来把握转型的方向和创新的力量，对于今后积极探讨浙江经济社会发展、现代化建设道路和政府管理模式的转型，将有着实际意义。

第一章
转型发展的新环境新挑战

我们清醒地看到，国际新一轮科技革命与产业变革正日益催生新技术、新业态，全球要素资源配置方式、生产方式、组织方式及生活方式也正发生革命性的改变。以"第三次工业革命"为代表的新技术、新变革正推动世界经济进入新一轮经济周期，一些重点科技领域和产业领域的革命性突破也已初现端倪。在国际新一轮产业制高点竞争中，美国"再工业化"、欧盟"2020战略"聚焦智能增长，德国"工业4.0"加速推进，中国产业竞争、制造业提升与国际化进程面临重大挑战，转型升级面临新的环境与挑战。在新的生态环境与社会压力下，传统发展模式的转型将是长期而艰巨的任务，也将面临更多的约束与挑战。而新的发展模式需更多借助人才、技术、创新要素与环境等资源，对于这些要素资源的集聚，浙江省不仅要面对国际竞争，同时也要面对周边省份的竞争，甚至中西部地区的强力竞争。面对高端要素资源的争夺战，如果没有给予高度重视与关注，不能积极优化环境与政策，浙江省将失去在新一轮竞争中的"人才与创新"两大核心优势，将"离标兵更远、被追兵超越"。

一 浙江转型发展面临的国内外环境

从国际看,以低碳经济和新能源为代表的产业革命、国际结构调整与经济转型对浙江的带动、国际金融危机及其引发的世界范围内经济的严重衰退,必将促使全球性经济格局和经济结构产生重大变化。后危机时代,世界范围内经济结构的大调整,将对浙江经济发展产生长期、深刻的影响。因为后危机时代,外需的萎缩将是中长期的趋势,全球将进入需求不足的时代;国际外需有所恢复,但也不是原有水平的简单恢复,必然伴随着结构的重大调整;即便外需在水平和结构上都重新恢复,浙江也不能把经济增长的基础长期建立在对外部市场的过度依赖上,而危机后日益抬头的贸易保护主义,使经济全球化更加复杂。从国内看,国内经济进入新的发展阶段带来社会需求结构的战略性变化,国内普遍面临经济持续快速增长同资源环境约束发展不平衡的矛盾、全社会基本公共需求全面快速增长同基本公共产品供给不到位和供给短缺的矛盾、经济发展与社会进步同公共治理改善滞后的矛盾等新矛盾、新问题,也将持续影响经济运行质量与效率,影响转型进程。

首先,无论是在地域空间上,还是在发达国家自身经济结构内部,全球供需、市场与竞争三大格局都在发生根本性的趋势性改变。从中长期来看,前些年金融危机和主权债务危机严重打击了发达国家的支出能力,导致由发达经济体主导的全球总需求出现明显下降,出现需求不足和供给过剩的结构性冲突。近些年总需求虽然有所增长,但根本性改变很难在短期内出现。出口作为浙江经济增长的核心动力和主要源泉将难以维持,并将步入递减时期,浙江依靠增加劳动力投入、加快资本形成以及"要素驱动型"的模式已到尽头。尤其是欧洲、日本和美国的经济 30 年来同时收缩，全球经济发展进入调整期，这给浙江出口及经济发展带来长期影响与压力。当前，不仅希腊债务危机将严重冲击欧盟稳定，西班牙和意大利等国也已陷入衰退，面临下行风险的欧洲经济将缓慢增长，加上 2018 年美国挑起贸易争端，全球经济增长压力显著增大。新兴国家中，在中国工业产业增速放缓的同时，印度制造业产业也出现一定萎缩，巴西与俄罗斯也出现诸多负面影响因素。其次，国际市场环境日益复杂，市场贸易壁垒增加、贸易战更加频繁，国际市场格局与既有的平衡体系开始发生改变，进而对浙江外贸尤其是浙商形成的传统经济结构产生深远影响。近些年来，欧美一直在寻找机会抵制中国出口的产品，突出表现在皮鞋等行业，目前，这种影响仍在扩散之中。美国和欧洲是浙江省最主要的贸易伙伴，如果这两大出口市场因为产品安全问题不断抵制浙江省出口的产品，未来的出口形势将更加堪忧。此外，国际竞争加剧和国内内地优势凸显，浙江已经不具传统优势，投资进一步放缓或负增长或成为可能。尤其是越南等东南亚国家用工转移成本远低于中国，这对浙江传统产业结构形成了压力，而且随着美国工业复苏，可能在工业化方面也对浙江省形成一定的挤出效应。

从国内乃至浙江省自身来看，支撑高增长的要素与成本优势已一去不复返。近年来，支持高增长的供给要素不断紧张，不见宽松之势，传统增长模式已到极限并倒逼浙江增长动力"换挡"。首先是要素成本与用工成本上升趋势不改。由于要素成本全面上涨、人民币持续升值、金融危机严重影响等，浙江过去以高度消耗资源、高度依赖出口市场、处于产业链低端，以低工资、低成本、低价格为主要竞争优势的传统发展模式受到严峻挑战。尤其是浙江土地的价格在 21 世纪暴涨，对浙江经济的影响最广。浙江土地面积原本就有限，随着工业的迅速发展，加上相关土地政策的限制，工业用地供不应求的矛盾日趋突出。特别是2008年底全球危机后，由于总体经济失衡，泡沫经济产生，房地产价格更是急剧高涨。这种状况加剧了工商业用地的紧张，厂商经营成本大幅上升。同时，成本上升导致制造业赢利变得更加困难，实体经济失去吸引力，更多资本转入虚拟经济，特别是许多中小型企业忽视主营业务、转向房地产和其他金融交易，从而不断抬高了在浙投资的商务成本。即使与东莞等珠三角地区相比，浙江许多县市的房产价格、生活成本与商务成本也"高高在上"，不仅阻碍了外来投资和浙商回归，也使引入的人才望而却步。虽然部分企业可能会继续依赖原先的要素库存或土地储备、低成本寻租而获得生产要素生存，但中长期紧张局势不会发生根本性的好转。

同时，转型发展不仅面临自身经济层面的压力，更要面对生态上的约束，未来生态环境压力将进一步约束中高速增长而倒逼转型。经济社会的发展需要一定的生态环境资源作支撑，生态环境资源的利用现状能直接体现出经济社会发展的模式。当前，浙江经济社会的发展在很大程度上依旧遵循西方传统工业文明的发展模式。而这种传统的西方工业文明模式，在推动经济社会发展的同时，一直面临着不可持续的严重压力。目前，浙江已经进入"资源红利"衰减后经济增长面临的资源环境瓶颈。以往形成的"过度工业化、过度出口依赖、过度投资驱动、过度粗放增长"模式，已经严重威胁浙江可持续发展的上限，它的上限就是资源供给约束、环境质量约束、生态容量约束、气候变化约束。首先，来自国内外社会的多重压力上升，主要包括应对气候变化的压力以及人民群众对环境质量的要求空前提高，浙江将在未来几年内进入各类环境与健康事件的高发期。尤其是公众环保意识和维权意识逐渐加强，公众对污染问题的敏感程度提高，环境危机较易演化成社会危机。同时，由于环境管理体系和信息公开制度日渐完备，特别是媒体监督报道力度加大，环境问题对公众心理的影响更为直接和迅捷。PM2.5空气质量标准、德清与台州等地血铅超标事件等，既反映了环境保护形势的严峻性，也作为反面教材和倒逼机制，推动了环境问题的治理、经济结构的调整、发展方式的转变，可谓"危机倒逼型"路径。其次，随着国内外对低碳绿色经济发展形成共识，要素资源将更多地向技术密集型产业和现代服务业，向低耗能、低排放、低污染的绿色产业集中，从而不断减少高速增长所依赖的资源消耗，扩大"转型升级"的空间。

此外，社会层面也对转型发展提出更高要求，社会公正等环境压力对经济增长的影响程度不断增加。拉美国家的发展表明，人均GDP达到一定水平后，往往因为经济社会不公而出现社会不稳和社会危机，导致其无法成功跨越1万美元的发展阶段。同时，从理论上讲，现代化发展到一定程度时，社会风险也可能会增多，管理重大社会风险与保持经济良性增长变得同等重要。近年来，浙江尽管已经在制度建设方面做出了巨大努力，但由于制度建设的系统性不够、制度冲突和缺失及制度失效等问题，目前依然缺乏制度化的渠道来保障各阶层、各群体与地方政府之间的沟通，尤其是底层群体、弱势群体与地方政府的正常联系、沟通，与政府的磋商难以机制化、常态化，利益诉求难以进入政策议程。当前，不同阶层或区域在收入分配、社会保障等方面的差距扩大，正不断形成各种社会隔阂，产生社会矛盾。有限的公共服务、公共产品供给与社会公共需求不断增长之间的矛盾，是当前浙江经济社会发展的主要矛盾之一。这些社会环境的改变与压力的日益增加，将直接考验政府部门的执政能力和政策水平，或积极推动经济增长，成为经济中速增长阶段的主要动力；或处理不当，激发社会矛盾，导致经济增长深受影响抑或陷入停滞。首先，"两个同步"是否真正得到贯彻落实和有力推进。"居民收入增长与经济增长同步、劳动报酬与劳动生产率提高同步"，就是要求浙江发展"以人为本"，使消费成为经济发展的主推力。日本通过20世纪60年代开始的国民收入倍增计划，已经成为一个发达而均富的社会，基尼系数长期低于0.349。韩国经济从20世纪60年代开始起飞，1965年时基尼系数为0.34，1980年达到最高值0.39，随后逐步下降，1995年为0.28，从而依托收入提升推动消费，成功实现了高速增长向平稳中速增长的过渡。[①] 其次，社会对公平正义的追求明显上升。公平正义是人类社会的共同追求，是衡量社会文明进步的重要尺度，也是建设和谐社会的内在要求。当前，浙江人均生产总值已超过1万美元，比以往任何时候都更有必要、更有物质基础来促进社会公平正义。浙江要实现公平正义，就要打破城乡与利益界限，促进人人平等获得发展机会，建立以权利公平、机会公平、规则公平、分配公平为主要内容的社会公平保障体系和机制，消除人民参与经济发展、分享发展成果的障碍，形成人人参与、共建共享的良好局面。最主要的就是合理调整收入分配格局，促进城乡、区域协调发展，推进基本公共服务均等化，从而使社会发展成为浙江中速增长阶段新动力。

国内外经济的转型趋势，既是压力，也是机遇，更是浙江转型发展的推动力。在国际上，随着全球危机与欧盟链式危机的日益扩散，原有的世界经济循环模式被打破，全球经济结构失衡问题亟待解决。在国内，随着要素资源成本上升、劳动力紧张以及沿海既有的传统体制创新失去竞争优势，沿海与内陆地区的经济结构也处于由非均衡向动态均衡的演变之中。再平衡是客观需要，也是一个长期过程。从非

---

① 刘戈：《应向日本学习"均富"策略》，《共产党员》2011年第8期。

均衡发展到均衡发展对各国经济都将产生较大影响,非均衡发展的过程通常是一个加速发展的过程,再平衡的过程往往是一个减速发展的过程,所以对浙江经济增长不可避免会带来复杂的综合影响。

二 转型发展迈入新阶段面临的要求与约束

从目前来看,浙江推进转型升级是坚定、稳步而有成效的。总体上,在自主创新能力、产业结构调整、节约资源和保护环境、统筹城乡区域发展以及劳动生产率方面,浙江转型升级的步伐是快于全国平均水平,走在全国前列的。浙江转型发展呈现以下特征与趋势。其一,转型竞争优势初步形成。目前开始形成新的工业主导产业,转型初步实现了结构多元化;新的具有竞争力的主导工业产业虽然没有完全形成,结构高级化、集中化也尚未完全实现,加上受传统经济结构的束缚,受制于路径依赖及锁定效应,但是转型开始从比较优势向竞争优势转变。在新的发展环境、新的发展阶段,在以"发展方式转型"为主线的改革总体思路下,必须建立系统化的转型战略,包括经济增长方式转型、社会公共需求转型和政府转型,充分利用浙江特有的转型条件与动力,形成有效的转型路径。其二,转型体制机制逐步完善。着力构建符合发展趋势、适应国内外经济转型的新需求结构、新产业体系和新体制机制,尤其是把体制机制的创新与深化改革和转型升级发展结合起来,这是浙江经济再上一个台阶的重要保障。综合来看,全省经济转型升级正处在"不而促转、不转而关"的关键点上,在经济进一步减速的背景下,浙江如能持续推进这些转变,则必将取得转型的"重大进展"。

1. 转型发展进入攻坚克难的关键期

当前,在经济发展由投资驱动、效率驱动向创新驱动转变进程中,技术创新对经济增长具有强大推动力，但维持创新生命力的关键离不开深化改革与市场开放。而且转型发展的全面性、复杂性和目标长期性表明，转型是面对社会各个层面的，不是改变一个地区或一个部门，而是改变整个社会。这就需要我们持续对转型进行有效的监督与调控，尤其需要借鉴过去浙江在经济社会不同领域、层次变革的经验。改革开放四十多年来，浙江就是因为始终坚持"市场化"根本路径、率先探索改革才得以保持领先地位，这是改革发展规律的必然选择。但遗憾的是，社会变革与政治体制改革未能有效跟进，从而没有对经济更深层次的改革起到推动作用，且其滞后性与负面效果日益显现，严重制约了要素资源的市场化进程和浙江增长潜力。

市场化改革进入深水区，市场化改革要真正实现要素市场化，还有很长的路要走。至少当前关系民生的房地产、户籍和医疗保险领域，还不能算是市场化。化解市场化难题，政府转型是关键。只有把打破垄断、政府转型、要素市场化改革与转型升级结合起来，以"打破垄断、强化竞争"为手段，推进市场化改革，扩大民间投资，才能构建形成符合国内外转型趋势的新需求结构、新产业体系和新体制机制。主要表现为两个方面的突破。一个是市场要素壁垒，尤其是高级生产要素还不能实现自由流动，最突出的就是资本与人才，约束因素还有很多。以户籍制度来说，其直接影响到教育与医疗公平，影响到区域协调发展，进而影响到城乡消费潜力和消费带动型发展模式能否成功形成。二是行业领域的制度性壁垒，这方面只能通过国家层面的更进一步改革、释放垄断行业对民间资本开放的巨大增长潜力得以实现。对浙江来说，巨大民间资本急需众多合理合规的消化渠道，尽可能地增加周转频率，发挥最大效益。浙江经济增速回归江苏、广东、山东等"第一方阵"，如何把民间资本与战略性新兴产业发展、重大支撑产业紧密结合起来就成为重要的抓手。也正是因为这两大约束性因素的存在，才进一步明确当前是转型发展的关键阶段。

不同利益群体诉求差异制约转型合力的形成。推进浙江的转型发展，必须建立系统化的转型战略，包括经济增长方式转型、社会公共需求转型和政府转型，充分利用浙江现有的转型条件，挖掘潜在转型动力，形成有效转型路径。目前，随着转型发展的经济基础基本建立与社会建设相对完善，政治经济体制改革开始进入深水区环境。推动浙江转型发展，不仅仅是经济领域或政治社会领域的事情，也不仅仅是传统发展模式的改变，重点在于重视多方的参与和协调推进。转型有各种角色参与，如不同民主政党、社会团体以及各类社会组织等，它们为实现转型目标而奋斗。如果对既得利益阶层无可奈何，缺乏有效手段，很容易形成阻碍转型发展的官僚。日本在经济赶超阶段，官僚起到较为正面的作用；然而经济停顿之后，这种权力就成为经济活力提升的障碍。议员希望通过为地方争取基建项目来争取选票，于是官僚与议员合作，将资金投入该地区，争取好处，这是日本版的"跑部钱进"。拮据的财政被利益集团随意分配，必然造成需要的地方无法获得；同时，政府通过各种规定对行业进行限制，直接损害了经济活力，并成为阻碍改革的主要力量。可见，协调不同利益群体的诉求并达成一致异常艰难。

转型发展迫切需要社会、文化等领域的系统转型作支撑，转型发展需要以经济、政治、文化和消费架构的有效改变为基础。在某种程度上说，转型环境影响转型进程，转型压力影响转型效果。转型环境之中，"由上至下"的政治环境通常在宏观上影响转型发展进程，影响经济转型效果的大小均衡程度，尤其是经济发展模式的根本性变革。而文化环境往往在中观与微观层面上影响转型效果，虽然也有宏观的来自国家层面的文化体制甚至来自历史的长期影响，但更多的是，在具体层面上对地区发展理念和不同行业、各类企业经营理念和发展特色的营造。所以说，浙江推动"文化大省"建设，不仅意味着推动文化创意产业的发展和价值观体系的建设，还会更深层次地、持续地影响转型的文化观，影响经济转型的环境依托。推动浙江转型发展，还需要全社会达成共识，形成健康的消费模式，需要大力发展浙江优势消费品工业。然而，建立"消费导向型"经济体制，不是要放弃制造业，而是应该提升制造业，坚持制造业、服务业并重的发展原则。目前，欧、美、日等发达国家正在从生产力经济转换到知识型经济，进出口贸易模式也从产品出口、技术输出型转化为技术出口、产品进口型，全球产业链转移的领域也从纺织、食品、化工材料等延伸到家电、电子等消费品工业领域。浙江的消费品产业能否把握住全球消费工业产业链转移的机遇，关键在于是否能够主动参与上游产业链资源的整合及开发，实现整机制造与上游产业链的完整对接。①

转型发展需要法律层面的改革推进。在转型发展的关键阶段，必须把核心放在转型社会中的法律援助与法律改革上。根据浙江人口现状与未来趋势，人口老龄化与劳动力短缺将成为制约经济快速增长的两大难题。以日本为例，近20多年来老龄化问题一直是日本发展的桎梏，其直接影响就是消费萎缩。不仅老龄人口增加，总人口也逐步减少，制造业不得不依靠外需，这就使日本的产业结构调整无从着手。浙江发展也将面临同样难题，尤其是进入中等收入阶段。本地居民对传统制造业就业普遍不积极，加上社会保障、户口与教育、医疗等体制机制性约束和相关法律援助、法律改革的不到位，会直接束缚外来务工者对浙江就业市场的补偿预期。为此，浙江应对老龄化与人口减少采取正确应对措

---

① 聂献忠：《转型突破需要改善制度环境》，《浙江经济》2012年第5期。

施，尤其需要政府部门未雨绸缪，及早规划与考虑。

投资驱动向消费驱动转型还任重道远。新常态下随着增速放缓，投资与出口对经济增长的贡献率将不断降低，消费对经济增长的驱动作用日益增强，消费层次的不断升级将持续引领新需求、新结构和新形态。"互联网+"又加剧了这一进程，并将促使更多变革，虽然浙江在消费互联网、产业互联网和互联网金融上已具有一定平台优势，但传统产业与新兴战略性产业能否适应变革，融入互联网浪潮是关键。当然，民间消费不力，没有成为消费的主体，存在很多历史因素以及社会保障、体制等多方面的原因。特别是对于浙江来说，人均生产总值1万美元阶段经济与社会结构发展没能实现同步，消费没有成为经济增长的主要动力，体制机制约束与缺乏是主要原因。以日本为例，其公共投资比重高且一度达到欧洲国家的10倍，GDP增长相当大一部分也靠这种投资拉动。如20世纪90年代，日本不惜大举增加国债，通过投资基建来刺激经济，结果政府投资效率极其低下，无法激活经济，反而滋生许多腐败，使日本债台高筑。浙江的转型发展，要避免类似局面和后果，选择消费带动模式和稳定的增长。这些变化与挑战将长期存在，影响广泛，需科学应对。

2. 浙江转型发展面临的问题与约束

从现实情况看，浙江经济发展既面临着资源供给紧张、生态环境恶化的严峻挑战，也面临着消费需求不足、内生动力缺乏的突出问题。加上传统产业内难以根本性改变的结构性、体制性矛盾问题，对浙江形成更多的压力与挑战，这些是当前必须重点考虑与需要应对的。

"稳增长"背景下三大需求动力不足问题。在需求下行过程中，既存在普遍的供大于求和产能过剩，也存在某些供给不足和短缺现象。"稳增长"着眼点是扩大内需和稳定外需。在复杂的国际环境下，稳定外需并不可靠，真正有潜力或政策能发挥积极作用的应该是扩大内需。虽然我国正处在工业化、城镇化和信息化的高峰时期，消费结构和产业结构升级蕴藏着巨大潜力，国内庞大的巨大消费需求一旦被充分激活，将为经济"稳增长"提供难以估量的驱动力；然而，受制于社会财富分配不公、税收物流环节抽血过多、物价房价偏高、社会保障体系不健全、股市严重套牢中产阶层等因素，扩大内需也不是很容易就能实现的。同时，从社会消费看，如果剔除物价上涨因素，实际消费增长率仍然偏低。居民消费意愿依然不强，消费热点与消费信心也明显不足。转型压力将继续增大，落后产能将加快淘汰，而新兴产业体系则需要一定的培育期才能见效，因此不能对经济增速的大幅回升寄予过高的期望。由于内生增长动力减弱与外需增长不确定性因素增多，我们不得不面对的现实是，在经历30多年的高增长和取得全国领先优势后，浙江转型急需形成新的领先优势与经验。

社会发展对经济增长的推动或约束问题。在高速增长放缓环境下，经济增长往往需要依赖社会发展获得原动力。社会矛盾增多、居民生活质量下降，往往会进一步降低居民消费预期与实际需求，并进而影响经济增长，甚至形成重要的约束因素。尤其是当前，经济现代化发展到一定程度，社会风险也随之增多，管理重大社会风险与保持经济良性增长变得更为复杂而重要。当前，可能面临的社会风险主要包括征地拆迁、环境受损、贫富差距拉大、劳资关系恶化、干群矛盾激化、农民失地以及食品、药品的质量安全事故等。在这一特定时期，往往一件偶发性事件就有可能引发一场群体性事件，影响社会稳定。浙江人均生产总值下一步将达到2万美元的高水平，经济开始迈向现代化，但社会建设远远没有现代化，物质建设的首要性仍是地方政府考虑的重头，物质文明与精神文明、社会文明、生态文明之间的失衡现象仍较普遍。经济社会发展的不均衡性,容易引发各类社会矛盾乃至促使矛盾激化。

产业断层或空洞化的潜在风险问题。经济步入持续中速或低增长时期,浙江可能面临传统产业相对过剩和新兴产业不确定性长期并存的断层风险。首先,产业转移向中西部加快推进。面对成本上升与日益显现的要素短缺问题,浙江企业竞争优势开始削弱,劳动密集型企业外迁现象将始终存在。其次,失业人口数量急剧上升,农民工返乡潮出现,随后房地产业萎缩、外贸出口企业减少、各地中小企业停产等因素,将迫使影响与覆盖面较广的浙江乡镇工薪阶层被迫离职、失业、外流,而技术型工人短缺仍然存在。同时,浙江各地城市服务型企业的"用工荒"仍会继续。最后,在传统产业产能过剩、需求相对疲软的情况下,新兴产业又一时难以成为重要的增长点,存在极大的不确定性,新兴产业替代传统行业成长为支柱产业缺乏系统的支撑条件。尤其是部分行业竞争激烈且无规范式"大跃进",需求体系建设尚不系统完善,往往受制于国际市场及政策变动,从而易形成新一轮重复建设和无序竞争。

房地产调整引致地方财政支付及债务问题。房地产市场高位回落是稳物价、降风险的需要,但其可能带来的负面影响值得关注:房价深度下跌对上下游行业的影响,土地价值缩水给地方财政造成的压力,房地产泡沫破灭将导致大批炒房者被严重套牢,将增加银行不良资产,银行利润将被侵蚀并连年萎缩。更为重要的是,地方财政负增长和支付能力下降,将直接影响基础设施、社会建设等方面的投资增长和社会保障体系的健全完善,进而影响区域经济社会和谐发展的进一步推进。各个因素共振引起的经济调整及其导致的财政与 GDP 增长放缓,甚至部分县市或乡镇地方政府的财政金融等可能出现危机,将促使地方政府思考未来发展模式、增长源泉以及如何有效应对当前的危机局面。为此，地方融资平台的建设及地方债务问题可能成为未来十年乃至更长时期内浙江发展所面临和迫切需要解决的重要问题。

人口要素与人才难题。人口年龄结构变动导致的全要素生产率变化对增长的约束将日益增强。以人口老龄化与劳动力缺乏为主要特点的人口年龄结构变动，不仅导致劳动力供给变化，还会导致由政策和人口结构引发的储蓄率变化，以及由劳动力再配置格局导致的全要素生产率变化。近年来可以很明显地看到，长期以来支撑浙江经济高增长的"人口红利"开始衰减。劳动力这一重要的基本生产要素，改革开放以来一直是浙江率先发展和不断提升企业国际竞争力的重要优势，是浙江优势产业和产品走出去的重要基础。但进入21世纪以来，劳动力供不应求的矛盾日益突出，加上国民所得水平提高，社会风气又转趋投机享乐，年轻人不再愿意从事较艰苦的体力劳动，这就更加剧了工业特别是制造业以及传统服务业劳力短缺的困境。未来浙江的"人口红利"优势将会逐步衰减，劳动力供给增速下降、劳动力成本提升，整体经济进入生产要素成本周期性上升的阶段，这预示着现代工业部门已经不能再用不变工资制来吸收"无限供给"的劳动力，工农业产品的剪刀差正在供求不平衡推动下逐步回补。其结果是，浙江工资水平和企业成本大幅上升，工业部门利润越变越少，资本形成的增速将会有一定程度的放缓，企业竞争力下降。

三　进一步推进转型发展面临的机遇与挑战

在新发展阶段，浙江经济社会持续发展面临的最主要挑战是如何尽快改变现有的发展模式，也就是说，传统发展模式存在的重大缺陷将严重阻碍区域经济实现"关键一跳"。如果不对改革开放后形成的发展模式做出重大调整，浙江经济社会发展就很可能落入"中等收入陷阱"。当前，浙江发展模式面临的巨大挑战主要表现在四个方面。一是现有发展模式产生的过度不均衡问题将会极大地约束需求增长，最终限制经济总量继续快速扩张。二是现有发展模式的继续推进将会严重阻碍产业升级和产业竞争力提高。三是现有发展模式不改变将会使资源瓶颈约束难以克服，且付出较大的环境代价。经济增长过度依赖房地产发展，就是过度依赖高耗能行业，因为房地产下游全是高耗能行业，房地产行业由于技术进步有限，对下游产业升级的要求不强。四是现有发展模式严重扭曲了资金、资源的宏观配置，隐藏着巨大的金融风险或经济危机。可见，现有发展模式在新的国际、国内经济环境下难以继续发挥作用。因此，浙江要想避免落入"中等收入陷阱"，必须对现有的发展模式进行重大修正，重点就是转变发展模式，创造新的经济增长点。

特别是在增速放缓背景下，政府是否顺势而为调整目标，深层次体制改革与政府转型能否有效跟进，以避免出现经济衰退。经济整体增速下行是个自然趋势，朝着6%~7%的增长速度逐渐放缓。任何一个国家或地区在任何历史时期，都不可能长期保持经济的两位数增长。经济增速的放缓是大趋势，政府新投资和再建设大项目能够在短期维持经济增速，但改变不了经济下行的长期趋势。政府靠高税收和大规模的政府投资来维持经济增长，必然会抑制民营部门的增长。过去，浙江经济增长主要是通过银行贷款和投资来推动的，是靠政府直接投资和启动大的国有部门的基建项目投资来支撑的。但这种低利率的信贷扩张所带来的短期经济增长，也为经济的长远发展埋下了巨大隐患。要意识到依靠贷款、信贷泡沫和政府负债来推动经济增长的危害，并制定预警机制，尽量将不当投资遗留下来的"次贷"尽早慢慢地消解掉，以避免出现大的经济衰退。可喜的是，浙江已深刻认识到，抓紧推进"五水共治"和"最多跑一次改革"，就是希望能将经济发展的增长主导型向创新主导和公共服务主导型转变。新发展阶段要求政府在改善民生、提供基本公共服务上发挥主导作用。由增长主导型转向公共服务主导型，合乎逻辑地成为政府职能转变的重要标志。"最多跑一次改革"，同时也是为了在转入创新驱动的新发展阶段后，逐步消除增长主导型政府行为中不利于提高效率、促进创新的弊端。

能否真正实现以创新为动力，建立形成新的增长方式。改革开放以来，浙江经济的高速增长掩盖了企业在效率与效益方面存在的问题。企业能否适应较低的增长速度环境，能否改变过去的规模效益型模式，形成依托技术与服务创新的新发展模式。能否形成充分有效的市场环境，在竞争基础上产生一批创新型大企业和大量的创新型中小企业，培育出具有长期国际竞争力的技术、知识密集型制造业与服务业。在高速增长和不充分竞争"呵护"下形成的产业，缺乏创新动力。能否形成竞争充分、激励有效、创新导向的市场环境，能否促使企业由依靠要素投入转向依靠创新实现发展，能否培育出一批创新型大企业和大量的创新型中小企业，进而形成技术和知识密集型高端制造业和服务业的国际竞争优势，是经济转型面临的根本性挑战。尤其是在当前体制与环境下，能否通过改革开放形成适应创新型社会建设需要的大学和科研体系。富有活力和创造力的大学和科研体系是高收入现代化国家的重要标志，是创新型经济和社会的基础所在。因此，浙江各地及相关部门能否通过"打破预算约束"，形成不再依托土地财政与房地产业的新兴竞争性产业体系；在财政与金融风险背景下，地方政府能否形成新的增长方式，能否在增速下台阶时有效防范和化解高速增长期所积累的财政、金融风险等问题，都是非常关键的。从拉美、东南亚乃至韩国的经验看，财政金融风险既是经济停滞的直接原因，也是经济发展方式内在矛盾的集中体现。各地区增强区域竞争力和经济持续稳定增长的关键在于，形成充分有效的市场环境，改变传统增长背景下的规模效益型模式，在竞争基础上产生一批创新型大企业和大量的创新型中小企业，培育出具有长期国际竞争力的技术、知识密集型制造业与服务业。

能否确实从扩大改革开放中获得动力的机会。能否通过"放权让利"进一步开放市场，放宽垄断行业特别是服务业准入限制，为服务业的大发展提供空间和动力。目前，电信、铁路、电力、石化、金融、教育、医疗以及文化等行业的市场准入管制依然较多，垄断程度依然较高，投资主体依然较少。从产业角度说，服务业与制造业的一种重要区别，是大部分服务业有较高程度的个性化，需要人对人、面对面的服务，从而对调动人的积极性、能动性有更高的要求。服务业市场开放不足，将会严重制约未来中国服务业发展的空间。此外，城乡一体化改革能否有效突破；能否在统筹城乡发展的基础上，深化户籍制度改革和推进农民工市民化，加快进城农民成为完整意义上的市民进程；能否促进农民承包土地在保障权益的前提下优化配置；能否成功推进城市化转型发展，实现浙江城市化质量型增长。"三农"问题是工业化和现代化过程中的核心问题，而解决这一问题的根本途径在于大多数农民进入非农产业和城镇，留在农村的农民生产方式和生活方式实现现代化。解决好当前城乡统筹发展中的突出问题，如消除事实上存在的对进城农民的身份歧视，使之与城市居民享有相同的公共服务；在保障农民合法权益的前提下，促进农民承包土地等生产要素的合理流动和优化配置，使农民更多地分享资产收入等，不仅有利于缩小收入分配差距，对促进人力资本积累、提高土地等要素的使用效率也至为重要。除杭州等大城市外，省内其他县级城市能否放宽落户条件，把在城镇稳定就业和居住的农民工有序转变为完全意义上的城镇居民，也是一大挑战。

能否促进就业、创业与收入分配制度改革，使中等收入群体快速成长，从而成功回避"中等收入陷阱"。浙江人均生产总值已经超过1万美元，避免"中等收入陷阱"、逐步达到高收入水平将成为现代化进程中的主要目标。在此进程中，浙江需要应对多重挑战，其中十分关键的是，合理调整收入分配关系，实现共同富裕；大力增强自主创新能力，建成创新型强省。从国际经验教训看，能否成功避免"中等收入陷阱"，关键是能否处理好收入分配和科技创新两大问题。从技术创新看，日本、韩国都经历了从国外引进、学习借鉴的过程，后来高铁、核电、液晶显示等技术进步表明，日本和韩国都具备了世界领先的自主创新能力。而部分拉美国家则提供了反面教材。正反两方面的案例表明，在实现高收入水平的过程中要把握好两大要害问题：收入分配要公平，而不能出现贫富悬殊；自主创新能力要增强，而不是处于技术追赶、重复引进状态中。因此，能否促进就业、创业与收入分配制度改革，使中等收入群体快速成长将持续考验政府智慧。对浙江而言，在金改环境下，就是能否充分利用民间信贷，建立具有浙江特色的现代金融体系和惠及"三农"发展的农村金融发展模式；能否建成适应新阶段发展和创新需要、有效分散和防范风险的现代金融体系。在现有金融体系下，金融资源较多流向基础设施和基础产业、房地产开发、大型企业以及地方融资平台等，而对创业和创新活动，特别是中小企业的创新支持不足。从长期看，如果金融体系发展不能与实体经济的迅速增长相适应，将面临资源配置低效率与高风险、创新活力和新动能不足的问题。

能否使消费升级成为浙江经济转型增长的重要推动力。虽然国内环境紧缩与整体增长预期放缓会在不同程度上带来需求疲软，但总体上的趋势是，消费结构升级正在逐步推动产业结构升级。从消费看，浙江居民收入水平和受教育程度不断提高，人民群众对生活品质有了更高要求，而高水平的生活成本需要有高水平的产业结构来支撑。当前，浙江沿海地区基本完成了工业化，需要向后工业化阶段迈进，形成以服务经济为主的经济结构。现实是，房价上去了，但产业结构没改变。同时，代际的消费倾向也正在发生显著变化，以80后和90后为代表的新生代市民和农民工正在使全社会消费倾向逐步改变。在消费结构上，新生代农民工正在从温饱型转向享受和发展型。在消费模式上，网上银行、刷卡消费、信用消费等先进的消费理念已经被新生代农民工所接受。可见，人口新老交替这一自然规律会使消费水平低的状况有明显改观，消费升级与产业转型升级联动将成为可能。

能否从技术与制度创新环境中进一步释放增长空间。未来中高速增长阶段，浙江发展主要面临着资源环境压力和经济社会矛盾的双重制约。消除这样的双重制约，根本还是要依托技术、体制机制的双重突破。从技术角度看，实现可持续发展，需要经济发展的技术支撑，从耗费资源、污染环境型向节约资源、环境友好型转变。在要素成本上升的同时，若技术进步不足以有效提升劳动生产率，高速增长也就成为难题。从制度角度看，解决转型中的诸多问题，有赖于相关领域的改革取得实质性突破，尤其是在收入分配、社会保障与利益领域提高社会成员参与工业化、现代化进程的广度和深度。"十三五"乃至更长时期内，如果能按预期在政府管治、社会建设等领域深化改革，并进一步推进人才、技术、金融、教育、医疗、文化等中高级要素的改革，将为中高速增长释放一定的生产力空间。

第二章
转型发展的国际经验与浙江探索

转型是一项长期而艰巨的任务，自工业化中后期以来，经济转型一直贯穿浙江经济发展历程，社会与法制、政府职能与制度建设等领域的转型也一直在大力推进中。当前，在浙江人均生产总值由1万美元向2万美元、奋力向高水平的全面小康和率先基本现代化迈进的关口，转型发展的迫切性和重要性已经逐渐由政府层面扩散到社会各界，人的生存发展优于区域发展、社会公平与进步优于经济发展也日益深入人心。然而，体制机制不完善及市场资源配置力不强等因素仍然存在，在不同程度上阻碍着浙江发展方式转变与转型进程。在类似发展阶段，欧美各国、日本、韩国等都有成功的探索经验，而南美有些国家则出现转型魔咒。日本自20世纪80年代开始进行结构性转型，发展重点转向服务业并扩大内需以减少对外需的依赖。伴随着日本制造业大规模向海外转移以降低生产成本、提高国际竞争力，海外转移主体从大企业扩散到中型企业，产业空心化越来越严重，直接影响国内就业与政府税收，而具有核心竞争力的创新型产业体系未能建立，服务业也并未形成规模、占据主导地位，制造业企业仍是主要出口主力。吸取日本教训，浙江省不仅要克服诸多约束性障碍，还需要更全面更完善的制度环境和改革举措来强化推动。

一 先行国家和地区转型发展的经验

许多国家和地区依托改革与发展、依托创新开放、依托消费转型，成功地完成了发展方式的转变。尤其是在当前转型关键期，增长的不确定性和脆弱性增加，内外因素冲击很容易导致短期波动性大幅下滑。从国际经验看，美国、德国（原联邦德国）分别于20世纪50年代、60年代，英国、法国、日本分别于70年代相继实现发展方式的转变，并保持多年的快速增长。新加坡、中国香港于80年代、韩国和中国台湾于90年代，在5%~6%的增长环境下，着力转型与创新，也相继实现发展方式的转变。可见，它们通过内需市场转向、着重提高城市化质量，获得了稳定的中速增长，成功跨越了"中等收入陷阱"。其中，由于中等收入阶层的消费重点集中于价格不菲的教育投资、商品房和私家车等方面，其消费行为和消费观念具有明显的示范效应。因此，日本、韩国都非常重视扩大中等收入阶层比重，拉动内需，不断建立并完善一系列财政政策、货币政策、教育政策、社会保障政策、收入分配政策、城市化政策和产业政策，促进群体消费。[1]

1. 先行国家和地区转型发展的主要经验

与国际市场联系相当密切的浙江省，同样也要对可能出现的风险保持警惕。20世纪70年代末期，面对经济增长快速变动、社会转型步伐不断加快的环境，日本加强引导，协调各种复杂矛盾和利益，以税收政策、社会保障等综合手段，加强以"控制外部性和增进社会和谐度"为目标的干预政策，推进社会和谐发展。其经验值得借鉴。

---

[1] 聂献忠：《人均GDP 1万美元发展期的国际经验及浙江策略》，《观察与思考》2012年第8期。

持续推动产业升级。按照经济增长四大动力——要素驱动、投资驱动、创新驱动和财富驱动——的划分,后工业化阶段是经济发展由主要依靠投资驱动向创新驱动转变的时期,技术创新将逐渐成为经济社会发展的最重要动力。按照钱纳里的研究结论,人均GDP为7940~12700美元时,经济社会发展处于后工业化阶段的初级时期。在这一阶段,主要发达国家都十分注重发挥科技对经济增长、推动产业升级的促进作用。一是研发投入明显加大。国际经验表明,研究与开发经费(R&D)在GDP中的比重在1%以下的,基本处于技术引进与应用层次,自主创新能力较弱;1%~2%的具有较强的引进、消化、吸收能力,但自主创新能力还不强;在2%以上的则具有较强的自主创新能力。二是研发成果明显增多。如美国的专利申请量和授权量,分别由1961~1965年的46.32万件和27.54万件,上升到了1976~1980年的55.01万件和33.43万件。日本在50年代引进技术直接运用,60年代后以消化吸收再创新为主,70年代则以自主研究开发为主。在工业化进程后期、推动产业升级进程中,台湾地区也十分注重推进技术进步,并配合工业升级计划,采取了一系列旨在加速策略性工业发展的政策措施。[①]

不断强化创新动力。创新能力既是企业自身发展壮大的根本动力,也是提升国家竞争力的重要因素。从发展战略来看,相关国家与地区按照自身情况选择了不同的发展模式。韩国、中国台湾没有像墨西哥那样采取依赖外国直接投资的发展模式,而是采取了内生的自立型创新发展模式。内生自立型创新发展是以当地民族企业为主体的一种经济发展模式。它是通过民族企业的成长、壮大来实现本国或本地

---

① 天津市统计局:《天津人均GDP超5000美元后的若干发展问题研究》,国家统计局,http://www.stats.gov.cn/ztjc/ztfx/dfxx/201710/t20071008_33681.html。

区资源比较优势的充分发挥，从而促使整个经济健康发展。自立发展不等同于完全排外，也不是对外国直接投资完全无限制地引入。它始终以培育、促进民族企业成长、壮大，增强本地企业创新发展能力为核心，而放宽或加强对外国直接投资的控制都只是实现这一目的的手段。这一发展战略为韩国和中国台湾在实现人均GDP1万美元后的顺利发展打下了坚实基础。新加坡政府则强调创新，集中发展商业金融、制药业和生物科技产业，以应对电子行业外迁，依靠高效清廉的政府形象吸引外资，致力于推动高科技制造业进一步发展。

增加完善公共服务。相关国家和地区都非常重视社会公共产品与公共服务制度建设，在人均GDP达到1万美元、经济社会发展进入后工业化阶段后，社会保障、教育、医疗等社会事业都有了长足进步。韩国于1989年实现全民医保，实现全民医保后，公共医疗保险的参保人数稳步增长，覆盖率从1989年的90.39%上升到2007年的98.69%（其余人口由医疗救助提供保障）。[1] 金大中政府期间（1998~2002年），韩国政府对医疗保险体系进行了重大改革，从组合方式改为整合方式，废除了近400个医疗保险组合，由国民健康保险公团进行统一管理。目前，韩国政府正在进行建立具有韩国特色社会保障制度的"韩国式福利经济模式"构想。1995年，台湾地区的全民健保制度全面实施，1999年的覆盖率达到95.46%。[2]

日益注重社会公平。社会经济持续快速发展需要一个相对合理的分配格局。在人均GDP达到1万美元后，收入分配是否合理是影响社会稳定的一个重要因素，收入分配差距过大极易产生社会各阶层之间

---

[1] 《人均GDP6000美元意味着什么？》，《观察与思考》2009年第18期。
[2] 中国城乡发展国际交流协会"台湾医疗保障体系"调研组：《台湾地区全民健保制度的经验与启示》，国研网，http：//hb.drcnet-sod.com/DF/Report/GetReportDetails？id=35&docid=68062。

的不平衡，引起社会动荡，公众情绪不稳定。中国台湾和韩国高度重视社会公平，在这个方面比较成功。台湾地区的主要做法是实施土地改革、建立农民协会制度、制定农业价格政策以及促进中小企业的发展。而巴西、墨西哥对收入分配差距问题解决得不是很理想。在工业化进程中，由于社会结构性矛盾迟迟无法得到有效解决，在1000美元到6000美元的发展期间，居民收入分配的不平等状况长期处于高位，甚至出现恶化的局面，加之缺乏相应的调节措施，社会问题就会比较突出。同时，经济持续快速发展需要一个稳定的社会环境。相关国家与地区的案例表明，一个国家和地区人均GDP达到1万美元之后，仍会面临着社会"发展之坎"，会因制度安排、战略选择、政策制定、公平实现等方面的问题引发社会矛盾与冲突。

2. 先行国家和地区转型发展的主要举措

美国、日本与新加坡等国在转型发展和现代化建设进程中，始终坚持不脱离市场，以市场经济为主，尊重市场规律，并通过金融产业和制度的完善，不断追求能够领先世界和下一个时代的新技术，主导全球产业分工。面对全球能源、环境问题升温，尤其在跨国节能环保事业及其技术体系的构建等未来产业技术竞争制高点的关键领域，各个国家和地区不遗余力。

放松对经济的管制。日本除对国有企业或有国有成分的企业进行市场化改革，推动民营化外，同时发挥民间资本的作用。主要是政府通过搭建制度上的平台，促进民间储蓄转变为民间资本。日本有完善的中小企业融资服务体系，并且有政策性金融机构负责这项工作。刘军红说，从日本的经验看，民族资本是平衡外资的重要力量，也是政府力量的有益补充。同时，它也吸纳了大量就业，并能为扩大消费提供强有力的支撑。

通过对外投资在全球范围内形成产业贸易链，从而减少贸易冲突，为企业赚取大量利润。日本是一个高外汇储备的国家，"藏汇于民"。利用高额的外汇储备，日本企业的"走出去"战略实施得相当成功。日本不是简单地进行资本输出，而是以资金、技术、管理和全球战略形成面向全球的资本输出。

通过海外并购为其全球战略竞争占据有利位置。日本企业国际化程度较高，投资经验丰富，海外并购是其全球战略的一环，但其意图并不在于并购资产，而在于为今后的全球产业竞争占据有利位置。比如日本在获取油气开采权方面的手段比较隐蔽，一般是利用企业以小规模、分散投资的方式进行，每次获得7.5%或5%的开采权益，动作小，不易引起注意，取得的成效非常显著。当前面临全球性经济危机，日本一面进行企业重组，一面进行海外扩张，投资领域主要转向了新能源、金融、食品、医药等重点领域，在汽车等领域则相对收缩。[①]

通过科技创新在未来的全球经济体系重建过程中提前布局，争夺全球竞争制高点，提高其国际影响力。尽管在上一个周期以信息技术为代表的经济浪潮中落在后面，但在新一轮竞争中，日本不落人后，主要依靠的就是领先全球的节能和环保技术。在全球金融危机面前，日本希望以新技术带动新产业、新市场，形成新的经济增长点。

通过区域创新体系建设，增强区域竞争力。芬兰最早提出国家创新体系概念，并积极引导科研机构及企业研究对增强国家竞争力最为有利的技术。注重通过宏观指导和协调，推动技术开发及科技成果的转化，芬兰的国家创新体系涵盖了从产业培育到成长过程的整个链条。

以生态环境问题促发展战略转型。二战后，洛杉矶在环境政策方

---

① 皇浦平丽：《中国经济转型的全球视野》，《瞭望》2009年第3期。

面的战略转型,主要源于公众对日益严重的大气污染问题的关注。受工业和汽车尾气排放影响,洛杉矶大部分地区出现逆温现象(temperature inversions),对公众健康产生了不利影响。伴随着联邦、州、县、市各级政府立法和管制措施的实施,环境战略转型在过去50多年不断演化。特别是加利福尼亚的环境意识和政策,引导美国其他各地实行更加严格的环境标准。长期以来,加州居民一直特别关注自然环境,大气污染对公共健康产生影响的事件也是有据可查的。在非政府组织(塞拉俱乐部、环境防卫基金等)带领下,加州教育良好的居民在20世纪70年代面临的问题不是知情权问题,而是面对公共机构处理环境问题时的无能为力所带来的挫败感。1977年联邦清洁空气法案的修订,使地方层面的民主程序更为有效。在洛杉矶地区,公众压力促成了1978年南部海岸大气质量管理局(South Coast Air Quality Management District)的诞生。[①] 管理局1989年公布、1991年略有修改的地区大气质量规划,是洛杉矶有史以来最为强硬、最不近人情的大气排放管制制度。管理局提出了130项措施,如果利用当时的科技和已有的管理机构,这些措施短期内就能实施。

然而,我们要意识到,日本虽然在人均1万美元阶段成功转型,并顺利迈向人均2万美元甚至更好的阶段,但是自90年代以来,其在顺利实现现代化后的转型是不够理想和成功的,特别是遭受泡沫破灭后的"失去二十年",值得我们反思。日本的转型失败主要是内部市场饱和,未能及时培育新的消费增长点;在推动产业结构升级方面力度不够,维持了大量效率较低的企业;发展服务业,使其变成了高尔夫俱乐部土地开发和炒作的"会员证";政府为减缓出口部门所受冲击,长年维持低利率,导致货币供给过剩,房地产和股市泡沫发酵膨

---

① 国合会专题政策报告:《环境与发展的战略转型:国际经验与中国对策》,2007。

胀,而政府对经济泡沫缺乏警惕;发现问题后则是刹车过猛。因此,当前制造业产能过剩且要转向内部消化是浙江必须解决的难题。

3. 政府推动是世界主要国家(地区)经济增长方式转变的主因

自觉地把经济增长作为政府首要经济政策目标,进行经济增长方式由粗放型向集约型转变的,最早是美国,其于20世纪50年代率先实现了转变。联邦德国于60年代,英国、法国、日本分别于70年代相继实现了转变。在新兴工业化国家(地区)中,新加坡、中国的香港和台湾于80年代,韩国于90年代,也相继实现了转变。苏联和东欧国家虽然在60年代末70年代初相继提出了生产集约化方针,要求经济发展转向集约化,但到80年代末90年代初发生剧变时,没有一个国家达到预期目标,经济增长方式仍以粗放型为主。拉美的阿根廷、巴西和墨西哥则迄今未实现转变(见表2-1)。

表2-1 世界主要国家(地区)经济增长方式转变时序

国别（或地区）	实现经济增长转变年份	GDP年均增长率（%）	对GDP增长的贡献（%） 总要素投入增加	对GDP增长的贡献（%） 总要素投入提高	粗放型增长期经历时间（年）
美国	1950~1960	3.3	47	53	100
联邦德国	1960~1970	4.4	30.9	69.4	
英国	1970~1980	2	20.5	79.5	200
法国	1970~1980	2	32.8	67.2	
日本	1970~1980	2	28.8	71.2	100
新加坡	1980~1993	6.9	38.0	62.0	20~25
中国香港	1980~1993	6.5	43.5	56.5	
中国台湾	1980~1993	7.9	49.4	50.6	
韩国	1990~1995	7.2	38.8	61.2	30~40
阿根廷	1990~1995	5.7	108.8	-8.8	

续表

国别（或地区）	实现经济增长转变年份	GDP 年均增长率（%）	对 GDP 增长的贡献（%）总要素投入增加	对 GDP 增长的贡献（%）总要素投入提高	粗放型增长期经历时间（年）
巴西	1990~1995	2.7	80.3	19.7	
墨西哥	1990~1995	1.1	145.5	-45.5	
苏联	1980		70.5	29.5	
保加利亚	1980~1986		70.5	29.5	
匈牙利	1980~1986		63.2	36.8	
波兰	1980~1986		117.1	-17.1	
罗马尼亚	1980~1986		118.8	-18.8	

注：衡量经济增长方式的类型量化指标，主要以全要素生产率（投入产出率）提高对经济增长的贡献表示：等于或小于 0 时为完全粗放型，大于 0 小于 0.5 时为粗放为主型；达到 0.5 以上并小于 1 时为集约为主型，等于或大于 1 时为完全集约型。

资料来源：据《世界发展报告》1983 年、1995 年、1997 年资料综合计算。

经济增长方式转变一般首先是提高劳动生产率，节约活劳动耗费，使劳动力的增长率低于经济的增长率，实现劳动力使用的集约化。然后注意控制投资规模，提高投资效果，尽力缩小投资增长超前于经济增长的系数，进而达到低于经济的增长，实现投资使用的集约化。这样，经济增长方式的转变，就呈现从单项到综合、从局部到全面、从量变到质变的发展过程。英国与韩国经济增长方式转变的过程如表 2-2 所示。

表 2-2　英国、韩国的经济增长方式转变过程

国别	年份	GDP 年均增长率（%）	劳动力年均增长率（%）	与经济增长率的比较	劳动力消费弹性系数	类型	投资年均增长率（%）	为经济增长率的倍数
英国	1950~1960	2.4	0.9	低于经济增长率	0.3759	集约型	5.4	1.25
英国	1961~1970	2.9	0.6	低于经济增长率	0.2059	集约型	5.1	1.76
英国	1971~1980	2	0.5	低于经济增长率	0.25	集约型	0.2	低于经济增长率

续表

国别	年份	GDP年均增长率（%）	劳动力年均增长率（%）	与经济增长率的比较	劳动力消费弹性系数	类型	投资年均增长率（%）	为经济增长率的倍数
韩国	1960~1970	8.6	3.1	低于经济增长率	0.3605	集约型	23.6	2.74
	1971~1980	10.1	2.6		0.2574	集约型	14.1	1.39
	1981~1990	9.4	2.3		0.2447	集约型	11.9	1.27
	1991~1995	7.2	1.9		0.2639	集约型	7.2	与经济增长率相同

资料来源：据《世界经济统计简编》（三联书店，1983）、《世界发展报告》1983年、1993年、1995年、1997年资料统计。

世界各国经济增长方式的转变显示出从量变到质变的过程，即经济增长中靠全要素生产率提高获得的比重，通常是由小到大，逐步增加，累积到一定程度，超过了靠要素投入增加获得的比重，从而发生质的变化，使粗放型经济增长转为集约型增长。例如日本，1950~1960年，经济增长中靠要素生产率提高获得的比重为31.2%，1961~1970年上升到45.1%，均属粗放为主型；1971~1980年上升为71.2%，超过了靠要素投入增加获得的比重，从而使粗放为主型转成了集约为主型。又如新加坡，1960~1970年经济增长中靠要素生产率提高获得的比重为10.1%，1971~1980年上升为35.5%，1981~1990年进一步上升为64.1%，从而实现了由粗放为主型向集约为主型的转变。[①] 其他国家的情况也大致如此。有的国家，如韩国，则经历了从完全粗放型到粗放为主型，再到集约为主型的转变过程（见表2-3）。

---

① 葛霖生：《世界主要国家（地区）经济增长方式比较研究》，《上海体改研究》1998年第2期。

表 2-3　韩国经济增长方式的转变

单位：%

年份	GDP年均增长率	其中 靠要素投入增加获得	其中 靠要素生产率提高获得	经济增长方式类型
1960~1970	8.6	107.5	-7.5	完全粗放型
1971~1980	10.1	51.9	40.1	粗放为主型
1981~1990	9.4	55.1	44.9	粗放为主型
1991~1995	7.2	38.8	61.2	集约为主型

资料来源：据《世界发展报告》1983年、1995年、1997年资料计算。

二　浙江推进转型发展的探索与实践

随着国际金融危机逐步缓解，全球将进入后危机时代，主要发达国家去杠杆化、储蓄率上升、进口减少将成为中长期趋势，从而对浙江"十三五"的发展带来外部冲击。同时，即使欧美市场需求能够在总量上恢复，也不是原有规模和结构上的简单恢复。国际危机带来的产业结构变化，会使贸易结构发生重大变化，而且是一个长期的过程。此外，后危机时代经济全球化表现出明显的复杂性。国际金融危机后，贸易保护主义抬头，以传统方式继续分享经济全球化红利的时代已经过去。当前，我国进入发展新阶段。从人均发展水平、消费结构、产业结构、就业结构、城镇化率等一系列指标判断，我国开始由以解决温饱问题为目标的生存型阶段，跨入以促进人的发展为目标的发展型新阶段。这是国内经济社会一系列重大变化的基础。发展阶段的变化使我国面临新的矛盾和问题。如经济持续快速增长同资源环境约束发展不平衡的矛盾、全社会基本公共需求全面快速增长同基本公共产品供给不到位和供给短缺的矛盾、经济发展与社会进步同公共治理改善滞后的矛盾等。前期为应对金融危机所出台的刺激政策应视为应急性的，也是短期的。我们应该认识到，只有转型升级才是应对竞争的根本对策。近些年浙江省委、省政府集中出台了一系列政策举措，大力推进转型升级的进程。当前，浙江已进入人均生产总值1万美元发展阶段，随着国内外发展环境的深刻变化，浙江经济未来发展也会遇到前所未有的诸如建设用地紧缺、节能减排约束加强、人民币升值和劳动用工成本上升等一系列新挑战，将迫使浙江加快经济转型升级的步伐。转型升级是浙江经济发展阶段变化的内在要求，也是实现又好又快地科学发展的迫切需要。经济社会转型升级对于浙江经济社会的发展同样是一种促动。

1. 以"八八战略"为纲领，积极推进浙江转型升级

十六大后，时任浙江省委书记习近平带领省委一班人深入调研，并于2003年正式提出立足浙江发展的"八八战略"。习近平同志在深入调查研究的基础上，全面系统地分析了浙江经济社会发展的长短优劣，明确提出要深入实施面向未来发展的"八八战略"，即立足浙江实际，进一步发挥"八个方面的优势"，推进"八个方面的举措"。"八八战略"的实施使浙江突破了环境资源的约束，经济社会发展走在了全国前列。2004年，省委书记习近平在浙江省经济工作会议上提出，要痛下决心，以凤凰涅槃、浴火重生的精神推进经济增长方式的转变。2006年，习近平同志在全省自主创新大会上明确提出，当前浙江已进入由投资驱动向创新驱动转变的重要时期，加快提高自主创新能力，推进创新型省份和科技强省建设，显得尤为重要和紧迫。省委、省政府坚定不移地沿着"八八战略"指引的路子走下去，一张蓝图绘到底、一任接着一任干，以时间换空间、以局部换全局、以眼前换长远，打破"坛坛罐罐"，打出一整套经济转型升级系列组合拳，加快新旧动能转换，促进经济增长动力、发展路径、资源配置的"三大转

变"，为全国经济转型发展贡献浙江实践、浙江素材和浙江经验，引领浙江经济继续走在全国前列。2004年，浙江省统计局发布的《浙江GDP增长过程中的代价分析》显示，浙江每创造1亿元生产总值，需排放28.8万吨废水；每创造1亿元工业增加值，需排放2.38亿标准立方米工业废气，产生0.45万吨工业固体废弃物。① "增长的极限"制约着这片发展的热土，依赖要素驱动、投资驱动的传统发展模式已不可持续。2005年，习近平同志在浙江省委专题学习会上指出，浙江虽然在经济社会发展上取得了长足进步，但是也面临着"先天的不足"和"成长的烦恼"，经济发展高投入、高消耗、高排放、低效益的粗放型格局尚未根本改变，人多地少、资源紧缺，能源、土地、水等资源要素和环境承载力的制约不断加大。

十多年来，"八八战略"已成为贯穿浙江各项工作的红线。从建设"平安浙江"、"法治浙江"、文化大省、生态省，到"创业富民、创新强省"，到"建设美丽浙江创造美好生活"，以及"五水共治"和"最多跑一次改革"等，"八八战略"拉开了浙江经济转型升级的大幕。浙江历任省委都认真续写着"八八战略"这篇大文章。近年来，历届省委、省政府根据形势变化，始终坚持以"八八战略"为总纲，提出了"物质富裕、精神富有"的"两富"目标和建设"美好生活、美丽浙江"的"两美"愿景，明确了"干好一三五，实现四翻番"的战略任务，突出转变发展方式主线，深化改革与创新发展，全力推进转型升级，统筹协调"五位一体"建设，保持了经济平稳较快的发展与社会的和谐稳定。根据习近平总书记关于推进"腾笼换鸟""凤凰涅槃"的要求，浙江通过激发经济主体内生动力，强化外在激励约束机制，破立并举，主动转方式、调结构，经济结构战略性调整和产业

---

① 浙江省统计局：《浙江GDP增长过程中的代价分析》，2004。

优化升级的通道渐次打开。浙江切实按照"八八战略",积极发挥"咬定青山不放松、一张蓝图绘到底"的精神,坚持勇于突破和积极探索的创新意识,坚持团结一致与合力攻坚的大局观念,积极推进转型升级"组合拳",经济、社会、文化与生态文明建设等都取得了较大成就,经济基础和发展实力不断增强。总体来看,浙江转型升级取得了实质性进展。地区生产总值、人均生产总值、城镇居民人均可支配收入和农村常住居民可支配收入的实际增速,均超额完成了"四翻番"目标提出的任务。更难能可贵的是,全省的发展质量明显提高,浙江全社会劳动生产率提升对经济增长的贡献率不断提高;科技投入增加,创新活力增强,新主体、新业态大量涌现,发展的新动力正在聚集;产业结构调整也取得了实质性的进展,服务业已成为超过工业的主体产业,互联网和相关服务业已成为经济发展的新增长点。"八八战略"作为习近平总书记当年在浙江工作时根据浙江实际确立的发展总纲,是指引浙江适应和引领新常态的"金钥匙"。在"八八战略"指引下,浙江经济步入"增长中高速、质量中高端"的健康轨道。

"八八战略"是事关浙江现代化建设全局的重大战略选择。它着眼长远,解决的是浙江如何持续解放生产力,走什么路、怎么走,并率先基本实现现代化的问题。面临新的发展环境、新的发展难题和新的空间格局,必须紧紧围绕总书记提出的"八点要求",对"八八战略"进行全新阐释,从经济、政治、文化、社会和生态文明,以及党的建设等各方面来全面认识,不断丰富完善其理论框架,指导浙江发展并形成有特色的现代化发展道路。

2. 推进"腾笼换鸟"与产业转移,促进浙江产业转型

面对一系列新的形势,浙江经济只有成功实现转型,才能保持中高速增长。从国际经验看,经济发展方式转变一般是通过技术创新应

用提高劳动生产率，实现劳动力使用的集约化，并通过控制投资规模，实现投资使用的集约化。长期的经济增长主要依靠技术进步，依靠全要素生产率提高的贡献，而不是投入数量增长的贡献。根据世界银行数据，以全要素生产率（投入产出率）提高对经济增长的贡献来衡量经济发展方式的类型量化指标，并以0.5为粗放型和集约型的分界线，0.5~1为以集约为主型，等于或大于1时为完全集约型。在转型阶段，美国、日本分别实现了3.3%和2%的实际年增长，我国香港、台湾地区以及新加坡、韩国分别实现了6.5%、7.9%和6.9%、7.3%的年增长（见表2-4）。[①] 可见，成功实现转型后的增长基本以稳定的中高速为特点。在浙江转型发展的关键阶段，必须坚持以转型为主线，力争在较短的时间内以较快的速度实现转型，保证浙江步入集约型的中高速增长轨道。

表2-4 部分经济体经济发展方式转变期的经济增长情况

单位：%

国家和地区	实现转型的年份	转型期GDP年均实际增长速度	总要素投入效率的提高对GDP增长的贡献
美国	1950~1960	3.3	53
日本	1970~1980	2	71.2
新加坡	1980~1993	6.9	62.0
中国香港	1980~1993	6.5	56.5
中国台湾	1980~1993	7.9	50.6
韩国	1990~1995	7.3	61.2

资料来源：葛霖生：《世界主要国家（地区）经济增长方式比研究》，《上海体改研究》1998年第2期；《世界发展报告》1983年、1995年、1997年；《1996年台湾统计年鉴》；《世界经济统计简编》。

---

① 聂献忠：《浙江"十二五"发展速度之辩》，《浙江经济》2011年第2期。

"腾笼换鸟",不是一概淘汰传统的工业企业,而是要下决心改变粗放型增长方式,腾出空间培育"吃得少、产蛋多、飞得远"的好"鸟"。说到底,"腾笼换鸟"就是对现有产业优化升级,换来新的产业、新的体制和新的增长方式,让有限的资源发挥更大的效益,最终实现由"浙江制造"到"浙江创造"的飞跃。按照这一思路,浙江一边加快先进制造业基地建设,一边淘汰落后产能。2005年,《浙江省先进制造业基地建设重点领域、关键技术及产品导向目录》出台,明确了四大类先进制造业基地建设重点,即高技术产业、装备制造业、传统优势产业改造提升和循环经济;明确了36个重点领域和100项发展重点,组织实施了一批带动性强、投资规模大、技术水平高、市场前景好和重大技术改造项目。[①] 及时出台"浙江省限制和淘汰制造业落后生产能力目录",有步骤地淘汰落后生产技术、工艺和产品,并采取有效措施加以实施,以进一步缓解资源能源约束,加快工业用地集约和置换利用。制定"浙江省欠发达地区制造业发展目录",切实有效地提升欠发达地区的制造业水平,并形成完整的发展先进制造业、提高整个制造业水平的政策引导体系。随后,"腾笼换鸟"、推进经济发展方式转变,成为历届浙江省委、省政府的不懈追求:十届省委确立推动经济发展从量的扩张向质的提高转变的工作主线,为浙江转变经济发展方式开启了探索之路;十一届省委提出"八八战略",以"凤凰涅槃"的勇气、"腾笼换鸟"的举措、"浴火重生"的气魄,推进发展方式转变,把浙江转变经济发展方式推上新台阶;十二届省委深入实施"八八战略"和"创业富民,创新强省"总战略,形成了加快转变发展方式、推进经济转型升级的新局面。

---

① 《浙江省人民政府办公厅关于印发浙江省先进制造业基地建设重点领域关键技术及产品导向目录(2005—2007年)的通知》,2004年12月。

转型升级在空间上有两种基本形态，一是"原地转型""就地升级"，二是产业转移、"腾笼换鸟"。早在21世纪初，面对土地、能源、环境制约等"成长的烦恼"，浙江就提出要充分利用宏观调控的倒逼机制，痛下决心"腾笼换鸟"。十年来，浙江在淘汰落后生产能力和污染严重企业方面，取得了明显的进展和成效；但产业转移不足，仍在一定程度上影响着转型升级的进程。因此，适当加快产业转移的步伐，不仅可以为全省"411"有效投资行动计划的落实拓展空间，而且可以为全省经济发展质量和效益的提高创造条件。浙江的实践表明，产业转移是推进转型升级的一条有效路径。特别是在本地要素约束日益趋紧、生产成本和环境压力不断加大的背景下，一些地区和企业通过产业转移，不仅拓展了新的发展空间，而且提升了本地产业水平，改善了本地产业结构。

绍兴福全镇是传统工业强镇，但连续多年因没有新增工业用地指标而使招商引资几乎陷于停滞。倒逼的压力，迫使福全镇加快"腾笼换鸟"。近年来，通过把传统的纺织印染企业转移集聚到滨海工业区，鼓励本地发展非纺产业和新兴产业，福全镇加快了转型升级的进程。目前，福全镇新兴产业销售占比已达到工业销售产值的一半；一批工业企业在外迁生产基地的同时，也在规划建设总部商务区和发展生产生活服务业，使产业结构发生了积极的变化。嘉兴海宁经编产业园区是浙江最重要的经编产业基地，但也面临发展困境：一方面，优势企业增资扩产的要求十分强烈；另一方面，土地供应短缺、劳动力成本上升、用电紧张、环境容量指标限制等瓶颈约束十分严重。为开拓产业发展的新空间，海宁经编产业园管委会与安徽郎溪县政府、鸿翔控股集团三方共同设立郎溪经编产业园，将部分生产加工转移到郎溪经编产业园；同时规划建设集研发、检测、培训、创意、展示、商务办公等于一体的经编总部商务区,将企业研发、设计等技术部门留在海宁,发展"总部经济"。海宁还通过建设"产业用纺织品材料技术创新战略联盟""产业用纺织品公共服务平台""经编产业特色工业设计基地""经编研究院"等创新平台,整合多家企业和多所大学的创新资源,加快形成以企业为主体、市场为导向、产学研一体的技术创新体系,促进了部分产业转移后本地产业的结构调整和层次升级。显而易见,转移部分产业链低端的生产加工基地,同时扩大和强化设计、营销、研发等产业链高端的环节,形成一种"大脑—手脚"型的产业梯度转移;或转移一批技术水平和附加值相对较低的产业,取而代之地发展一批技术水平和附加值更高的产业,都是推动转型升级的有效形式。

产业转移受到劳动力、市场、内部交易成本等多种因素的影响,往往形成不同的模式和路径。从浙江的实践看,主要有以下四种。一是加工生产基地外迁而核心高端留存的产业转移。全省许多的产业转移,是依据不同地区要素状况、发展环境和经济基础的差异,而形成的有梯度的转移。低层级的承接地区,往往结合自己的优势和定位,通过制定引进承接产业的规划,开发建设转移产业园区,出台实施相关政策等,批次吸引和承接高层级地区的产业转移。但由于承接地往往在研发、营销与管理等方面缺乏优势和吸引力,因而这些转移产业的核心环节仍然留在本地。同时,本地政府出于税收、就业和产业衔接等方面的考虑,也鼓励转移企业将核心高端部分留在本地,从而在转移地、承接地之间形成了一个包括研发、制造和营销在内的横向产业分工体系。二是政府层面推动形成"飞地"型的产业转移。例如,嘉兴—安徽郎溪经编产业园,采取这种"飞地"的方式将园区"整体移栽"到安徽郎溪,不仅缓解了嘉兴产业发展空间问题,而且为调整升级创造了有利条件。同样，嘉善县罗星街道与江西永新县共建的永新—罗星工业园，采用两地政府通力合建"异地园区"的方式，由永新县负责园区的基础设施建设和优惠政策实施等，由嘉善方负责园区的整体规划和招商引资等，来共同推动产业的转移和提升，形成了优势互补、合力双赢的发展格局。三是引进高端要素、利用倒逼机制的产业转移。一些有条件的地方，不失时机地引进高端要素、培育新兴产业，利用倒逼机制推动低附加值产业向外转移。它们还将"筑巢引凤"与"筑巢孵凤"结合起来，改善发展环境，加快创新和人才培养，逐步以高附加值产业来替代低附加值产业的主导地位。例如，嘉兴通过建设清华长三角研究院、中科院应用技术研究院及中国电器研究院华东分院等科研机构，吸引和整合高端要素资源，不仅增强了科技研发的力量，而且培养了一批服务于新兴产业的人才，有效促进了本地高端产业的孵化成长，促进了产业转移和结构调整。四是龙头企业战略性布局所带动的产业转移。例如，近年雅戈尔集团在重庆、培罗成集团在九江、太子龙集团在安徽，都布局和开发了新的生产基地。由于其特有的行业影响力和号召力，这类龙头企业的战略性布局通常也会带动相关配套资源的跟随和一些相关产业的转移，从而在产业转移的承接地形成新的集群效应。实际上，这些龙头企业具有较强的生产能力和品牌效应，在战略性布局调整过程中，往往发挥其社会化协作程度高和横向联系广的优势，主动引导和带动相关行业的投资，鼓励与其配套的生产服务企业和供应商一同到承接地投资，在当地发展配套产业并建立关联产业群，实现零部件生产供应的当地化，从而形成产业链条的整体转移。这不仅有助于降低产业转移风险，提升产业转移效益，而且也有利于产业转移地的"腾笼换鸟"和转型升级。

浙江发展到今天，必须拓展新的空间，谋求新的发展。浙江经济要想跳出浙江、发展浙江，浙江企业就要走出浙江发展自己。跳出浙江，就是要使浙江传统产业实现合理、有效的梯度转移；发展浙江，就是使浙江在进一步提升传统产业层次的同时，形成新型的、高层次的新产业，由劳动密集型向资本密集型和技术密集型转变。只有"走出去"，才能天高地阔，激发更为持续的发展动力；只有"跳出去"，才能获取更大发展空间。当前，浙江产业转移正在大提速。从产业转移规律看，国内的产业转移其实就是全球产业转移进入新一轮发展阶段的延伸。通过产业区际转移，浙江能够找到一条升级产业链，主动完成产业转型的战略发展。就产业转移的本质而言，能够将生产要素集中到新的主导产业，为产业结构顺利调整创造有利条件。事实上，每次产业结构调整，导致主导产业和重点发展的产业部门的转换，都伴随着原有产业的向外转移。因此，当前浙江制造业转移升级面临着难得的历史机遇。一方面，区域差异的趋小为产业转移提供了必要的宏观条件。在新的区域均衡发展战略指引下，"西部大开发""中部崛起""东北振兴"等区域战略全面铺开，近年来，中西部和东北地区经济增速加快，我国经济重心也在发生改变。另一方面，浙江产业区际转移的潜力巨大。我国赶上了全球产业转移的快车。20世纪80年代以后，美国、日本和欧洲发达国家大力发展知识密集型产业，而劳动密集型产业和技术密集型产业向发展中国家转移，特别是世界加工制造中心和世界电子信息产品中心向中国转移。我国东部地区利用率先开放和区位优势，抓住了发达国家和港澳台地区产业转移的机遇。经过多年快速发展，东部地区资本相对饱和，本地市场已难以满足资本增值需要。再加上土地、劳动力、能源等生产要素供给趋紧，产业升级压力增大，企业商务成本居高不下，资源环境约束矛盾日益突出等问题，急需完成从规模扩张向结构提升的转变。其中，加工工业和低端劳动密集型产业"腾笼换鸟",向中西部地区转移趋势明显。因此,可以通过区域整合和借势,利用增量调整和存量调整相结合的方式,实现从"以时间换空间"向"以空间换时间"的战略转变。此外,产业转移地和承接地都存在转型压力,承接地更多的是生态压力甚于转型压力。因此,近些年浙西地区承接产业转移的步伐和力度比不上苏北或其他中西部地区,更多的是基于生态方面的考虑。浙西在承接产业转移方面,始终坚持发展生态经济、优化生态环境与弘扬生态文化有机结合,扎实做好生态保护、恢复、优化、建设文章。近年来,丽水大力发展高效生态农业,形成区域优势、特色明显的农业新格局;在生态工业方面,始终坚持"产业有选择"的发展思路,重点发展低碳、低能耗的循环经济,如生物制药、电子机械产品、食品加工等;在旅游服务业方面,把生态、产业、旅游、文化紧密联系在一起,努力把丽水建设成长三角地区重要的绿色农业基地、特色制造业基地和独具魅力的生态文化休闲度假旅游目的地。

3. 以"四换三名"和生态治理为抓手,促进转型发展

在转型发展时期,经济发展受到非经济因素的影响会越来越大。尤其是长期累积的各类社会矛盾随着经济增长放缓、收入差距加大以及众多偶然性事件可能会不断爆发出来,从而又增加了经济转型发展的困难。从环境与发展的战略转型到现实转型是一个漫长和艰苦的过程,面临一系列挑战,在加强常规的以污染预防和生态保护与修复为核心的环境管理的同时,应该采取包括政治、经济、社会、技术和文化等途径在内的一体化环境保护战略。中共十七大关于环境与发展问题提出了一系列创新性的战略思想和政策。其实,环境与发展战略转型并非中国独有的现象,只是各国表现的方式不尽相同。20世纪60年代和70年代初期在日本、80年代中期在韩国都有类似的战略转型

出现。德国的战略转型则从20世纪70年代中期开始，到80年代中期特征最为明显。而美国的转型发生在20世纪60年代后期。[①] 这些国家出现战略转型时，正值技术和政策发展的早期阶段。近年来，浙江大力提高公众意识和推进公众参与，借助于"五水共治"和"四边三化"以及"三改一拆"等民生工程，发挥全社会在战略转型中的作用，创新居民的消费模式和工作场所的健康环境，监测当地发展，直接参与改善环境等。

知名企业是浙江经济的骨干支撑，知名品牌是浙江产品和服务的品质标志，知名企业家是浙商群体的杰出代表。实施"三名"工程是打造浙江经济"升级版"的有效途径。当前，中小企业多、龙头骨干企业少，品牌数量多、知名品牌少，大小老板多、知名企业家少等"三多三少"问题，仍是制约浙江经济转型升级的突出问题。2013年底，省政府出台《浙江省人民政府关于全面实施"三名"工程的若干意见》（浙政发〔2013〕58号），根据《关于开展浙江省第一批"三名"培育试点工作的实施意见》（浙三名〔2014〕2号）要求，制定《浙江省第一批"三名"培育试点企业遴选评价方案（试行）》。全面实施"三名"工程，是加快推进浙江经济转型升级的一项重大举措。全面实施"三名"工程，有利于加快改变"三多三少"状况，增强创新驱动能力，提升企业国际竞争力，提高经济增长质量和效益，对于加快推进浙江经济强省建设具有重要意义。深入实施"八八战略"，十好"一三五"，实现"四翻番"，坚持市场主导与政府推动、分类指导与重点扶持、整合资源与优化机制相结合，以创建"名企、名牌、名家"为载体，强化扶优扶强政策导向，大力实施名企战略，培育一批龙头骨干企业和高新技术企业；大力实施名品战略，创建一

---

① 国合会专题政策报告：《环境与发展的战略转型：国际经验与中国对策》，2007。

批享誉国内外的区域知名品牌,培育一批在国内外具有较高知名度和影响力的品牌企业;大力实施名家战略,打造一支由知名企业家领衔的管理团队和技术团队,推动浙江由工业大省向工业强省、制造大省向智造强省、品牌大省向品牌强省转变。2015年,省直有关部门出台首轮"小微企业三年成长计划",浙江省小微企业呈现总量增加、发展向好、活力提升、贡献增强的良好态势。到2017年底,浙江省小微企业达168.3万家,比2014年增长58.8%。小微企业虽然数量增加,但规模相对偏小、传统行业主导、创新能力不强等结构性、素质性矛盾依然比较突出。为解决这一问题,浙江省工商局于2017年底开始牵头起草《浙江省"小微企业三年成长计划"(2018—2020年)》,根据"小微企业三年新成长计划",浙江将在该省组织实施市场主体提质、创新发展、育新扶优、融资破难等九大行动。[①] 以市场主体提质为例,浙江将分类实施"小巨人"培育行动,加强分类指导和服务,持续推动规模以下小微企业转型升级为规模以上企业。深入实施"凤凰计划",完善小微企业上市育成机制,支持符合条件的小微企业在新三板、浙江股权交易中心挂牌融资。

十多年来,省委、省政府坚持"绿水青山就是金山银山"发展之路不动摇,把生态文明建设与经济转型升级紧密结合起来。2010年,省委十二届七次全会通过了《关于推进生态文明建设的决定》。2012~2013年,省委、省政府先后做出"三改一拆""五水共治""四换三名""四边三化"等重大战略部署,倒逼经济转型升级。2016年,浙江吹响小城镇环境综合整治行动号角,努力补齐"美丽县城"与"美丽乡村"之间的短板。省第十四次党代会强调,着力推进生态文明建设,深入践行"两山"理念,积极建设可持续发展议程创新示范区,

---

① 浙江省工商局:《浙江:滚动实施三年成长计划 大力推进小微企业质效提升》,2018。

谋划实施"大花园"建设行动纲要。"五水共治"是2013年11月29日浙江省委十三届四次全会提出的,"五水共治"即治污水、防洪水、排涝水、保供水、抓节水,这是一个大目标、大思路。这是浙江省政府近年来推出的大政方针,是推进浙江新一轮改革发展的关键之策。浙江是著名水乡,水是生产之基,生态之要,生命之源。"五水共治"是一石多鸟的举措,既扩投资又促转型,既优环境更惠民生。水文化的价值在于它让人们懂得热爱水、珍惜水、节约水;进行"五水共治",是平安浙江建设的题中之义,直接关系平安稳定、关乎人水和谐。一是自来水、江水、河水等水流的污染问题严峻,战略转型仍处于初始阶段,地方政府、企业和公众等对战略转型的到来和意义知之甚少;二是与政府和企业在环保上的努力相比,目前公众所起的作用还是比较微弱的,而国际经验表明,公众不仅在发动而且在加速战略转型中作用关键;三是从知行角度考虑,环境和发展战略转型的范围,要比中国目前的环境教育和交流宽泛得多。因此,中国应该通过专门的培训、教育方式,提高来自中央政府各部委、各级地方政府和企业界的决策者和管理者对环境与经济社会协调发展重要性和紧迫性的认识水平;通过广泛的宣传教育方式,提高公众的相关意识,充分发挥非政府组织的作用,在全社会各个层面形成推动环境与发展关系转型的合力。

总而言之,当前浙江经济、政治与社会均进入转型时期,经济发展受到的冲击与挑战是全方位的,经济持续快速高增长的优势条件与环境已发生根本的趋势性改变。当前,经济增速放缓阶段是加快转型的良好机遇期,同时也是转型发展进入攻坚克难的关键期,转型期发展要依托社会、生态和文化、法制力量,形成新的增长动力。以生态治理和社会建设为抓手,形成促转型、稳增长的重要力量。把雾霾治理和"五水共治"环境保护,作为打造浙江经济"升级版"的重要抓手。以雾霾治理为抓手,推进生活品质提升。理清治理路径,将重点放在防治工业污染,推进传统产业升级。加快淘汰落后产能,加大对传统产业技术改造提升的支持力度;大力发展低能耗、低污染、高效能的新兴产业;转变工业经济发展模式,大力发展生产性服务业,促进工业结构从劳动密集型向知识密集型转变。

4. 以"最多跑一次"为抓手深化改革,推进转型发展

实践证明,不断推进改革、突出体制机制优势是浙江培育和释放市场主体活力、推动经济持续稳定增长的根本动力。为进一步形成新的体制机制优势,必须进一步强化改革优势,最大限度地释放改革红利,通过改革创新形成内在机制动力。其关键是集中精力理顺政府与市场的合理边界,加强对政府自身的改革。政府体制改革是经济转型的突破口,政府要完善经济管理体制,缩小政府规模,转变行政管理职能,提高行政效率。2003年7月,浙江省委书记习近平做出发挥"八个方面优势"、推进"八个方面举措"的重大部署,高度凝练浙江改革发展实践经验,引领浙江向更高、更新目标迈进。"八八战略"强调"进一步发挥浙江的体制机制优势","进一步发挥浙江的环境优势","切实加强法治建设、信用建设和机关效能建设"。在浙江工作时,习近平就提出要努力建设服务型政府、法治政府、有限政府。可见,以市场经济为基础,实现政府管理的适度化,推动政府逐步由"家长式管理型政府"转向"法治型服务型政府",更加重视公共服务、维护市场秩序、调节宏观经济,并更多利用法律与市场等手段推进"层次简化、大部门、高效率"模式,是保持体制机制优势的关键部署。

近年来,浙江坚持以政府改革为抓手,坚持简政放权、放管结合、

优化服务协同推进，着眼于"四张清单一张网""最多跑一次"，深化推进改革。2013年11月，浙江启动以"权力清单"为基础的"三张清单一张网"建设。2014年7月，在全国率先部署"责任清单"工作，逐步形成"四张清单一张网"的总抓手。围绕"四张清单一张网"，减少政府对微观事务的管理和干预，形成企业自主经营、公平竞争，消费者自由选择、自主消费，商品和要素自由流动、平等交换的体制机制。要继续减少政府对资源要素价格的干预，建立健全主要由市场决定价格的机制。要改进政府服务经济发展的方式方法，提升服务能力。全省上下切实加快打造尊重市场、尊重规律的"有限"政府，服务到位、监管到位的"有为"政府，严格依法行政、规范高效运转的"有效"政府。政府促进经济发展更多应体现在非产业领域，甚至非经济领域，包括建立有效的生态环境保护、监管机制以及生态补偿机制，建立完善的产业准入标准，有效界定并量化经济发展中排污权及约束，建立区域金融服务体系，优化创新创业制度环境，提供公共技术服务平台等国际通行的普惠服务。

"最多跑一次"改革是浙江在深入学习贯彻习近平总书记全面深化改革重要思想基础上，对照"八八战略"中"进一步发挥浙江的体制机制优势"的要求，创造性提出的一项关乎全局的改革举措。在2016年底省委经济工作会议上，代省长车俊首次提出实施"最多跑一次"改革——群众和企业到政府办理一件事情，在申请材料齐全、符合法定受理条件时，从受理申请到形成办理结果全过程只需一次上门或零上门。"最多跑一次"改革反映了企业和群众的呼声，是贯彻落实习近平总书记赋予浙江新使命、新要求的深入实践，是浙江省加强政府自身改革的再深化、再推进。抓好"最多跑一次"改革，对深入推进供给侧结构性改革、优化发展环境具有重大意义。2018年1月，中央全面深化改革领导小组第二次会议审议《浙江省"最多跑一次"改革调研报告》，并向全国复制推广。在十三届全国人大一次会议上，李克强总理提到"最多跑一次"改革，强调要深入推进"互联网+政务服务"，使更多事项在网上办理，必须到现场办理的也要力争做到"只进一扇门""最多跑一次"。实践证明，"最多跑一次"改革更大限度地发挥了市场机制的作用，有利于增强市场活力，有力于打破体制障碍，减少政府对资源的直接配置，推动市场规则、市场价格、市场竞争在资源配置中发挥决定性作用，实现效益最大化和效率最优化。根据2017年底第三方评估调查，"最多跑一次"实现率达到87.9%，满意率达到94.7%。[①]

"最多跑一次"改革，表面上看是一个针对具体问题的改革，实际上是政府权力行使与行政管理体制改革的系统工程。通过深化"最多跑一次"改革，进一步创新深化了行政管理体制、投融资体制等系列改革，为各类社会资金进入关键行业与重点领域创造便利，在市场准入、规范监管与结构优化上推进制度完善，推进数字化标准化进程，形成多元化、市场化、可持续的设施和公共服务投入机制、运营机制。根据省第十四次党代会报告要求，以"最多跑一次"改革撬动各方面各领域改革，狠抓改革，落地撬动经济、文化、社会、生态文明等各领域改革，实现从"单兵突进"到"全面突破"，以提供优质服务开拓产业发展新空间，持续推动新模式、新增长，实现"五大发展"理念在浙江的有力提升。

[①] 《权威调查显示：我省"最多跑一次"实现率达87.9%》，浙江政务服务网，http://www.zjzwfw.gov.cn/art/2018/1/4/art_1299557_14799312.html。

第三章
转型发展的战略目标与支撑

　　十九大报告既对决胜全面建成小康社会做出了具体部署，也对第二个百年奋斗目标进行了具体化和阶段性战略安排。第一个阶段是从2020年到2035年，在全面建成小康社会的基础上，再奋斗15年基本实现社会主义现代化。对浙江来说，应继续保持领先发展优势和战略地位，率先实现基本现代化。"干在实处永无止境，走在前列要谋新篇"，鲜明地指出了在新的时期和新的发展阶段，浙江"怎么干、怎么走"，具有十分重大的理论与实践意义。习近平总书记对浙江要"继续争当排头兵"的殷切希望和要求，不仅肯定了浙江改革开放以来所取得的成就，也对浙江在"十二五"期间虽经济增速下滑且排名地位受挑战的情况下，仍保持战略定力、力促转型发展进行了充分肯定。总书记要求"在提高全面建成小康社会水平上更进一步，在推进改革开放和社会主义现代化建设中更快一步，继续发挥先行和示范作用"，[1] 就是要求浙江必须围绕"两富""两美"建设，不仅要努力建设更高水平、更高标准的小康社会，更要在探索现代化发展模式与发

---

[1] 《习近平：干在实处永无止境 走在前列要谋新篇》，《人民日报》2015年5月28日，第1版。

展道路上更进一步，走在前列。其中，更高水平的全面小康是底线，但不能拘泥于底线或在底线徘徊，浙江要全面建设更高水平的小康社会，要在现代化发展背景下，以"八八战略"来解决经济、社会、文化和生态等发展中的难题。

实现新的发展目标和任务不仅是国家的期待，更是浙江的责任和担当，其艰巨性不言而喻。唯有以"八八战略"为总纲领，明确目标和任务，系统谋划、分步推进，才能进一步在适应和引领中做出新作为。浙江要建设更高水平与标准的小康社会，要实现向基本现代化迈进的目标，其转型发展不仅要保持合理的增长速度和发展结构，更要着眼于新增长模式建立和新动力提升。经过几届省委、省政府"不唯速度看增长"、保持战略定力的持续转型推进，浙江已在以互联网为中心的信息经济发展与引领上走在全国前列。只要政策得力、群策群力，实现新常态下健康快速发展是完全可能的。

一 浙江转型发展的战略目标体系

从总体目标看，对浙江来说，坚持更高标准和更高目标，就是要以"八八战略"为指导，要努力实现"综合实力更强、人民生活更幸福、生态环境更优美、城乡发展更均衡、治理体系更完善"的协调发展目标。但置身改革潮头，浙江更要紧紧围绕新增长动力、结构和发展路径，积极探索，成为我国改革开放与创新的排头兵，成为"一带一路"建设、市场化改革和政府转型治理的先行者，成为"互联网+"引领创新型经济发展的新高地，成为城乡一体化和生态文明建设的示范区，更好地呼应国家战略和全国大局，继续发挥好先行和示范作用。面对"干在实处永无止境，走在前列要谋新篇"这一历史使命，浙江必须在新的历史起点上全新出发、再立新优势、再谋新发展、再创新辉煌,必须先行先试、积极探索,为全国探索新常态下持续快速发展做出表率。

完成这一发展目标与任务,必须围绕"八八战略"积极推进改革与创新发展,要"在适应和引领新常态中做出新作为",这不仅要适应中高速增长这一新常态,更要引领新常态。其关键在于,不仅要尽快形成中高速增长的新动力模式,借助增速放缓加快实现经济结构优化升级,而且最重要的是,要尽快实现从要素驱动、投资驱动向创新驱动转变。尤其要尽快以依靠人力资本质量与技术进步、创新驱动取代廉价劳动力和要素规模驱动,形成经济的新引擎,实现从"汗水式增长"到"创新式增长"的转变。

浙江紧紧围绕"干在实处永无止境,走在前列要谋新篇"的新使命,围绕"在适应和引领新常态中做出新作为"的新要求,进一步打开经济结构战略性调整和产业优化升级的通道,进一步打开科技创新和增添发展动力的通道,进一步打开创新创业和就业相互促进的通道,进一步打开国内经济和参与国际经济合作相得益彰的通道,进一步打开改善民生和扩大内需良性循环的通道,来更好地适应和引领新常态。总体来看,浙江转型发展目标就是要通过转型升级和科学发展,建立"具有浙江特色和国际竞争优势的现代产业体系,功能体系完善的、高效发达的都市圈,以及城乡居民生活幸福的、合理有序的社会结构"。

1. 形成具有浙江特色和国际竞争优势的现代化产业体系

十九大报告明确提出,中国特色社会主义进入了新时代,这是中国发展新的历史方位。报告首次提出"建设现代化经济体系",并指出这是跨越关口的迫切要求和我国发展的战略目标。当前,我国经济已经由高速增长阶段转向高质量发展阶段,经济发展的战略目标就是要在质量变革、效率变革、动力变革的基础上,建设现代化经济体系,提高全要素生产率,不断提高经济创新力和竞争力。

建立现代化经济体系,最关键的就是建立形成现代新产业体系。也就意味着,浙江要逐步实现以传统产业为支柱到以现代产业体系为支柱的转变,并以现代技术和制度改造提升传统产业,并坚持"优先发展现代服务业,重点发展先进制造业"的转型思路。而以生产性服务业为主的现代服务业是现代农业、现代工业的重要基础。这不仅要求以生产性服务业为突破口,推进浙江传统优势产业转型。传统产业是浙江优势产业,需要在压缩过剩产能与淘汰落后企业的基础上,以先进适用技术改造和提升传统产业,提高产品技术含量和附加值,保持传统产业的竞争优势。而且要加强重化工业建设,重点发展具有地理优势、产业基础和自身特点的临港工业、石化工业和设备制造业。扩大产业规模,提高产业竞争力,拉动浙江经济增长。同时也要以新兴战略性产业为着力点,推进产业结构转型。高技术产业、新兴产业和生产性服务业是工业化城市化后续阶段的主导性产业,要充分发挥浙江资金充裕、人力资本水平较高的优势,依据产业基础与比较优势,大力发展高技术产业、新兴产业和生产性服务业。对于浙江经济发展来说,重视与加强高技术产业、新兴产业和生产性服务业建设具有特别重要的意义,能够优化产业结构,拓展产业发展空间,完善经济体系,增强发展后劲。这是浙江经济转型升级必经之途,也是浙江从经济大省转变为经济强省的必由之路。

有效率的经济组织是经济增长的关键。浙江经济转型发展,不能削弱民营经济的主体作用、削弱所有制结构的竞争优势,不能"国进民退",而应该"国进民强"。要加强培育大型企业集团,扶持中小企业,加快块状集群转型,推动建立现代产业集群。一是建立垂直分工产业组织体系。加快推进产业组织创新，推进产业组织方式从水平分工向垂直分工转型，可从两方面促进：建立企业之间的产业联系网络，利用企业外部的垂直联系与水平联系，以网络型的产业组织空间形成产业群落；将产业联系内部化，通过关联企业的兼并重组，整合形成若干具有规模经济优势的跨地区企业集团。集团企业作为独立于地方政府的利益主体，能够规避地区分割和不适当的行政分割，在区域内自行优化资源配置，建立产业组织体系，并以跨地区的集团企业为核心形成产业群落。二是建立现代产业集群组织体系。技术创新、制度变迁和产业集聚是转型时期产业组织优化的三大动力机制，而产业的市场集中与空间集聚则是现代产业组织演进的两条基本路径。因此，要加快"区域专业化"向"产业集群化"的转型，以产业集群为鲜明特征，建立浙江现代产业组织体系。产业组织形态的重构，基本方向是推动传统块状经济向现代产业集群转变，培育新产业，推动现代服务业集聚区的形成和发展，发挥龙头企业的影响和带动作用，尤其要以产业市场集中和空间集聚为两大路径，构建组织优化的新体制机制。三是建立大小企业协同配套的企业组织体系。浙江应加大政策扶持力度，积极培育大企业，扶持中小企业。经济发展依靠的是产业体系下的企业群或企业链，没有一大批中小企业与大型企业协调、配套发展，大企业发展也就难以持续。在转型期，产业组织将发生明显变化，大企业的主导作用上升，小企业的依附性增强。从企业组织结构看，浙江具有国际竞争力的大企业还不多、不够强，中小企业发展面临着更多的困难；从城乡结构看，国际金融危机严重影响了农民工的就业与收入，城乡收入差距呈现扩大趋势。因此，在产业组织上，加强产业内部的企业转型升级非常关键，要形成以"大企业寡头并购，小企业联合发展"为特征的产业组织。

2. 形成功能体系完善且高效发达的现代化都市空间结构

经济转型升级,需要着力发展与之配套的新型城市空间形态。新型城市空间,是指在新型工业化、城市化和信息化加速发展的背景下,中心城市功能提升、产业转型过程中形成的城市新兴空间形态。浙江的新城市空间应该以"服务业向中心适度集聚、制造业向外围适度集聚"为特征,并形成适度集聚、轴线辐射的圈层式城市空间形态。浙江通过以建立高效有序的新城市空间为核心的空间转型,来带动区域周边的整体发展,从而不断缩小城乡差距、区域差距。一是重点扶持,强化集聚,优化城市空间结构。新产业发展的空间平台建设,应以杭州湾及温台沿海地区为核心,在全省集中规划建设杭州、宁波、温州台州和金华—义乌—衢州—丽水等四大中心城市圈,加强集聚、辐射和扩散,着力拓展新产业发展空间,促进新产业集聚发展。目前由于城市边缘组团和卫星城发育还很不充分,城乡二元结构普遍存在,没有达到城乡共融的状态,因此,应结合这一转型时期的空间演变规律,以都市圈的形式促进城市空间结构的优化,并不断加快都市圈的集聚(尤其是服务业)。通过城乡功能上的衔接与融合,缓解中心城市发展的空间压力,带动周边地区共同繁荣,推动整个经济向更高水平迈进。二是强化扩张,有效扩散,引导区域空间结构重组。浙江既可以通过核心城市与周边地区的垂直分工,带动区域整体经济水平的提高,也可以通过各卫星城镇之间相得益彰的水平分工,形成功能性质互补的网络型区域空间结构,实现浙江都市圈的整体联动发展。在环杭州湾及温台沿海地区,以丰富的滩涂资源为基础,集中建设浙江大江东地区、嘉兴东南新区、绍兴滨海地区、宁波余慈地区、舟山滨海地区、三门湾、台州湾、温州湾等产业发展大平台,为先进制造业和现代服务业的集聚发展拓展新空间,努力形成一批具有全国战略意义的产业基地。在浙中和浙西地区，要以丰富的低丘缓坡资源为基础，结合浙中城市群建设，结合浙西生态发展规划，规划建设两大新增长中心区。三是协调发展，推进均等，加快城乡一体化进程。在全省内部，加强城乡协调发展，加强浙西南与浙东北的协调发展，加强地区内部如浙江西部郊县、温州西北山区县的协调发展。积极推进公共服务均等化进程，尤其是义务教育、基本医疗卫生、社会保障等与民众生活密切相关的公共服务的均等化，推进以民生为重点的社会建设。为有效推进基本公共服务均等化，浙江应尽快制定各类基本公共服务的建设标准、设施标准、人员配备标准、财力匹配标准，建立与这些标准相对应的数据采集系统，建立与这些数据采集系统相关的绩效评估体系。

3. 形成城乡居民生活幸福且合理有序的现代化社会结构

现代新社会结构，主要体现为城乡居民生活幸福而合理有序的"橄榄型"与"倒纺锤型"结构。经济发展模式的转型，通过生产模式直接影响其相应的社会结构，而社会结构转型，则通过消费模式而有助于推进产业结构升级。新社会结构的内容主要包含以下两个层面。首先是构建和谐社会，推动经济社会协调发展。当前，浙江已经由生存型社会进入发展型社会，并向富裕型社会过渡，但诸多社会矛盾与社会利益冲突还始终存在。构建和谐社会、消除"结构紧张"，推动经济社会协调发展，就必须在继续深化改革、调整社会结构尤其是就业结构、城乡结构、社会阶层结构等方面做文章，使经济结构和社会结构相协调。对于浙江来说，和谐社会意味着建设"生活品质之城"目标的实现。其次是形成"橄榄型"社会结构，使中产阶层不断壮大。浙江中产阶层的兴起，使传统两头大、中间小的"哑铃型"社会转化为现代两头小、中间大的"橄榄型"社会。趋于稳定的"橄榄型"社会有益于减少社会矛盾。未来，随着生活水平的不断提升，浙江的富裕阶层与中产阶层将呈现同比增加,整体社会结构将由"橄榄型"向"倒纺锤型"转变。新社会结构的形成与中产阶层的壮大密不可分,庞大的中产阶层对社会贫富分化具有较强的调节能力,对社会利益冲突具有较强的缓冲功能。因此,要想获得持续的经济增长,优化社会结构、壮大中产阶层非常重要。经济增长只有转化为国民福祉和幸福感提升才有实质意义。近些年来,浙江各地果断改变高增长惯性思维,坚持以社会民生建设和生态环境改善、以居民对美好幸福生活的向往为新增长动力,社会发展质量稳步提升。浙江各地围绕"八八战略",坚持"绿水青山就是金山银山",稳步推进"五水共治"和"三改一拆"工程,就是为了有效地化解增速放缓带来的各种压力,有效地把经济增长空间充分地转化为消费扩张和居民幸福感提升,形成有内涵、有意义的幸福型增长。

4. 形成以创新为发展动力且质量高效的现代化发展模式

当前,我国经济已由高速增长阶段转向高质量发展阶段,正处在转变发展方式、优化经济结构、转换增长动力的攻关期。近年来,浙江经济转型显著,经济实力持续增强,质量效益显著提升,创新动力日益强劲,信息技术、创新创业、生态与文化等优势更加突出,改革红利不断释放,经济、社会、城市、文化、生态发展和政府服务质量不断提升,质量型发展已经成为发展的新常态。在经济发展质量上,浙江经济逐渐呈现速度稳、质量高、动力强、结构优、消耗低的鲜明特征,尤其是创新成为经济社会发展的主引擎,浙江正加快向引领式创新、全民创新、全面创新迈进。当前,在转型发展进入关键阶段,经济增速逐步放缓进入中高速增长周期背景下,开放发展、创新发展已明显成为决定区域经济发展走势的重大核心问题。因此,加快供给侧结构性改革,加快推进扩大创新式开放、吸纳全球高端要素资源,加快推进技术创新、商业模式创新、管理创新和制造方式创新,掌握发展的主动权,就要求浙江在强化资本优势推进产业并购整合的同时,积极以建设开放强省、打造科技创新强省为主线,尽快走上创新驱动、内生增长和质量型增长的轨道,力争在未来全球竞争中占据领先地位。

转型期是浙江稳增长、促改革、调结构、治环境、惠民生的重要时期,也是坚定信心积极谋划形成新增长的关键阶段。我们必须清醒认识面临的风险和挑战,依托新优势、新动力,努力加快形成以高质量、幸福和领先型为特点的新增长模式。有别于传统高增长阶段的目标与任务,中高速新增长阶段必须坚持以质取胜,必须时刻把增长质量、效益和效率放在首位。转变发展方式就是要坚持质量型增长模式,要着眼于未来竞争模式,再创浙江领先优势的关键和基础。经验表明,发达国家从粗放型发展方式向集约型发展方式转变过程中,在产业与经济、社会结构发生明显转变的背景下,经济增长质量与效益明显提升。近年来虽然浙江经济增速放缓,但实力持续增强、质量效益显著提升,转型成效明显,绿色低碳优势逐步突出,改革红利不断释放,经济、社会、文化、生态发展和政府服务质量也在不断提升。在经济发展质量上,逐步呈现速度稳、质量高、动力强、结构优的向好苗头和特征。

二 率先实现基本现代化是转型发展的根本目标

浙江省第十三次党代会提出,未来浙江将为建设"物质富裕、精神富有"的现代化目标而奋斗。"社会共享、政治共参"也是现代化进程中不可分割的重要组成部分,是"两富"基础上的深化与提炼。实现以公正公平为目标的"社会共享"和以政治民主为目标的"政治共参"不仅关系到民生改善与社会进步,而且关系到经济增长与可持续发展。为此，本书通过总结先行国家或地区现代化进程的成功经验，梳理基本现代化的基本特征、趋向和难题，从民生、民主和民权等角度，为浙江加快并顺利实现基本现代化提出相关政策建议。

国际经验表明，基本现代化框架下，经济、社会与民生、政治、文化、制度等都将面临全新的发展演变。浙江要全面建设高水平的社会主义现代化，意味着各方面建设要实现人均生产总值的新跨越，机遇与挑战并存。这意味着浙江经济社会正在进入一个新的发展阶段。这一阶段浙江经济处于什么发展层次？社会发展是否滞后或跟进？浙江发展又面临什么条件与挑战？先发国家和地区在这一阶段有哪些经验教训？浙江下一步经济社会发展的总体思路是什么？应该采取什么样的重大举措？基于先行国家的经历，这个阶段的社会经济发展将会有哪些趋势？这些都是当前我们需要关注并应该回答的主要问题。

1. 基本现代化发展阶段的普遍性特征

现代化的萌芽最早开始于16世纪的西欧，其后不断向全球扩散，到20世纪，真正走上基本现代化道路并取得一定成效的国家主要集中在欧洲与北美以及亚洲的日本。进入20世纪中后期，亚非拉等更多的国家和地区开始将现代化作为自己的发展目标；到20世纪末，世界上几乎所有国家和地区都主动或被动卷入了现代化的历史潮流。因此，现代化是世界历史的必然进程。从欧美先行工业化国家或日本、新加坡与韩国等后发型经济体历史经历看，人均GDP超过1万美元是公认的从发展中状态进入发达状态的标线，也是国际上公认的进入基本现代化发展阶段的指标。进入这一阶段，伴随着消费主导时代的转型与改革、城市化时代的转型与改革、公共产品短缺时代的转型与改革以及低碳经济时代的转型与改革等内容的推进，经济社会发展的理念和方式都会出现明显的变化。

经济社会发展大转换，进入转折性的拐点。高速增长变为中速增长，社会与经济发展结构包括经济社会的质量、结构与矛盾都会发生重要转换。尤其是社会发展对经济增长的约束进一步增强，社会公正与生态等环境压力对经济增长的影响程度也不断增加。当前，不同阶层或区域在收入分配、社会保障等方面的差距扩大，正不断形成各种社会隔阂和矛盾。这些社会环境与压力的日益增加，将直接考验政府部门的执政能力和政策水平，或积极推动经济增长，成为经济中速增长阶段的主要动力；或处理不当，社会矛盾突发，导致经济增长深受影响抑或停滞徘徊出现震荡，出现"拉美化"现象。

工业仍是支撑经济增长的决定性力量，但由"投资主导—工业推动"的工业化社会向"消费主导—服务业推动"的后工业化社会转变。工业实体经济仍是支撑经济新跨越的决定性力量，但消费率逐步超过投资率，"消费主导—服务业推动"逐渐替代"投资主导—工业推动"成为新的增长动力。消费快速扩张尤其是高端消费快速发展，服务业结构向高端优化发展。在实体经济内部，新兴战略性产业逐渐替代原有的传统性产业占据主导地位，新型工业结构也逐渐呈现与生活、民生等消费体系更密切的关联性。

技术创新成为经济社会发展的重要驱动力。经济发展从主要依靠投资驱动向依靠创新驱动转变，技术创新逐渐成为经济社会发展的重要驱动力，创新产出不断提高，其中科技进步贡献率般逐步达到70%以上，自我创新能力不断增强。低碳、环保节能和循环经济得到较大发展，生产性服务业迅速崛起，生产性服务业地位不断提高。

全球资源配置能力稳步提升，跨国公司逐步成为经济实力的主要载体。具有强大竞争力优势的企业对外扩张意识与能力明显增强，尤其是在要素资源、市场渠道和技术创新等方面抢占先机、谋划优势。

这些跨国公司迅速崛起壮大,成为区域经济实力的主要载体,带动人均 GDP 由 1 万美元向 2 万美元甚至更高目标跨越。

中产阶层崛起,成为经济社会发展实现新跨越的重要力量。中产阶层是经济发展的中坚力量、市场消费的主体,具有强劲的购买力,是消费需求持续扩大的主要来源。同时,中产阶层是推动社会结构由"金字塔型"向"橄榄型"转变、促进社会稳定的重要因素。中产阶层占全社会家庭总数的比重,逐步达到 70%以上并趋于稳定。

政治民主化与多元化文化建设进入大发展时期。政治现代化建设包括公民基本权、政治基本权和社会基本权。随着新的中产阶层形成壮大、专业人员以及白领职业队伍的迅速增加,社会结构发生深刻变迁,社会的法治程度显著提高。政治文化建设稳步推进,公众参与意识逐步增强。

城乡一体化与均衡发展进入实质性阶段。国外城市发展轨迹表明,人均达到 1 万美元后是都市圈向外辐射的加速阶段,在中心城市要素和职能不断向外围地区扩散的过程中,中心城市与周边地区的联系日益密切,区间互动日益增强。尤其是随着交通与服务业大发展,城市化转型加快、工业向周边转移加速以及城市人口居住的郊区化成为主要特征。户籍全放开、城乡土地同步规划与评估等值化等行政体制成为城乡一体化进程重要的推动力。

但是,负面的发展倾向也不容忽视,尤其是贫富两极分化的发展倾向、社会矛盾危机的累积爆发、本地传统文化的陷落以及政治腐败与民生贫困等潜在危险,需要我们时刻警惕。

2. 基本现代化进程中的主要问题与障碍

按照国际经验,浙江即将正式迈向基本现代化发展阶段。然而,我们也要看到,虽然物质基础和体制条件已基本具备,但收入差距与城乡均衡矛盾依然存在。尤其是在经济持续高速增长和社会剧烈深刻变革的进程中，长期积累的社会经济问题不可能一下子解决，社会转型期难以避免的新矛盾、新问题在不断产生，社会经济中潜藏的弱点、矛盾和比较劣势也逐渐暴露出来。这些不利因素的交织和叠加，都会构成浙江在后1万美元阶段社会经济顺利发展的严峻挑战和重大制约。能否成功克服这些矛盾将决定着"中等收入陷阱"能否顺利跨越和浙江现代化战略目标的前途。

增长转换期的动力缺失问题。高速转入中速增长阶段，需要应对多重挑战，其中十分关键的是，自主创新能力能否有效增强，创新驱动能否实现。从技术创新看，日本、韩国都经历了从国外引进、学习借鉴的过程，后来高铁、核电、液晶显示等技术进步表明，日本和韩国都具备了世界领先的自主创新能力。而部分拉美国家则提供了反面教材。因此，如果处理不当，就会造成结构失衡、效率低下、动力缺失、创新乏力，持续发展也就难以实现。

社会公正与政治危机问题。随着社会转型期的矛盾和问题日益复杂，尤其是腐败问题与社会两极分化问题，如果出现政治和社会危机，将导致经济危机。当前，分配不均、社会裂化等问题尚缺乏系统有效的政策调节方案，短期内又难以靠自身力量加以平衡。在政治建设方面，民众参与度也往往会受参与渠道单一、参与结构不平衡及参与效果不理想等因素的影响。

民生幸福滞后与"中等收入陷阱"问题。经济增长只有转化为人民福祉和幸福感提升才有实质意义。改革开放以来，人民的幸福感虽在时序意义上不断提升，但由于住房、教育与医疗等社会保障建设不完善，与经济增长相比仍处于相对滞后状态。随着由投资驱动向消费驱动的转型发展，如果收入分配改革没有实质性进展，最终消费仍是需求"短板",经济增长就难以充分地转化为消费扩张和居民幸福感提升,"中等收入陷阱"也就不可避免。

城乡一体化与融合发展的约束问题。乡村是否现代化取决于农民是否进入非农产业或留在农村的农民生产方式和生活方式是否实现了现代化。如果不能完全根除城乡分割的体制性约束,不能实现土地等生产要素的合理自由流动和优化配置,二元经济结构矛盾也将难以消除。最紧迫的问题是,城市能否放宽落户条件,把在城镇稳定就业和居住的农民工有序转变为完全意义上的城镇居民,消除事实上存在的对进城农民的身份歧视,使之与城市居民享有相同的公共服务。

要素与人口资源短缺问题。随着支撑高增长的供给要素不断紧张,随着以高度消耗资源、高度依赖出口市场、处于产业链低端,以低工资、低成本、低价格为主要竞争优势的传统发展模式走到尽头,转变发展方式已迫在眉睫。加上人口老龄化背景下的红利耗尽,如果"人口红利"不能有效转化为"人才资本",民间资金不能转化为民间资本,则竞争力缺失,人口也将成为影响现代化进程的重要约束。

3. 基本现代化进程中的国际经验与教训

从国际经验看,许多发达国家或地区在基本实现现代化进程中,纷纷对产业结构、社会建设以及城市化空间更新等内容加以重点关注。以美国、日本与韩国为代表的先行国家在后1万美元阶段成功地解决了城市化形态分散、资源要素瓶颈制约、社会矛盾交织等问题,其发展经验值得借鉴。但是,拉美一些国家则由于经济发展自身的矛盾难以克服,发展战略失误,经济增长回落或长期停滞。

不断强化技术创新,创新现代化发展动力。先行国家和地区注重提升创新能力,发挥科技对经济增长、产业升级的促进作用。1968年,日本的研究费用只相当于美国的11.2%;而到80年代初,已相当于美国的 1/3。1984 年，日本人均 GDP 突破 1 万美元，研究开发费用占 GDP 的比重提升到 2.6%，与美国相差无几。1996 年，日本用于研究开发的经费已占 GDP 的 2.8%，高于美国的 2.6% 和德国的 2.4%。1999 年，日本的这一比重更是提高到了 3.13%。[①] 大量引进技术与加强自主研发，使日本的生产技术突飞猛进，使日本这个缺乏资源的国家，从纺织到家电再到汽车工业，几乎战胜了所有的老牌工业国。经济高速发展和完善的社会福利保障制度相辅相成。经济快速增长，需要社会福利保障体系及时跟进。20 世纪 70 年代，日本经济进入高速发展期。在 80 年代的泡沫经济尚未到来前，日本就基本完成了福利制度的建设，并积聚了足以抗衡后来出现的更严重、更长时间的经济衰退的力量，从而平稳跨越了所谓的"中等收入陷阱"。这些年来，欧美国家出现较大规模的经济危机，日本都没能躲过，经受危机的时间有时甚至长于其他发达国家，但是日本没有一蹶不振，关键就在于其社会福利保障制度助推着"经济建设"。

大力增加公共产品，加快社会现代化进程。国际经验表明，在人均 GDP 跨越 1 万美元后的发展阶段，全社会公共需求将全面快速增长，教育、医疗、就业、社会保障、公共安全、环境保护以及利益表达的需求等，会越来越成为全社会普遍关注的问题。因而，增加社会公共产品，完善公共服务制度，成为许多先行国家和地区的一项重要战略。韩国于 1989 年实现全民医保，之后公共医疗保险的参保人数稳步增长，覆盖率由 1989 年的 90.39% 上升到 2007 年的 98.69%（其余人口由医疗救助提供保障）。在人均 GDP 1 万～2 万美元阶段，韩国政府主要致力于建立"韩国式福利经济模式"，从四个方面进一步增加社会公共产品，完善社会保障制度：保持社会福利和经济增长的均衡；

---

① 《从 6000 美元到 20000 美元浙江经济如何跨越》，《观察与思考》2009 年第 18 期。

基本保障人民收入、医疗、教育、居住四项需求；实行积极的劳动就业政策；建立"家庭般的社会"，政策上鼓励以家庭为单位搞社会福利，并对这样的家庭在居住、税收等方面给予优惠。

高度注重社会公平，实现人的现代化。人均GDP跨越1万美元后的发展阶段，既是一个黄金机遇期，也是一个矛盾多发期，社会公平问题往往进一步凸显，其中分配格局是影响社会公平和社会稳定的重要因素。人是实现现代化进程的关键要素，也是现代化建设的根本归宿。1961年，日本开始实行国民收入倍增计划；1987年，人均国民生产总值达17142美元，超过美国。同时，日本坚持文化传承与创新，实现文化现代化。韩国走出了一条与西方不同的现代化道路，被西方学者称为"第三种工业文明"。韩国现代化模式的最重要特点，是重视现代化中人的精神因素，即文化因素，因此韩国可以被称为"文化强国"的典型。1990~1995年，韩国完成人均GDP从5000美元到1万美元的跨越。这一阶段，韩国经济以年均8.1%的实际增速快速发展，在CPI年涨6.6%的带动下，名义增长率年均达17%。[①]

相反，巴西等拉美国家发展到人均GDP超过1万美元阶段后，因为经济结构扭曲、腐败、收入两极分化、科技和教育相对落后、经济不够开放等诸多因素，陷入了接连不断的经济危机、政治危机和社会危机中。它们的劳动生产率、人均GDP长期处于中等收入状态。例如，墨西哥的人均GDP1990~2005年的年均增长速度只有0.5%。而亚洲四小龙，在经历了1997~1998年亚洲金融危机的洗礼之后，再度快速发展，人均GDP最低的已经超过2万美元，最高的已经达到4.5万美元，成功地转变为高收入经济体。在巴西和墨西哥，由于分配不合理和收入悬殊

---

① 天津市统计局：《天津人均GDP超5000美元后的若干发展问题研究》，国家统计局，http://www.stats.gov.cn/ztjc/ztfx/dfxx/200710/t20071008_33681.html。

问题长期得不到解决，社会矛盾不断积累，发展局面一度恶化。分配不公平问题也拉大了贫富、区域、种族、社会地位之间的差距，导致社会冲突逐步加剧。巴西始于20世纪80年代的无地农民运动，愈演愈烈，已演变为一种政治运动。2000年4月，5000多名无地农民占领了14个首府的有关部门，特别是土改机构，2.5万人举行示威游行，严重影响了社会稳定。在墨西哥，严重的社会分化也导致了激烈的社会冲突。2006年，墨西哥东南部的恰巴斯州印第安农民发生暴动，旨在反对北美自由贸易区建立后跨国公司对农民的剥夺。同年，数千名农民组成的"萨帕塔民族解放军"袭击并占领了该州的一些城镇，扣押了当地的政府官员；他们提出的口号就是：争取"工作机会、土地、住房、卫生保健、教育、独立、自由、民主、公正以及和平"。[1]

由此可见，拉美国家正因为没有采取有效措施应对1万美元阶段附近面临的问题与约束，而饱受"中等收入陷阱"困扰，基本现代化的实现更是遥遥无期，值得我们深思。

4. 推进浙江基本现代化进程的政策安排[2]

直面挑战，实现基本现代化，浙江需要有与经济社会发展同样出色的政策定位与"软"制度安排。根据基本现代化环境下经济社会发展的特征和趋势，围绕浙江发展总体思路和战略构想，需要抓住以下关键环节，并采取相应举措。

强化个体发展目标，实现共同富裕。个人现代化与家庭现代化是地区现代化的重要基础，因此，浙江应在相关发展规划中逐步考虑减少总量发展目标，增加人均发展指标与家庭发展指标。同时逐步改变以"数字经济"为主导的GDP增长、社会投入等发展观念，建立以

---

[1] 吕银春：《2000年巴西经济政治和社会形势分析》，《拉丁美洲研究》2001年第2期。
[2] 聂献忠：《论推进浙江基本现代化的政策研究》，《浙江工商职业技术学院学报》2002年第9期。

"优化人民生活"和"促进个体发展"为本的发展目标,"富民"优先于"强省"。

加强文化道德标准的建设。经济社会发展到转型关键阶段,文化道德标准化建设就迫在眉睫了,否则取而代之的就是文化缺失,而不是"精神富有"。"精神富有"必须以健康的、科学的、向上的、代表未来发展方向的、推动社会前进的先进文化为基础,最根本的是要构建起具有浙江特色的"共同的行为准则、共同的道德规范、共同的价值观追求"等文化道德标准,坚持文化传承与创新,实现文化现代化。只有这样,浙江现代化进程才能真正激发人民的发展自豪感、生活幸福感、心灵归属感和社会认同感。

社会福利保障体系的及时跟进与共享。社会发展必然导致民生需求全面升级。因此,浙江必须把政策重心落在大力增加公共产品、丰富多元化公共服务内容上,加快社会现代化并防范"中等收入陷阱"。切实以投入优先、政策优先、资源优先,全面改善民生,促使利益格局趋于合理化,提升基本公共服务水平与质量,确保用于民生福利的公共支出增长幅度高于财政收入增长幅度,实现社会救助、医疗保障、养老保险全覆盖,建设覆盖城乡的公共服务体系。这也是实现社会现代化和社会公平的基本标志。

以大都市区优化城市空间结构,促成基本公共服务均衡地大力推进。新产业体系和新社会结构,都需要与之相匹配的城市空间形态。新城市空间要求进一步增强杭州、宁波与温州、金一义、台州等大城市集聚辐射功能,服务业向中心城市集聚、制造业向外围扩散集聚,形成联系紧密、功能互补、发展一体化的城市空间。只有以交通网络体系建设促进大城市郊区化进程,中小城市或城镇的均衡化发展才有坚实支撑;只有大城市空间结构不断优化,才能更加注重社会建设和改善民生,把保障和改善民生作为中小城市均衡发展的根本出发点和落脚点。

以政府宏观调控力量缓解转型期震荡，推进社会公平公正体系的强力建设。好的社会机制要以公平作为基础，公平的社会机制可以促进创新，有利于企业发展，保持区域竞争力。因此，浙江应高度注重社会公平，切实以"稳增长、强社会、促公平、保民生"十二字方针为目标，采取有效手段化解转型发展时期的各种社会矛盾、发展难题与危机，为浙江现代化进程提供最具竞争力的市场环境。

放松管制、扩大开放，以服务业带动城市化向纵深推进。国际经验表明，服务业特别是生产性服务业的滞后，从长期看，势必会导致核心城市功能的弱化。对照美国和日本的发展经验，浙江在人均生产总值达1万美元以后，应放松管制、扩大开放，助推城市化步入以提升质量、扩大消费为主的稳定增长阶段；在稳定优化城市工业基础上，使服务业逐步成为推动城市化向纵深推进的后续动力。

政治民主化应在农村与社区等基层率先突破。在政治民主化进程中，中产阶层与年轻人是主导力量。虽然不同利益群体的诉求存在差异，但对政治民主化进程的认识和目标是一致的。要解决当前这一主导阶层尤其是青年的政治参与问题，浙江需要从完善制度建设、提高文化素质、加强信息建设、提升中等阶层地位等方面入手，充分发挥中产阶层在政治诉求上共同参与的主观能动性，并可在农村与社区进行试点、率先突破。

三 实现浙江转型发展目标的战略支撑

十九大报告指出，我国社会主要矛盾已经转化为人民日益增长的美好生活需要和不平衡不充分的发展之间的矛盾。因此，转型发展必须始终把人民利益摆在至高无上的地位，让改革发展成果更多更公平地惠及全体人民，朝着实现全体人民共同富裕的目标不断迈进。浙江目前处于快速变动的经济和社会转型进程阶段，协调各种复杂矛盾和利益，需要政府部门加强以"控制外部性和增进社会和谐度"为目标的干预政策。首先，大力增加非基础设施类的公共支出，改善民生。切实把改善民生作为扩大国内消费需求的落脚点、出发点。而尽快建立基本公共服务体系，是较好地解决民生问题的关键。其次，加快农民转化进程，提高城市化率，改变城乡二元结构，把城乡制度一体化作为扩大农村需求的制度基础。最后，以政策来推进社会结构的合理化，改革任何阻碍社会流动的制度和政策。其中，浙江转型战略目标和突破口的选择非常关键，转型主要有两个方向，即增长由高度依赖出口转为主要依靠内需，竞争力由劳动力成本优势转为科技自主创新。在明确战略目标的基础上，需要进一步确定发展路径和重点任务，形成推动浙江转型发展的重要战略支撑。

1. 以建立现代产业体系为核心的产业结构与经济结构的转型

新产业体系的转型，意味着以传统产业为支柱转向以现代产业体系为支柱，并以现代技术和制度改造提升传统产业，坚持"优先发展现代服务业，重点发展先进制造业"的转型思路。而以生产性服务业为主的现代服务业则是现代农业、现代工业的重要基础。此外，尤其是在制造业集聚区，必须突出"先进制造业与生产性服务业"的"协同发展"，这是推进经济转型的关键。

在经济转型的过程中，政府的重点在于引导和扶持，在于创造良好的宏观环境和宽松的政策环境来促进企业积极探索多种形式的转型路径。除了要促进企业加快技术进步和产品升级外，还要鼓励企业发展先进制造业，实现制造业的服务化，发展现代服务业，积极利用信息化带动工业化。目前，不少有助于扩大内需的服务业等存在严格的准入管制，准入门槛太高，应该适时放松管制来吸引资源的进入，这样才可能取得预期的效果。一是实施消费带动战略，促进"制造业带动"向"服务业带动"的转变，将消费作为未来发展转变的新动力。从中长期看，扩大内需是直接关系经济社会全面发展的大战略，因此需要把扩大内需作为新阶段改革发展的战略性目标。浙江实施消费带动战略，具有众多资源与环境优势，而保持这些优势又需要促进消费模式转变，挖掘内需增长潜力。从可行性看，浙江可持续消费模式的建立，当前最需要切实在"提高工资、发展教育（培训）、完善社保"三个方面下功夫。二是形成服务业支撑，以现代服务业带动城市化向纵深推进。国际经验表明，服务业特别是生产性服务业的滞后，从长期看，势必会导致核心城市功能的弱化。对照美国和日本的发展经验，在人均GDP达到1万美元以后，城市化进程将步入以提升质量为主的稳定增长阶段，此时，城市化率上升速度趋缓，靠工业数量扩张带动城市化的时代基本结束，第三产业将逐步取而代之成为推动城市化向纵深推进的后续动力。可见，浙江在未来人均生产总值向2万美元迈进的过程中，如何加快城市化速度已成为次要问题，而如何提高城市化的质量则上升为需要重点关注的课题。三是大力放松对服务业的管制，启动经济新增长点，促进服务业的繁荣。大力放松对服务业的管制，促进服务业的繁荣，重点是加快教育体制、医疗卫生体制的改革，放松对文化娱乐服务、社会中介（非组织的公共组织）服务的准入限制，促进相关服务业的大发展。而放松对先进制造业和现代服务业（民间金融、公共服务业、垄断行业投资）的准入管制，能为从低效率出口企业等转移出来的劳动力和资源提供可以转移的新增长点。

2. 以公平公正公开为宗旨的社会保障与社会结构的转型

社会转型作为一种结构性的社会变革和整体性的社会发展，在其演进过程中，必然会触及深层次的、结构性的矛盾和问题，造成剧烈的社会震荡和心理冲击。因此，对社会转型的驾驭和调控，对于坚持社会转型的既定方向和目标，维护改革发展稳定的大局，具有至关重要的意义，是对执政党执政能力的严峻挑战和考验。研究这样的重大课题，对于正在全面贯彻落实科学发展观、构建社会主义和谐社会、不断探索中国特色社会主义发展道路的中国，无疑具有重大而紧迫的理论意义和现实意义。

浙江目前处于快速变动的经济和社会转型阶段，协调各种复杂矛盾和利益，需要政府部门加强以"控制外部性和增进社会和谐度"为目标的干预政策。同时，还要切实加强环境保护监管，应对经济发展带来的环境压力，并通过支持基础教育和技能培训，通过必要的收入转移政策，缩小居民收入差距并使更多人民分享到发展成果；需要重新评估传统人口政策，适当放松人口出生管制以缓解未来人口老龄化和总抚养比快速增长带来的压力。首先，要大力增加非基础设施类的公共支出，改善民生。浙江应实施"富民强市"战略，坚持城市发展的社会优先战略，切实把改善民生作为扩大国内消费需求的落脚点、出发点。而尽快建立基本公共服务体系，是较好地解决民生问题的关键。新的发展阶段，实施的积极财政政策和财政结构改革主要是为了扩大非基础设施方面的公共支出，弥补这类公共部门（涉及民生）长期以来的支出不足。大幅度增加教育、医疗卫生、社会保障、政策性住房及就业保障等民生方面的投入，可以减轻居民在这些领域的支出负担，置换出新的购买力，能显著地改善居民的支出预期且增加对政府的信心，因此，对扩大消费会起到十分积极的作用。

其次，加快农民转化进程，提高城市化率，改变城乡二元结构，把城乡制度一体化作为扩大农村需求的基础。浙江农民消费能力强、潜力大，加快农民转化市民的进程，应从以下四个方面入手。一是促进城市房价的合理化。高房价下无城市化。浙江目前的房价水平与本地居民的收入水平相比，严重偏高，降低价格（或对浙江农村居民购房进行贴补，或集中规划建房、大规模放地等）将会激发巨大的购房需求，也会相应地加快城市化进程。二是实施大规模的农民工安居工程。主要是利用政府的力量，统一规划建设标准化农民小区房。三是大力发展浙江郊县的现代农业、现代休闲产业，促进西部城镇化。四是扩大公共服务覆盖农村的范围，缩小不断扩大的城乡差距，使城乡居民共享改革发展的成果。

最后，以政策来推进社会结构的合理化，改革任何阻碍社会流动的制度和政策。包括取消户籍制、解决教育领域分配不公问题、规范权力与资本的获得以及加快营造培育中产阶层成长壮大的法律和人文社会环境等。浙江可在西部县进行户籍制的改革试点，放宽落户政策，推进浙江西部的城市化进程。另外，根据财力，浙江可逐步落实城乡免费义务教育政策和促进农民工子女免费接受义务教育，解决教育领域的分配不公问题。

3. 以中产阶层为主体的健康合理的消费结构的转型与提升

努力扩大中等收入阶层，积极培育引导富裕阶层，提高城市消费水平。扩大中产阶层比重，是建设和谐社会的必然选择。目前，浙江省中产阶层比重在30%左右，离西方发达国家40%的平均水平还有一定距离，距离富裕国家70%的比重更远。[1] 由于中等收入阶层的消费重点集中在价格不菲的教育投资、商品房和私家车等方面，其消费行

---

[1] 参考我国对城市中等收入阶层的界定，目前主要有两种看法，一是万事达卡国际组织指出，我国中等收入者是指年收入在7500美元至50000美元（6万元到40万元）的社会群体；另一种是国家统计局将年收入在6万元到50万元（2004年水平）的家庭列入我国中等收入者家庭范畴。按照国家统计局标准，据有关分析报告，目前我国城市中等收入者家庭约占全国城市家庭总数的5%。从全国总体看，整个城市社会收入分配格局仍呈"金字塔型"，城市中等收入者的扩张仍处于初期阶段。

为和消费观念具有明显的示范效应。因而，扩大中等收入阶层比重，可以使消费群体扩大消费需求，拉动经济增长。因此，浙江应把提高收入水平、改善生活质量、调节收入分配、缩小城乡差距和转换职业结构等，作为有利于扩大中产阶层比重的社会政策选择的根本出发点。扩大中等收入阶层比重，浙江必须建立并完善特有的一系列财政政策、货币政策、教育政策、社会保障政策、收入分配政策、城市化政策和产业政策。改革开放以来，浙江在经济、社会发展与城市建设等方面积极推行的一系列政策实际上都有利于培育中产阶层的成长。

扩大中产阶层队伍。培育健康的中产阶层，体现在数量增加和质量提升两个方面。就当前情况而言，浙江不仅要在数量上不断扩大中产阶层规模，形成中产阶层社会，更重要的是在质量方面引导中产阶层建立科学健康的生活观念与生活方式。中产阶层的发育与壮大需要有客观的社会条件。浙江具备这样的经济与社会基础、资源条件与环境优势。当前，最需要的是在体制机制上下功夫，在改革与创新上下功夫。一是加强教育培训，为中低收入阶层成长为中产阶层创造支撑。加强教育培训，不仅能为浙江的经济社会发展提供最为重要的战略性资源，而且对受教育者来说，也是其成长为中产阶层的必要保证。其中，浙江尤其要加快社会普通劳动者的职业教育、技能培训，把他们纳入社会的"中间阶层"，使他们能够及时分享社会发展的物质成果，成为浙江这一社会体系的主体和中坚力量，并获得相应的社会归属感。同时，浙江应"削峰填谷"，调节高收入和保障低收入，为中产阶层的崛起创造良好的社会环境和社会条件。二是以青年为重点培育主体，积极推动社会进步。青年是推动社会进步的重要力量，是未来中产阶层乃至富裕阶层最有可能的潜在队伍，而青年企业家在未来促进经济发展和社会进步中更占据重要地位。浙江要建立"创新型城市"和促进"信息产业优先"发展,就必须时刻把青年培育放在首要位置。创新青年更是未来社会的生力军,是推动浙江社会进步、建立"橄榄型"乃至"倒纺锤型"社会结构的重要力量。因此,充分认识青年工作者尤其是青年人才的重要地位,对浙江今后创新发展和国际化进程的推进都极为重要。三是加快城市化进程,为培育中产阶层提供坚实的乡村后备队伍。浙江城乡差距主要表现为社会保障体系与社会服务的不均等,培育农村中产阶层的困难不在于缺少消费能力,而在于社会建设的缺乏。因此,浙江要下大力气,在户籍制度改革与农村改革方面有所突破,从而加快城市化步伐,消除低收入者进入中产阶层的体制性障碍。同时,还要深化分配体制改革,建立一种以市场分配为主、政府调控再分配为辅的分配机制,通过财政转移支付,加大对农村交通设施、生态环境建设,改善农村居住环境,提高生活质量与水平,从而发展壮大农村中产阶层。

提升中产阶层质量。一是增强中产阶层的幸福满意度与提高社会地位。在创新发展阶段,浙江社会进步与发展的程度更多的是取决于人的发展程度,取决于人的知识更新、能力培养和素质提高的程度,取决于人的主动性、积极性和创造性的发挥程度。人的发展程度与对生活的幸福满意度又反过来影响其创造性的发挥。其中,尤其以中产阶层为代表的中青年人才是构成有创造性的人的重要主体。由此可见,中产阶层的进步与发展将成为浙江社会进步与发展的决定性因素,因此要始终把"人的发展",尤其是中产阶层的幸福满意度作为下一阶段浙江社会进步的衡量标准。通过促进满意度为最高标准整体提升城市文明程度,以满意为目标,积极推动社会进步。此外,要积极吸收更多中产阶层参政议政,提升中产阶层的社会地位,尤其是要在浙江交通规划、设施建设、财政预算、部门计划以及社会保障、教育、医疗、卫生改革等重要的实际工作中，引导中产阶层遵循法治原则有序参政，建立多元渠道和途径吸收中产阶层的创新思维和解决方法。二是加大浙江生活环境建设。生活环境建设包括居住与交通环境、民主法制环境和道德环境等各个方面。良好的生活环境是壮大中产阶层队伍、培育中产阶层对浙江的忠诚度、发挥其更大主观能动性和创造能力的重要保证，良好的发展环境还是推动经济社会进步的强大驱动力。浙江早在习近平主政期间就形成了"绿水青山就是金山银山"的发展观念和发展战略，把建设"宜居"城市作为首要任务，大力宣扬"环境比 GDP 更重要"的理念，致力于人与自然、文化与经济社会的和谐发展。浙江提出的"两山"理念，并不仅仅是指改善自然环境，更重要的是不断优化政策环境。此外，民主环境建设也是社会进步的重要推动力。只有尽可能地实现公开、公正、民主，才能高效地调动浙江每个社会成员的主观能动性，自觉发挥主观能动性与创造性，参与自主创新、原始创新，推动科技进步与浙江的创新发展。三是改善中产阶层与富裕阶层的关系。浙江要建立完善的公开、公平、公正体系，切实消除房产、教育、医疗等政策方面的"漏洞"，尽力避免土地利用、交通规划等方面的"寻租"现象。引导促进富裕阶层与中产阶层自身的健康发展，以市场机制为基础获取社会资源。社会和谐是社会进步的重要特征和推动力量，因此，浙江要利用"飙车"事件与"斑马线"事件的社会影响力，加大对社会环境的评估与改善，引导社会建立富裕阶层与中产阶层、中产阶层与传统阶层的和谐关系。四是引导中产阶层合理消费，培育壮大富裕阶层。中产阶层是社会消费模式的引导者，中产阶层消费对于拉动市场消费具有巨大意义，能够起到扩大消费、拉动内需的作用。对浙江来说，最重要的是要通过稳定房价、改善交通、增加福利以及建立完善的消费信贷机制与配套体系,来引导促进中产阶层的消费需求,尤其是要引导中产阶层对精致生活、休闲消费的需求,降低中产阶层以及富裕阶层对炫耀性、享乐主义的消费需求。同时,中产阶层还是规模可观的储蓄群体,引导中产阶层进行投资,可促进经济发展并增加中产阶层的财产性收入,从而有助于促进中产阶层向富裕阶层迈进。

4. 以深化创新改革为动力的发展路径与发展模式的转型

国际经验表明,只有制度创新才能保证有质量、有效率的增长。人均收入在2000美元以下为要素驱动阶段,劳动力和自然资源是经济增长的主要动力,以粗放型经济增长为主;2000~3000美元为要素驱动向效率驱动的转换阶段;3000~9000美元为效率驱动阶段,各种市场效率的提高和吸引高素质人力资本是经济增长的主要动力,以集约型经济增长为主;9000~17000美元是效率驱动向创新驱动的转换阶段;17000美元以上则为创新驱动阶段,创新与精细化生产成为主要动力(见图3-1)。[①] 目前,浙江已实现人均生产总值1万美元的目标,处于效率驱动向创新驱动的过渡阶段,这也是决定浙江能否成功迈向创新驱动的关键时期。

首先,以创新引领浙江经济转型升级。面对空间、资源、人口、环境"四个难以为继"的制约,浙江必须进一步强化自主创新的主导战略地位。一是要以创新引领浙江经济转型升级,构建区域创新体系,完善创新的保护和激励机制,提高企业自主创新能力,促进浙江制造业的高端攀升和内涵升级。二是要通过不断提高自主创新能力,实现从"浙江加工""浙江制造"向"浙江创造"的转变,实现经济增长向创新驱动的转换。三是要大力促进现代制造业、现代服务业等向新兴产业区和城市新区集聚转型,率先完成从低附加值制造业主导向

---

① 卫兴华、侯为民:《中国经济增长方式的选择与转换路径》,《经济研究》2007年第7期。

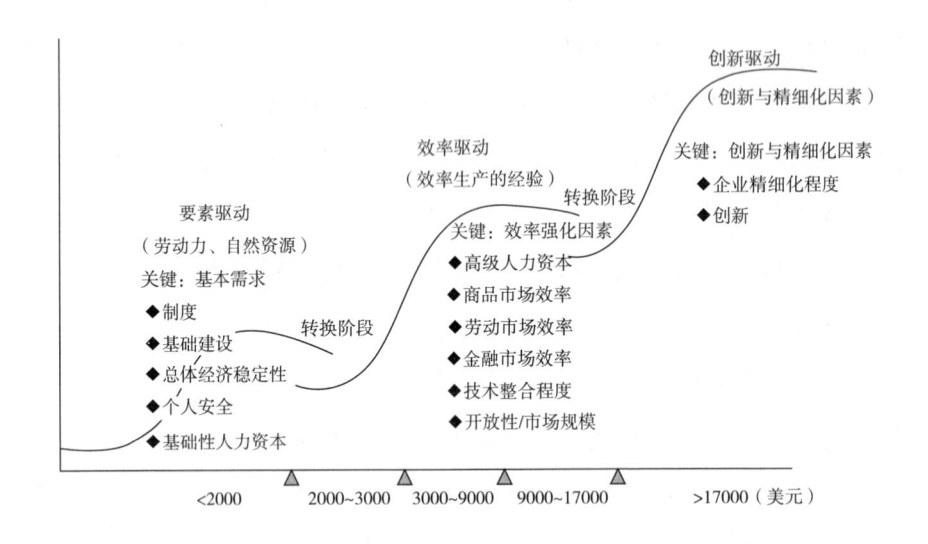

图 3-1 经济增长不同阶段的驱动模式

资料来源：《全球竞争力报告（2007—2008）》，WEF 网站，http://www.gcr.weforum.org/。

"设计、制造、服务"一体化融合的高附加值制造业主导的转变。

其次，探索形成具有浙江特色的自主创新发展模式。将自主创新作为城市发展主导战略，建设国家创新型城市，是浙江在创新发展阶段的重要抉择，关键在于发挥制度与市场的双重力量，探索建立具有浙江特色的自主创新发展模式。除依托强大的民间资本实力、发达的市场、政府的积极推动和制度建设等因素，浙江还应积极学习国际经验，尊重系统性创新的内在规律，强化核心技术自主创新能力；同时积极推动浙江优势制造业的产业整合与升级，发挥创新技术与低成本制造相结合的双重优势，并大力发挥制度协同的第三重优势，促进产业优势主体的一体化联动创新。其中，必须着力推进以公开、公平、公正与效率为核心的全面改革。浙江进入创新发展新阶段，深化改革任务包括市场化改革、社会管理体制改革、政治体制改革等，从而为产业再升级开拓新的发展空间。深化改革，一是要改进劳动力市场结构,提高居民收入,最重要的是建立切实可行的社会保障网络,从而建立更具可持续性、国内消费更活跃的经济模式。二是提供优质服务以开拓产业发展空间,持续推动服务业提升,形成开放型经济新模式。三是推进区域性财税金融体制改革。要尽快把生产型财税体制转变为公共财税体制,把重点用于扶持生产的金融体系改造为重点用于扶持消费的金融体系。

最后,尽快建立以集聚、开放为特征的生产要素市场化改革体系。未来十年应以人才、技术、资源三大要素为重点,把浙江建设成东部沿海最具集聚开放性的生产要素中心城市。一是突出要素集聚辐射功能。通过增强浙江的对外交通功能,有效克服目前长三角地区"之"字形交通体系中"拐点"地位的劣势,成为沪杭甬、沪宁杭、杭甬金(衢)、杭宁徽等多个区域大三角交通网络相交的复合中枢节点,着重体现集聚、中转、疏解、配送的一体化功能。二是突出要素的开放吸纳功能。积极推进区域交流式合作转向区域内外的战略合作,鼓励引导从对外开放到升级对内开放,实施"走出去"。

5. 以转变政府职能、实现公共服务均等化为核心的政府转型

推进政府转型是最为重要的体制保障。以扩大总量为目标是GDP政绩观的基础,如果政府不从根源上认识到社会发展阶段的变化,并且适应这个阶段变化调整政府目标,要改变GDP政绩观就很困难。只有在政府理念变化的基础上进一步转变政府职能,约束政府权力,理顺政府行为,增长方式的转型才能取得实质性突破。

以改革为手段,以转型升级为目标建立创新型、服务型政府与政策架构。实现经济成长新阶段发展目标,需要多方面政策调整。资源有效配置和具有持久经济活力的体制保障是经济增长的根本条件,因而,需要深化改革以健全和完善社会主义市场经济体制和运行机制。

一是切实落实民营企业在行业准入方面的平等待遇，真正解决众多领域准入方面存在的"玻璃门"问题。二是科学界定宏观调控范围和手段，政府发挥宏观管理和调节职能应与市场体制原理和机制运行要求兼容一致。三是深化和推进土地、矿产等基础资源产权制度改革，满足经济成长新阶段对体制创新的更高要求。

以"人的发展"为中心，改善政府行政管理，缓解社会矛盾。当前，虽然浙江已经进入人均生产总值1万美元阶段，但现阶段仍处于社会与体制转型期，腐败、卖淫嫖娼、赌博、环境污染及失业等社会问题难以避免，其中"人"的问题是社会最突出、最难解决的特殊问题。政府应通过多种途径解决日趋严重的人口问题，通过建立社会保障体系解决失业人员、贫困人口的生活保障问题等。从根本上说，政府应通过加强法制化、制度化建设，形成新的经济和社会生活规则，完善行为约束机制，堵住社会管理的漏洞，确立一个平等竞争的社会环境，规范生活秩序，从而树立法治政府形象，建立法治权威。

加强基层政府与社区建设，提高公共服务能力与水平，加快均等化进程，缩小差距。实行基本公共服务均等化，是体现以人为本和弥补市场公共品供给失灵的重要制度安排，是缓解社会矛盾的现实需要，是构建社会主义和谐社会的内在要求。目前，浙江中产阶层比重不断提高，但富裕阶层与低收入阶层差距也日益扩大，同时城乡差距也日益增大。城乡之间的差距不仅表现在经济发展水平和居民收入上，更反映在政府提供的公共医疗、义务教育、最低保障等基本的公共产品上。缩小城乡差距，不是缩小城乡经济总量的差距，重要的是逐步缩小城乡居民享有的公共服务和生活水平的过大差距，包括建立城乡统一的义务教育体制、新型农村合作医疗制度、符合农村特点的养老保障制度等，以实现公共服务的均等化。

6. 以建立高效有序的新城市空间为核心的空间转型

城市化在现代化发展中具有十分重要的地位。美国社会学家英格尔斯根据20世纪六七十年代6个国家的调查情况，认为城市化水平（城市人口占总人口的比重）超过50%是一个国家或地区进入现代化行列的重要标志。同时，浙江城乡经济社会发展二元体制还未彻底破除。一是城乡二元结构还没完全打破。尽管城乡二元的经济社会结构有了很大的松动，但没有从根本上打破，城乡间在经济、社会、制度等方面依然存在很大差异，经济社会制度中"城市偏向"问题还十分突出。二是进城农民市民化严重滞后。大量进城农民虽然已被统计为城市常住人口，但实际并未真正市民化。三是社会水平与垂直向上流动还有身份歧视的障碍。以户籍身份为标志的先赋因素对个人社会地位的获得，具有至关重要的影响。没有城市和本地户籍的人在就业、住房、子女上学、社会保障等方面会受到一系列歧视性待遇。

伴随着浙江都市圈蓬勃发展与城市化推进，沿海地区县市与多卫星城镇中心区开始走向联合，吸纳与扩张功能也日益增强。首先，强化核心区的集聚功能，优化城市空间结构。国外城市发展轨迹表明，达到人均GDP 1万美元后是都市圈向外辐射的加速阶段，在中心城市要素和职能不断向外围地区扩散的过程中，中心城市与周边地区的联系日益密切，并逐步形成具有高度社会经济一体化倾向的城镇功能组合体。目前，浙江城市中心区已出现一定的离心扩散态势，人口基本稳定而比重下降，城郊部分功能用地开始交融，人均生产总值达到1万美元又使浙江具备了发展大都市区的经济基础。但是，由于城市边缘区和卫星城发育还很不充分，城乡二元结构普遍存在，远没有达到城乡共融的状态。因此，未来浙江应结合这一转折时期的城市空间演变规律，以大都市圈的形式引导城市空间结构的优化，并不断加快都市圈核心区的集聚（尤其是服务业）。通过城乡之间功能上的衔接与融合，缓解中心城区发展的空间压力，带动周边地区共同繁荣，使整个城市经济向更高水平迈进。

其次，强化卫星城镇的吸纳扩张功能，引导区域空间结构重组。伴随着浙江都市圈的蓬勃发展，周边县市与区域内的多卫星城镇中心区开始走向联合，其吸纳与扩张功能也日益增强。因此，为应对日益严峻的土地资源压力，浙江应通过建立以多个中心城镇为依托的多中心，实现区域职能的有序分工。在多中心的大都市圈中，既可以通过核心城市（浙江主城区）与周边地区的垂直分工，带动区域整体经济水平的提高，也可以通过各卫星城镇之间相得益彰的水平分工，形成功能性质互补的网络型区域空间结构，实现浙江都市圈的整体联动发展。浙江要努力在体制改革方面率先取得突破，包括尽可能实现户籍全放开，促进城乡土地、房产与物权的等值化进程，释放内需动力。其一，要消除对农民工的就业歧视，创造条件让尽可能多的外来务工人员（或"半城市化人员"）成为完整意义上的市民或完整意义上的本地居民。要允许那些已经在城市长期就业和居住的外来务工人员及其家庭成员，在自愿基础上获得所在城市的市民身份，享受与城市其他居民同样的教育、医疗、住房与社会保障服务。其二，要进一步开放市场，降低准入门槛，包括部分对民营经济存在限制性的互联网准入、电信与宽带、广电网络以及政府设施建设等行业领域，打破垄断，鼓励竞争。不仅要放宽垄断行业和领域准入限制，支持和促进各种所有制企业公平竞争，还要鼓励自主创业，健全对中小企业的支持体系。要切实推进金融创新试验改革，激发民间投资热情，健全支持民营企业和中小企业发展的政策和服务体系，从而通过以金融、信息服务和物流为代表的现代服务业的改革深化，来吸纳更多的民间资本，为浙江中速增长提供动力。

再次,完善公共服务体系,推进城乡均衡发展。中速增长的实现与稳定,将会更大程度地依赖社会与服务进程的推进。一是要完善医疗卫生体系,合理均衡地布局医疗卫生资源。包括改革医疗卫生服务体制,促进医疗资源合理配置,加强公共卫生服务体系建设,倡导健康的生活方式,有效降低"老龄化"分担成本。二是要赋予人人公平受教育的机会。促进城乡基础教育资源等均衡配置,采取多种措施,提升城市教育均衡化水平、乡村教育资源水平,防止素质和能力差异的代际传递。三是要以扶持来提升弱势群体或次级消费群体的生存发展能力和消费水平。不仅要把贫困阶层纳入普惠的养老、医疗、住房等社会保障制度之中,还要加强职业教育,特别是对农民工的培训,加强实习、培训基地建设及职业教育专职教师的培养,完善职业教育的政府补贴机制,重点提高职业教育对农民工培训的实际效果,提高农民工的就业和创业能力。

最后,要加强四大都市圈的辐射能力,带动区域增长极速发展。扩大内需、缩小区域差距要培育新的区域增长点,尤其要把浙江西部作为浙江新发展阶段的区域经济增长点。因此,加强杭州、宁波、台温、金义都市圈的辐射能力,带动区域发展是未来浙江城市空间的主战略。以质换量,从城乡均衡发展中开拓经济增长的新空间。从国际经验看,在转型期,通过提高城市化水平和质量来求得经济社会均衡发展,不仅是有可能的,而且是一条必由之路。可以说,今后的经济发展要与更大范围、更高质量和更加均衡的城市化联系在一起,与城市化相关联的投资会发挥越来越大的作用。比如,完善医疗卫生体系、合理均衡地布局医疗资源、加强公共卫生服务体系建设,可以有效降低社会"老龄化"分担成本,促进消费,拉动内需。同时要采取有效措施，促进城乡基础教育资源的均衡配置，提升教育均衡化水平，防止素质和能力差异的代际传递，并加强对农民工的职业培训，提高他们的就业与创业能力。要努力提升弱势群体或次级消费群体的生存发展能力和消费水平，把贫困阶层纳入普惠的养老、医疗、住房等社会保障制度之中，给他们提供相对公平的发展机遇。人的技能的提高和发展空间的拓展，是经济转型期保持经济平稳增长最重要、最有效的动力，也是未来经济结构进一步趋向合理、社会结构进一步趋向稳定的基础。

第四章
转型发展的动力转换与提升

当前,浙江赖以保持长期高速增长的环境与形势已发生根本性改变。全球供需结构的深刻变化,传统增长动力的逐步减弱,传统发展模式下日益增强的资源与环境压力等,都在时刻提醒我们,必须加快培育经济增长新动力。国际经验表明,人均GDP跨越1万美元后,既是中等收入阶段向发达阶段迈进的重要阶段,也是矛盾增多、爬坡过坎的关键时期。这一阶段,经济容易失调,社会容易失序,心理容易失衡,发展容易陷入"中等收入陷阱"。严峻的形势促人深思:要发展必须转型,必须积极主动地培育经济增长的新支撑动力。因此,面对新形势、新环境、新挑战,浙江必须挖掘新的增长动力,形成新的动力机制。在这方面,发达国家和地区提供了有效的经验与启示,值得我们学习与借鉴。

一 稳定中高速增长,提升新增长动力

改革开放以来,浙江经济的高速增长主要来源于投资增长和出口扩张,来源于要素投入、技术引进和体制改革。理论和实践证明,这种增长的动力结构已经无法持续,必须加快转变和提升。不仅要使经

济领域的传统增长动力向新增长动力转换，也要从社会发展与生态建设层面入手，强力塑造产业转型升级发展的经济增长动力，打造社会与生态动力增长模式。国际经验表明，转型期经济增长具有脆弱性，需要通过社会发展予以弥补。

1. 高速转入中高速增长是普遍规律

在人均 GDP6000~10000 美元阶段，尤其是在接近 1 万美元的关口，转型发展进入关键阶段，成功则能顺利迈向 2 万美元或更高的发展阶段，从而进入基本现代化，失败则陷入"中等收入陷阱"。在此阶段，经济由高速转入中高速增长，不仅是经济增长的自身规律，也是符合转型发展阶段注重质量增长、有实际增长的客观要求。

长期高速增长后转入中高速增长是国际普遍的发展规律。从趋势看，不少国家或地区在跨越人均 GDP6000 美元的门槛后，都由高速增长阶段进入中高速增长阶段，成功追赶型国家在高速增长期后增长率递减也是一个规律性现象。二战以后，日本、韩国、德国，以及中国台湾等成功追赶型的经济体，都曾经历二三十年的高速增长阶段，在人均 GDP 达到 6000~10000 美元时，几乎无一例外地出现增长速度的回落，回落幅度在 30%~40%。由高速增长阶段转入中高速增长阶段，如 20 世纪 60 年代中期的德国、70 年代初期的日本、90 年代后期的韩国等，都表现出很强的规律性。

高速转入中高速增长是浙江转型的内在反映。受房地产调控政策、货币紧缩政策等影响，投资拉动型增长显现出后劲不足。同时，劳动力成本的上升，以及引入资源节约型、环境友好型发展理念后，要素低成本优势进一步削弱。在要素成本上升的同时，若技术进步不足以有效提升劳动生产率，高速增长也就成为难题。从社会消费看，如果剔除物价上涨因素，实际消费增长率仍然偏低。居民消费意愿依然不强，消费热点与消费信心也明显不足。转型压力将继续增大，落后产能将加快淘汰，而新兴产业体系则需要一定的培育期才能见效，因此不应对经济增速的大幅回升寄予过高期望。由于内生增长动力减弱与外需增长不确定性因素增多，我们不得不面对的现实是，在经历30多年的高增长和全国领先优势后，浙江经济在转型初期将进入增长速度渐缓的阶段。

更重要的是，在中高速阶段，如果贸然采取一些措施试图恢复过去的高增长水平，将会适得其反。如20世纪80年代日本政府曾做过这样的努力，不仅没有提高速度，反而引发了严重的资产泡沫。日本与韩国的发展经验表明，由高速进入中高速增长阶段后，增长的不确定性和脆弱性增加，内外因素冲击就很容易导致经济短期内的大幅下滑。

2. 浙江保持中高速增长具有多重支撑

中高速增长是社会进步的重要支撑。浙江发展需要相对较高的经济增长速度，以加速社会进步的进程。总体上看，不论是制度建设、科技文化建设、教育发展，还是社会风气的培养，都需要一定的发展速度加以支撑。如果能将这样的速度保持一二十年，浙江将会避开不同类型的"中等收入陷阱"，成功跨入人均生产总值2万~3万美元的高收入水平阶段，并成功实现基本现代化。这是浙江下一步应当努力追求的目标。如果浙江能在中高速增长期保持和提高稳定程度，发展前景将是乐观的。

制度改革可为中高速增长提供生产力空间。以往市场化改革的进展集中表现在初级生产要素的市场化上，例如消费品市场、生产资料市场的放开和成长，农村劳动力向非农产业和城市的流动等。"十三五"乃至更长时期内，如果能按预期在政府管治、社会建设等领域深化改革，并进一步推进人才、技术、金融、教育、医疗、文化等中高级要素的改革，将为中高速增长释放一定的生产力空间。海洋经济示范区、舟山群岛新区和义乌市国际贸易综合改革试点、温州市金融综合改革试验区四大国家战略的有效实施，也将为中高速增长提供一定的保障。目前，国家与各级地方政府正在着力推动中高级生产要素的市场化。这方面改革的难度虽然很大，但溢出效益明显。随着若干重点领域的突破和推进，浙江应及时把握机会，再创领先优势。

城市化进程仍有巨大的增长空间。目前，浙江已进入工业化中后期，城市化却方兴未艾，与发达国家相比仍有20个百分点左右的上升空间。从国际经验看，如果浙江能在人均生产总值1万美元水平上保持增速的"自然平稳回落"，而不是剧烈下滑，那就可能顺利度过工业化高速增长阶段，转向通过提高城市化水平和质量来求得经济社会均衡发展的阶段。可以说，今后的发展要与更大范围、更高质量和更加均衡的城市化联系在一起，与城市化相关联的投资会发挥越来越大的作用。

3. 稳定保持中高速增长需要提升新增长动力

传统增长动力主要强调依托廉价要素资源或外部力量而形成的低廉成本优势，尤其是重视规模经济、出口、资源、人口红利等因素；新增长动力主要强调依托技术和人力资本优势形成的内部力量，重视知识、人力资本、研发和专业化创新等动力机制，以及技术进步所引起的全要素生产率增长。这些要素内涵所形成的内生增长新动力是当前浙江所缺乏的，但也正是我们要着重布局的重点和方向。

浙江长期依赖的传统增长动力逐步减弱，增长乏力，必须激活和启动新的增长动力。金融危机和主权债务危机严重打击了发达国家的支出能力，导致全球总需求出现明显下降，外需萎缩将是中长期的趋势，全球将进入需求不足的时代；即使外需能够有所恢复，也不是原有水平的简单恢复，必然伴随着结构的重大调整；即便外需在水平和结构上都重新恢复，浙江也不能再把经济增长的动力长期建立在对外部市场的过度依赖上。这种转折性变化，对浙江传统增长动力机制构成了严峻挑战。浙江继续发展以劳动密集型为主的制造业将越来越不具备竞争优势，继续依靠以往的"四大红利"（人口红利、出口红利、改革红利、资源红利）来谋求增长也显得越来越困难。因此，在原有增长动力减弱的同时，必须激活和启动新的增长动力，尤其是被不合理的体制机制所抑制的增长潜力。

转型的根本在于实现增长动力的转换提升，转型期保持稳定的中高速增长，也迫切需要形成与依赖新增长动力。转型发展的关键是要实现增长动力的转变，即从要素驱动、投资驱动，转向通过技术进步与创新来提高全员生产率的创新驱动。首先，转型期呈现由高速转入中高速的速度变化，为避免增速回落滑坡的局面，就需要把发展立足点转到提高质量和效益上来，逐步把增长动力转到转型上来，追求实在无水分的增长，靠转型来提高质量、提升速度。当然，我们既不能因为经济指标回升而放松转型升级的紧迫感，也不能单纯为了指标而动摇转型升级的坚定性。可喜的是，浙江省政府在思想理念上，对科学发展观和转变经济发展方式已经形成共识。其次，更具实质意义的是增长动力结构和机制的变化。新的增长阶段意味着出现新的空间与机遇，但能否抓住并利用好这些机遇，释放增长潜力，形成新的竞争优势，取决于能否形成适应新增长阶段要求的体制机制和政策体系。

浙江传统密集型产业面临着被成本更低的国家和地区所替代，国内又面临"标兵已远、追兵渐近"的压力，迫切需要依赖增长动力的提升增强区域竞争能力。世界上一些发展中国家，如洪都拉斯、越南、印度、印度尼西亚和埃塞俄比亚等，正在利用比浙江省更加低廉的土地资源和劳动成本优势，在欧美等发达国家的劳动密集型产品市场上形成明显的替代效应。加上中西部用工转移成本远低于浙江，对浙江传统产业结构也造成压力。尤其是浙江想快速回归或跟上江苏、广东、山东等"第一方阵"，迫切需要通过技术提升新增长动力，实现工业价值链上移；迫切需要加快改革与创新，创造更大机遇与空间，吸纳更多资本进入实体经济，培育重要的新增长动力。

因此，在新形势下推动浙江增长有力，需要着眼于动力问题。应对挑战，关键是要切实加快相关领域改革、创新和调整，从而抓住新机遇，拓展新空间，实现新发展。

二　发达国家和地区提升新增长动力的战略思路[①]

当前，浙江传统增长动力逐步减弱，要发展必须转型，必须积极主动地培育形成新的增长动力。在这一方面，发达国家和地区提供了有益的经验与启示，值得我们学习与借鉴。特别是面对金融危机后的全球经济新形势，欧美各国纷纷重视制造业回归和升级，打造高端制造业高地，提升全球化竞争力。

美国自金融危机后，意识到过去依靠金融创新和信贷消费拉动增长、打造国际金融中心的产业结构体系存在诸多弊端。为此，美国逐步重视制造业的创新增长，由工业生产大量环节转移海外的"去工业化"回归到"再工业化"，不仅为防止制造业萎缩失去世界创新领导者的地位，而且试图通过产业升级化解高成本压力，寻找像"智慧地球"一样能够支撑未来经济增长的高端产业，形成新的增长动力。同时，欧盟也积极调整经济结构，向创新型知识经济转型；研发环保技

---

① 聂献忠：《提升浙江新增长动力机制与路径》，《中国国情国力》2014年第3期。

术，促进资源节约型经济增长。欧盟筛选出几大重点领域，包括电动汽车、航空工业、机器人、纳米技术、先进材料技术和工业生物技术等。这些高潜力技术未来的市场规模巨大，可形成强大的经济增长动力，并创造大量工作岗位。在如何真正摆脱危机问题上，德国政府也率先启动了新一轮工业化进程，认为这是应对国际金融危机、保持国际竞争力的有效战略。英国也意识到过度依赖金融或者与金融相关的服务业的弊端，决定提高制造业在经济中的比重，并制定"制造业战略"。

1. 以知识与创新为动力，规划布局"领先型增长"

创新是发展经济、提高经济生活水平的关键，是自工业革命以来几乎所有时期美国经济增长的驱动力。2009年8月，美国政府发布《美国创新战略：推动可持续增长和高质量就业》的经济发展战略，旨在充分利用美国人民的创造性和私营部门的活力，以确保美国在全球化竞争中拥有更加坚实而广泛的内在创造力，通过创新推动经济的可持续增长以及高质量就业。其创新战略分为三个层面，并呈"金字塔"结构。一是强化创新要素，注重国家创新基础架构的建设，加大研发投资力度和提高转化创新成果所需的人力、物力和技术资本，进而强化美国创新的基本要素；二是激励创新、创业，鼓励有效创业的竞争市场，为创业和风险投资营造成熟的大环境，确保美国公司在全球创新领域的国际竞争力，三是催生重大突破，推动国家重点项目取得突破。2010年6月17日，欧盟27国领导人正式通过未来10年经济发展蓝图《欧盟2020战略》，确定欧盟未来发展的重点，包括"智能增长"三大新型战略。"智能增长"战略要求将知识和创新作为欧洲未来增长的动力；改善教育环境；加强科研，促进创新及知识成果转化；鼓励在新产品和服务中使用信息和通信技术及其他创意技术。

2. 以绿色与生态为原则,规划布局"持续性增长"

在全球金融危机和经济衰退以及能源与粮食等多重危机影响下,欧美国家将发动一场以发展绿色经济为核心的"经济革命",作为克服金融危机、抢占未来发展制高点的重要战略举措。2009年以来,面对绿色经济这条未来发展的必由之路,世界各国政府积极倡导"绿色新政",实现经济"绿色转身",在对其先前制定的经济发展战略进行审慎考量并调整的基础上,纷纷发布其"绿色经济发展战略",努力探寻下一个10年经济增长的新动力。欧盟倡导各成员实施可持续增长战略,规划建设资源节约型、可持续、有竞争力的经济体系。要求开发新工艺和技术,包括绿色技术;加快推出智能电网;充分利用信息通信技术和欧盟大规模的网络,增强业务的竞争力,特别是制造业和中小企业的竞争力;通过让利于消费者,提高资源利用效率;防止环境退化,防止生物多样性丧失以及不可持续地利用资源。韩国由于长期以来尤其是"腾飞"阶段实行粗放型的经济增长方式,资源消耗过高,而国内资源贫乏,韩国用于能源进口的资金占到财政收入的1/3,能源外部依存度甚至一度达到97%。面对严酷的资源与环境压力,韩国需要进行经济发展方式的转型,特别是面对"低就业率、低增长率"的经济增长困境,需要推进经济从传统高能耗的制造经济向服务经济的转型。2009年7月,韩国提出《绿色增长战略》,将绿色增长树立为韩国未来发展的核心。2010年4月14日,韩国正式实施《绿色增长基本法》,以国家法律形式进一步明确了《绿色增长战略》。[①]

---

① 《面向未来十年的绿色经济增长路线图》,《赛迪译丛》2010年第1期;汪逸丰、党倩娜:《韩国绿色增长战略的解读与启示》,新华网,http://news.xinhuanet.com/fortune/2009-08/17/content_ 11895581_ 1.htm。

3. 以民生与社会为重点，完善保障"基础性增长"

金融危机后，面对全球需求不足和增长衰落的局面，各国和地区纷纷加大公共投资，以弥补外需与民间投资的不足。以美国为例，奥巴马政府强调要逐步恢复美国的正常性增长，并着手以政府为主导，在关系未来发展的基础性领域实施提高就业、促进经济增长的具体政策，主要包括：对公共建筑设施进行大规模改造，以达到减少能源消耗的目的；进行大规模的道路和桥梁翻新建设；重点针对学校设施进行改造；建设信息高速公路；医院要实现全面的互联网连接。在2008年和2009年分别零增长和-2.6%基础上，2010~2012年美国GDP实际增长分别达到2.9%、1.7%和2.2%。[①] 可见，增加对基础设施、学校与医疗等公共服务的政府投资，有助于扩大消费和投资，刺激经济增长。在中国台湾，面对岛内外经济环境剧变所引发的内外需求均不足的状况，台湾也加速推动公共建设投资，大力推动各项重大公共建设工程。但由于财政困难及公共工程执行进度落后等原因，公共投资的增长逐渐减缓，其对经济增长的促进作用也相应减弱。

4. 以提升就业和社会进步为目标，推动"包容性增长"

欧盟《2020战略》要求提高从业人员的素质、增加技术层面的投资、消除贫困、建立现代化劳动力市场、完善社会培训系统、帮助劳动者适应新的变化，建立一个具有凝聚力的社会，实现惠及全体公民的"包容性增长"。日本于2008年金融危机后，提出《新经济增长战略》，建立三个支撑体系，包括调整经济结构，重构产业结构；重塑全球战略，深度获取全球市场，寻求经济持续发展动力；以"面向未来"为导向，着重促进地方经济、中小企业、农业和服务业发展。新增长战略要求以扩大需求和就业为重心，提出尽快将失业率降至3%

---

① 《2008年以来的世界经济》，http://www.Themegaleary.com。

左右；要在环保、健康、旅游及亚洲市场开拓等4个领域创造500万个就业岗位和123万亿日元的需求；在亚洲基础设施建设领域获得20万亿日元的市场。为实现上述目标，日本新增长战略还从环境能源、医疗健康、亚洲市场等七大方面进行分别论述，并列出330多项具体措施及时间表。

三 发达国家和地区提升新增长动力的战略举措

当前，各国各地区发展和竞争力的来源，主要取决于持续创新能力、商品与服务出口能力、为公民提供发展机遇的能力、降低能源进口占国际贸易比例的能力等四个因素。其中，持续创新能力和为公民谋求幸福发展的能力又成为各国各地区规划发展战略的核心内容。

1. 推动重点领域创新发展，抢占制高点

21世纪以来，特别是2008年金融危机后，把握世界发展主流趋势，推动重点领域创新发展，是欧美发达国家和地区发展战略的重要核心。创造曾经使欧美国家引领前几次工业革命，经济长期处于世界的领先地位，在新的发展关口和新的发展形势下，欧美再次把目光聚焦于创新战略。2009年《美国创新战略：推动可持续增长和高质量就业》的经济发展战略，就要求恢复美国在基础研究领域的领先地位，抢占未来制高点，并谋求在"新工业革命"中建立权威。《欧盟2020战略》则将"智能"工业作为未来工业的发展方向，要求各国重点加强对智能生产技术等方面的研究。为重点推动清洁能源技术应用，支持发展先进车辆技术，确立在这一领域的尖端地位，美国政府还拨款20亿美元，推动私营部门加快投资步伐，建立具有全球竞争力的汽车电池和电动车配件产业。同时，美国重点采取应对措施促进创新：大学缩短从基础研发到商业应用的时间；激励机制以及资源配置都向技术转移及商业应用倾斜；专利办公室缩短专利审批时间等。

2. 培育世界一流的劳动力，提升生产率

美国多年来一直实施人才立国战略，积极鼓励专业人才从事科研和领导工作。尤其是针对新兴产业对科技创新要求较高、需要大量高层次人力资本投入的特点，美国政府大力增加对教育的投入，要求确保教育优势，培养国民创造精神和能力。近几年来，欧盟各国也日益重视人才培养，加大专业人才的引进力度。德国相继推出"通过教育起飞"、"保证就业岗位、提高增长动力和国家现代化——德国就业和稳定一揽子计划"以及"工作移民对保证德国专业人才基础的贡献"三项人才培养和动员计划，进一步加大对人才培养的投入，从而为国家的未来发展打下坚实基础。具体措施包括：鼓励在职业教育中取得优秀成绩的学生继续攻读大学，并向其提供晋级奖学金；向在校大学生和科研新生力量提供资金支援，做好高级人才储备；吸引年轻人选择数学、资讯学、自然科学和技术类专业，弥补德国在这些领域的人才缺口；降低外国专业人才进入德国劳动市场的门槛等。实践表明，德国受这轮金融危机的影响较小，恢复快，与其高度重视人才技术投入和高于欧盟各国的平均生产率水平是密不可分的。

3. 提高工业出口竞争力，加强全球化

日本自2008年金融危机后，提出《新经济增长战略》，实施"两个战略，三个支撑"。"两个战略"包括通过加强投资集中度以提升国家资源利用效率，在"资源要素高价格时代"树立全球"低碳经济"典范；建立健全自主创新机制，提升产品和服务的附加值，并实行全球化战略，以获取更大的国际市场。美国实现新增长动力发展的具体措施，则主要包括：促进出口；支持开放的资本市场；鼓励高增长，鼓励建立在创新基础之上的企业家精神；改善公共部门创新能力，支持社区创新。鼓励高增长和创新的目的，最终也还是提升美国产品，尤其是技术市场的全球竞争力，扩大出口。统计表明，美国最具创新能力的制造业包括计算机、通信和制药企业。美国制造业产值虽只占GDP的11%，但是占美国国内公司研发投入这一重要创新指标的68%。2010年美国制造业带动出口复兴，为出口增长贡献75%的份额。① 随着海外制造成本上升，加上美国应对新工业革命大力推动的"再工业化进程"，部分"离岸"制造业重新回归美国本土发展，这将推动美国出口竞争力不断提升。2011年10月14日，欧盟也发布公报，要求各国加强制造业科技创新，提高出口竞争力，实现可持续的经济复苏。当前，欧盟75%的出口额来自制造业领域，这些公司的研发投入占整个工业研发投入的80%。

4. 加强投入和配套设施建设，建立强政府

为应对危机和面对新形势，欧美各国纷纷加强政府干预，加大对科技革命及新兴部门、大型公共工程建设和人才培育的资金投入，为结构转型升级提供保证。同时，还对研究机构、大学等机构及基础研究等领域进行大量投资；牵头帮助大学、企业、政府研究机构联合攻关；对一些战略性项目如微电子、信息技术、生物工程、新材料、新能源研究开发领域进行干预和协调，从而保证重点领域重大项目取得成果。2009年，奥巴马政府围绕推进结构性变革，提高竞争力，出台投资总量为7870亿美元的《美国复兴与再投资法案》并被国会通过，从而确立起以发展新能源为核心的美国经济新增长的长期目标，并于当年6月17日公布《金融监管改革方案》，从制度创新的高度启动金融体制改革，为美国经济的新增长运行创造良好的金融环境；同时，还加快建造先进的基础设施，发展先进的信息技术生态系统。欧盟的

---

① 《面向未来十年的绿色经济增长路线图》，《赛迪译丛》2010年第1期。

新增长战略,则通过完善财政拨款、减税、优惠贷款、行政宣示、行政指导、行政合同、政策扶持、计划书、路线图、预算倾斜和执行管理等各种财政、税收、金融方面的相关配套措施,保证战略目标的实现。欧盟还提出加快建设全民高速互联网,力争尽快实现高速网络100%的覆盖率。

5. 突出政策倾斜,推动人类健康

日本新经济增长战略需要将资源向增长潜力大的领域倾斜,并要求将有助于"健康长寿社会"建设的产业作为新增长战略的重点,特别是医疗和健康产业。为此,日本政府借鉴美国国家卫生研究院(NIH)的模式成立了相关机构,促进官民合作研发尖端医疗技术和产品。日本政府还通过放宽新药开发、审批等方面行政管制及修改《药事法》等方式,刺激企业对医疗领域的投入和激发其研发积极性。同时,为实现三年内将资本开支提高10%的目标,日本减轻企业资本开支和研发开支税负;通过减免税收及支持劳动力流动等方式来加快企业并购,推进行业整合。为推动新增长战略,美国政府也明确提出,加快致力于推动健康信息技术领域取得突破,在经济复苏法案中拨款190亿美元用于卫生信息系统的现代化建设,在健康研究方面的投入也扩大到100亿美元。①

6. 扩大开放合作,促进效率型增长

为保障发展目标和发展重点能顺利实现,《欧盟2020战略》提出一些对策建议和监督保障体系,强化欧盟合作与联动发展机制,提升增长效率。具体包括以促进智能增长为目标的"创新联盟"、"青年人流动"和"欧洲数字化议程";以可持续增长为目标的"资源效率型欧洲"和"全球化时代的工业政策";以包容性增长为目标的"新技

---

① 《面向未来十年的绿色经济增长路线图》,《赛迪译丛》2010年第1期。

能和新就业议程"和"欧洲反贫困平台"等。韩国自金融危机后,也要求进一步扩大开放,尤其是加强与中国等亚洲国家的合作,通过建立自律、竞争、开放的市场经济,不断提升韩国企业在自由竞争、开放环境下的竞争力和生产效率。具体措施包括:除符合WTO规定的进口限制以外,实现进口完全自由化,减少关税壁垒,取消非关税壁垒;将《外汇管理法》修改为《外汇交易法》,政府的作用由促进外汇交易的调整、管理转变为促进外汇交易的顺利进行;像发达国家一样使资本往来自由化;放宽外资金融机构进入韩国市场的限制,银行、证券、保险等国外金融机构可以自由进入韩国国内金融市场;使利率升降等金融业务市场化,强化金融监管。

四 提升经济增长新动力重在建立增长新机制

当前,增长动力正在发生转换,只有深刻地把握这种转换,深入研究和推进增长动力机制的深刻转变,并在此基础上着力培育新的增长动力,才能立足新起点、瞄准新目标,从而推动形成浙江经济新增长的新机制。

1. 扩大开放竞争机制,形成"全球化红利"动力

化解浙江增长乏力难题,需要实现过去长期依赖的出口导向型战略向全球化战略的转变,积极依托"全球化红利",形成全球化新动力。日本长期以来国际化程度较高,投资经验丰富,海外并购是其全球战略的一环,但其意图不在于并购资产,而在于在全球产业竞争中占据有利位置。目前,日本海外扩张的投资领域主要转向新能源、金融、食品、医药等重点领域,在汽车等领域逐步收缩。

当前,浙江已进入类似发展阶段,同样需要依托"全球化红利",进一步从被动开放更多地转向主动开放,从单纯的外贸出口更多地转

向布局国际要素资源、布局技术人才要素以提升产业链环节和新兴产业体系。一方面要适应国际规则,另一方面要积极争取在国际规则制定上有更多话语权。此外,浙江还要大力鼓励资源型和市场开拓型企业"走出去",主动去利用全球发展动力,从中获取更多能为浙江带来更大机遇和空间的发展平台,不断提升"全球化红利"的竞争能力。

2. 建立自由市场机制,释放企业做大做强动力

在浙江高速增长时期,市场是不充分竞争的,很多企业缺乏主动创新意识,或受人才和制度约束缺乏创新动力。尤其是近三年来,"可进入的竞争行业"普遍不景气、"难进入的垄断行业"需求旺盛,使实体经济发展没有方向且利润低,总体呈现下降的态势。对未来投资前景的担忧,更使众多企业普遍缺乏投资和创新动力。未来,浙江增长的新动力主要还是来自民营和中小企业,民营和中小企业始终是固定资产投资和创新的主体。日韩经验表明,高速增长期结束后,保持较长时间的中高速增长,需要推动新增长点由潜在变成现实,其中最关键、难度最大的是破除制约这些新增长点潜能释放的体制机制和政策障碍。因此,只有通过推进市场自由竞争的进一步开放、公平使用各类生产要素能切实得到实现,更多企业才能获得更大的发展机会和空间。为此,必须通过改革"削峰(房地产等泡沫经济)填谷(实体经济)",通过制度创新把金融资源引入实体经济,建立资本蓄水池,通过改革引领更多民营企业投入更多行业领域,释放其做大做强的动力。

3. 完善公平均衡机制,增强社会原创动力

经济模型表明,收入分配不公,国内需求就会比潜在 GDP 增长缓慢,导致经济萧条。当前,浙江就处于这样的发展关口。从欧美经验

看，国内需求和新出口需求是人均GDP达到1万美元后中等收入阶段增长的重要引擎。为满足市场需求，不仅要依赖创新和产品差异化，而且还依赖于收入分配制度，兼顾公平与效率，并培育壮大中产阶层。然而，现有的发展模式对大多数普通百姓是非常不公平的。少量人通过制度缺陷获得暴利，或利用手中权力或官商勾结掠夺百姓财富，造成不同群体在受惠程度与发展机会上的严重不公；加上"三代供套房"现象，压抑了人们消费或升级的欲望。人民失去创业积极性，经济发展也就失去创新动力。为此，必须建立完善公平机制，依托经济社会转型，增强社会原创动力。首先，要克服杭州等大中城市尤其是郊区、新规划集聚区社会发展与建设的滞后性，调整公共支出，弥补公共不足。其次，要推进均衡机制，形成城乡融合动力，特别是通过一体化规划，促进更多乡镇在集聚人口方面的功能最大化。包括促进"以大管小"转向"以大带小"，弱化城市行政级别，将公共资源和公共权力均衡用于不同规模城镇发展，通过公平均衡来缩小差距、减轻压力，从而增强社会总体创造力。

4. 大举引进人才，扩大新兴产业动力

当前，浙江依托出口导向形成的低劳动成本、高储蓄、高投资、高资本的高速增长动力逐步减弱，"低要素成本"时代一去不返。为此，需要通过大举引进高端人才，加速人力资本形成、技术进步以及制度化改革对经济增长的动力促进，由粗放型的斯密增长向熊彼特式的内涵增长转变。为此，必须切实在人才引进和培育上做文章，在引进高端人才的同时，还要在人力资本培养上实行"劳动者升级计划"。最重要的是，省委、省政府要高度重视加大全球尖端或领军人才的引进力度，这才是浙江未来发展的关键。省委、省政府应加大扶持力度。如每年拿出20亿~50亿人才专项资金引进欧美国家代表最尖端技术或未来走向的重磅团队或人才,给予单个项目或团队2000万~5000万元甚至1个亿资助,加快实施"千人计划"、"前沿计划"和"团队计划",确保5年引进1000个创新创业团队。同时,加快项目落地和产业化进程。在10年内形成近1万亿元的高端产业规模,加上原有的高新产业和传统产业转型规模,基本实现现代化产业体系的建立。

5. 构建幸福健康机制,形成美好生活增长动力

经济发展的目的是通过发展生产力提高生活水平,提升生活质量。如果发展意味着环境污染,意味着人们一步步失去生存的美好家园,这样的经济发展模式就必须转变。而传统发展模式不仅增加了生态环境压力,降低了民生健康幸福预期,也给社会保障造成巨大压力和风险,而且还严重地扭曲了资金、资源的宏观配置,侵占了社会与民生建设资源。当前,受国内外环境影响,浙江发展已进入社会、环境与经济发展的平衡甚至优先阶段,社会民生与环境压力正倒逼转型。这要求各地政府部门果断放弃高增长的惯性思维,坚持"生态优先",以社会民生建设和生态环境改善、以居民对美好幸福生活的向往为新增长动力,推进转型。为此,需要强化政策与制度的引领和保障作用,积极培育新消费热点,释放居民消费潜力,尤其是要大力开发培育医疗、养老、文化等新的消费热点,壮大敬老养老行业规模,包括以政策突破加快实现小产权房向养老养生休闲地产的转变;降低准入门槛,鼓励民间资本投资发展地下停车库、医疗、少年宫、幼儿园等服务产业;强化金融支持与用地保障机制,推进一批关系未来的服务业重大项目和服务业集聚区快速发展;倡导绿色与安全消费,通过加快废旧商品回收体系建设、完善食品安全网络及监督体系建设,进一步建立完善生态环境监督约束机制,扩大居民在环保、健康和休闲等方面的消费规模。

五 提升新增长动力需谋划若干系统工程

在增长模式转变和提升的关键时期，浙江要积极大力实施系列工程，通过技术进步、知识创新及培育企业家精神，获取新动力。实现新增长动力的突破要着眼于实施推进重大路径工程，在战略布局上重视以知识与创新为动力，规划布局"领先型增长"；要坚持以绿色与生态为原则，规划布局"持续性增长"；要以民生与社会为重点，完善保障"基础性增长"；要以提升就业和社会进步为保障，推动"包容性增长"。而且更重要的是，要在战略举措上，推动重点领域创新发展，抢占制高点；培育世界一流劳动力，提升生产率；提升工业出口竞争力，加强全球化；加大投入和配套设施建设，建立强政府；突出政策倾斜，推动人类健康；扩大开放合作，促进效率型增长。

1. 尖端计划攀登工程

知识创新是经济增长新动力的源泉，欧美发达国家对此已有充分认识并做出积极应对。浙江省委、省政府要高屋建瓴，借助浙江大学等科研机构和"重磅应用团队"或"尖端人才"的力量，以更大勇气、更大智慧、更大力度从战略高度重视知识创新工程，尤其是关系未来浙江竞争优势和地位的尖端应用科学攀登计划工程。要着眼于未来全球一体化的竞争，规划制定为期30年（至2049年左右）的攀登计划工程，增强高端前沿拉动力。当前，依托之江实验室平台和阿里巴巴达摩研究院等吸纳国内外高端科研机构，布局未来科技城等创新平台，可规划十年行动计划（2019~2029年），包括当前最重要的四个发展主题，如"基因计划"（可引领带动基因技术研发、诊断和重大创新药物研发及其产业化等系列高端产业）、"云计划"（云计算产业、设备、数据库以及物联网发展计划）、"人工智能及机器人计划"

（应对新工业革命和智能工业，占据制高点）和"心脏和脑科学计划"（探索人类大脑工作机制和绘制脑活动全图，开创心脏和脑新疗法）等，未雨绸缪，抢先布局。

2. 民企扶优扶强工程

助推民企做大做强、做活做优，迫切需要政府"抓大扶小"，在帮扶和支持民营企业转型变革上有所作为。要最大限度地解放思想，创造宽松自由的发展环境，将"放权"和"放手"结合，激发市场和企业活力；同时以十年为一周期，根据产业发展趋势和战略要求，有选择地每年选择1000家中小民企进入"民企十千计划工程"（每年对1000家中小企业重点培育，强化政策支持重于资金支持，解决发展难题）；打破资本运作瓶颈，放开知识入股比例限制，大力促进国内外知名科研机构在浙江中心城市、各地开发区或块状经济集聚区设立专门"孵化"平台。重点是加强要素、平台、人才、市场、科技创新和品牌建设等全方位支持，以技术为支撑、以市场为导向，实施名企培育工程；强化政策与金融支持，大力推进浙江大中型民企并购或发展产业联盟，提升国际市场占有率和国际竞争力。

3. 新增长点培育工程

有别于"无为政府"和"强政府"，浙江可适度增强政府主导作用，以"新增长点培育计划"工程为大目标，通过新兴产业培育工程、现代服务业跨越工程、重点产业提升工程、创新人才集聚工程、创新载体建设工程和融合创新推进工程等，发展创新经济。浙江省经信委、发改委和财政厅等部门，应联合启动浙江新增长点培育工程，制定相关办法和措施。具体包括启动浙江工业经济新增长点扶持资金管理办法，项目集中在先进制造业和新兴产业领域；万企升级行动计划；现代服务业发展"十百千"行动计划等。通过连续几年的"新增长点培育计划"工程，实现浙江在新能源、新材料、医药及生物技术、智能工业（包括智能电子、物联网与机器人等）等部分核心关键技术上的突破。力争到2020年，这些新兴产业产值超过2万亿元，高新技术产业产值在规模以上工业总产值中的比重提高到50%，拥有自主知识产权的高新技术产业产值在高新技术产业中的比重达50%，加快培育一批对产业链延伸与完善具有引导作用的龙头型、旗舰型、科技型企业。

4. 技术生产率提升工程

改革开放以来，浙江的高速增长掩盖了企业在效率与效益方面的低下等问题，未来浙江的工业生产率还有很大的提升空间。这同时也说明了浙江还必须长期依赖工业化，浙江工业化还远未成熟，只能脚踏实地，一步一个脚印地进行技术创新的积累，最终实现从附加值低的产品制造、服务向产业链高端的提升。降低劳动成本，必须通过提高技术含量和技术人员比重，提高全要素生产率。政府应加大对知识产权的保护力度，通过财税、金融、管理等手段支持研发，促进产学研结合和创新，深化教育体制改革，加大职业教育和培训。浙江要从中小学开始布局，通过创新考试制度、增加培养创新精神和能力的课程、设计创新平台和成果转换平台、建立开放式创新实验室、增加创新投资等方式，培养人们创造的精神和能力。

5. 中产阶层培育工程

社会转型的新动力，带来中产阶层对经济增长的重要驱动力，中产阶层的培育与壮大需要有客观的社会条件。浙江具备这样的经济与社会基础、资源条件与环境优势。当前，最需要的是在体制机制上下功夫，培育中产阶层，增强增长潜力。要加强教育培训，为中低收入阶层成长为中产阶层创造支撑；围绕民生与生活幸福感等关键问题，积极提升中产阶层质量；以满意为目标，积极推动社会进步。积极吸收更多中产阶层参政议政，尤其是在浙江交通规划、设施建设、财政预算、部门计划以及社会保障、教育、医疗、卫生改革等重要的实际工作中，引导中产阶层遵循法治原则有序参政，建立多元渠道和途径吸收中产阶层的创新思维和解决方法；引导中产阶层合理消费，最重要的是要通过稳定省内房价、改善交通、增加福利引导促进中产阶层的消费需求，尤其是要引导中产阶层对精致生活、休闲消费的需求，降低中产阶层以及富裕阶层对炫耀性、享乐主义的消费需求；引导中产阶层合理科学投资，向富裕阶层迈进。

6. 网络经济大提升工程

发展网络经济，有助于促进浙江在更广和更深程度上参与国际分工，促进企业在生产经营和服务等方面的重大变革，促进经济增长方式由粗放型向集约型转变。为此，浙江省委、省政府应以电子商务和网络应用为重点，大力提升网络产业在浙江新经济体系中的重要地位。当前，应尽快出台关于支持浙江省网络经济发展的指导意见，加强政策扶持，在做大做强实体市场的同时，大力扶持和推动以电子商务为依托的网络市场发展，推动实体市场与网上市场的联动发展；加强政府引导功能和部门间协调，在税收、人才、财政、融资等方面给予便利，推进阿里、海康、华数和大华等龙头企业持续高速发展；提高电信和网络市场开放度，吸引更多民间资金投资网络经济相关产业；加强引导监管，改善网络经济发展环境；探索新消费模式，大力培养网商，做强电子商务产业链，鼓励扩大网购规模，发挥网络经济优势推进乡村振兴进程。

7. 政府治理大变革工程

政府能力影响经济增长的动力，作为促进经济增长的重要驱动力，政府必须致力于提高生产力水平和培养创业创新精神，并提供充足的发展空间，而不是把发展当成理所当然的事情。最重要的是营造公平竞争、有利于创新的环境条件，切实做到不同所有制的企业平等使用生产要素和创新资源、不同职业与环境的百姓公平享受发展机会和公共服务，尤其是要以涌现一批创新型的行业领先企业为突破口，推动创新取得实质性进展。值得注意的是，虽然浙江很多城市在城市建设与服务上的核心竞争力水平不断提高，但过高房价和过度的不平等已经严重影响个人投资者的进入，影响到技术进步以及创业创新精神的发挥，而这也是杭州、温州等城市近些年发展逐步落后于苏州、天津乃至南京的重要原因。在创新元素涌现的地方，政府要敢于打破常规，以敏锐眼光和满腔热情予以扶持。近年来，一些政府看不见、瞧不上的创新成果脱颖而出，成为典型，很值得深思。从某种意义上说，一个包容性的政策环境有时与一大笔资金投入同样重要，甚至更为重要。

六　从民生与社会发展中获取新动力

从世界经济发展史来看，经济从起飞阶段至完成赶超，一般会经历三个阶段：第一个阶段是高速发展阶段，持续时间为20~30年；第二个阶段为中速发展阶段，一般出现在人均GDP接近或达到1万美元的时期；第三个阶段为低速而平稳的发展阶段，会出现在人均GDP接近或达到2万美元的时期。二战以后，日本、韩国、德国，以及中国台湾地区等成功追赶型的经济体所走过的历程，也都印证了这样的普遍规律。

从中国经济发展的历程来看，三十余年的高速增长，总体上是建立在投资与外需拉动的基础之上的。今天，这样的增长动力发生了变化，若无新的适应当前发展阶段与社会需求的增长动力出现，经济增速必然滑落。对浙江来说，随着资源要素进一步趋紧，传统劳动密集型产业的利润空间被进一步压缩，落后产能加快淘汰，而新兴产业体系则需要一定的培育期才能见效，转型压力继续增大。由于内生增长动力减弱与外需增长不确定性因素增多，我们不得不面对的现实是，在经历30多年的高速增长和占领全国领先优势后，浙江经济在转型发展期将明显进入增长速度渐缓阶段。虽然吸引央企投资以及"浙商回归"工程的展开，有利于控制投资规模以过于倾斜的趋势大幅度下滑，但若在产业结构上没有明显的转变，这种投资效益及其可持续性是值得怀疑的。

1. 在经济转型期，经济增长有赖于社会发展

从国际经验来看，经济的发展有其自身的规律。在经济起飞阶段，政府往往就经济抓经济，而且见效快；到了中速发展阶段，由于前期经济快速发展的积累，经济与社会的发展速度、水平会呈现脱节的现象，社会因素会越来越明显地表现出对经济发展的制约功能，这就是所谓的"中等收入陷阱"理论所包含的非常重要的一部分内容。国际上，在经济转型期对这个问题解决得比较好的事例不少，没有处理好的国家和地区也不在少数。相比南美地区而言，东亚地区在这方面积累的成功经验比较多，它们的思路与做法值得我们思考与借鉴。

在传统的经济发展理念中，经济是经济，社会是社会，两者似乎是"两股道上跑的车"。但实践证明，两者具有密切的关系。就浙江目前所处的发展阶段而言，借鉴成功的国际经验，至少可以得到以下启示。

社会发展与经济增长的协调性，决定了转型期经济增长的方向、质量及稳定性。事实上，社会发展水平一直伴随并影响着经济增长的

脚步,只是当经济处于低水平阶段时,这个因素虽然存在,但表现得并不十分突出,因为社会成员考虑的主要是生存与温饱,其他的暂列其次,只有当生存与温饱受到严重威胁时,这个因素才可能集中爆发。当经济处于相对较高的中等收入水平时,这个因素就会"脱颖而出",成为影响经济增长的关键性因素之一。这个时候,如果政府还是像经济起飞阶段那样,只重视用经济理念发展经济的话,就会加剧经济与社会的不均衡性,使经济增长的环境趋于恶化。正确的应对之策是把更多的精力投入社会与民生事业的发展上,以激发社会进步对经济发展的积极作用。韩国在经济转型期的初期,对此的认识并不清晰,一味陶醉于经济成功起飞的"汉城之春"中,等到社会发展与经济增长严重脱节,造成社会剧烈动荡时,才发现民众与政府严重对立,直到酿成了20世纪80年代初震惊世界的"光州惨案",经济发展的方向与稳定性受到严重打击。实践教育了韩国的执政者,在转型期必须重视社会与经济发展的均衡性,政府应该把更多的精力投入社会发展方面。韩国从1989年实现全民医保,公共医疗保险的参保人数稳步增长,覆盖率从1989年的90.39%上升到2007年的98.69%(其余人口由医疗救助提供保障)。目前,韩国政府正在建立社会保障制度方面的"韩国式福利经济模式"构想。

对中国台湾的情况,了解的人就比较多了。台湾的经济起飞也算是成功的,被誉为"亚洲四小龙"之一。1992年,台湾地区的人均生产总值超过1万美元。在这个时候,台湾应该算是进入了转型期,但当时执政的国民党没有充分意识到社会发展与经济增长之间的重要关系,再加上实行错误的政治政策和两岸政策,搞得岛内民怨冲天。虽然后来台湾当局认识到了这一点,在社会政策上实行了一些调整,如推行全民健保制度等,但时间上的滞后与力度上的欠缺,以及其他一些复杂的因素，导致 2000 年国民党丢失了岛内的执政权，台湾经济几乎没有在中速增长期停留多久，直接就掉入了低速增长期，由当年的"亚洲四小龙"之首沦为之末，此后又花了 20 年才使人均生产总值达到 2 万美元。而走过同样这段路的时间，日本花了 4 年，新加坡花了 5 年，韩国花了 12 年。

2. 社会发展水平与生活品质，构成中速增长期经济增长的新动力

日本、新加坡等国家之所以在进入经济转型期后，能迅速跃过"中等收入陷阱"而进入高收入阶段，一个很重要的原因，就是找到了区别于起飞阶段的另一种发展模式，即通过促进社会发展，努力提升民众的生活品质，从消费的层面影响经济的增长方向，并给经济增长注入新的动力。其中的一个要点，就是努力培育中等收入群体，使这个阶层迅速扩大。众所周知，中等收入群体关注的并不是生存与温饱，他们的消费重点集中于价格不菲的商品房、私家车、教育投资、文化享受等方面，其消费行为和消费观念对全社会具有明显的示范效应，因而能够引导全社会的消费倾向，进而拉动整体生活品质的提高。消费由低端向中高端演进，间接带动了生产领域的产业与产品升级，因而形成了促进产业升级的新动力。日本和新加坡等国进入经济转型期时，都非常重视提高中等收入阶层比重，通过建立并完善一系列财政政策、货币政策、教育政策、社会保障政策、收入分配政策、城市化政策等，努力打通民众由低收入向中等收入水平提升的通道，进而提升全社会的消费能力和水平，使之成为经济增长的新动力。

3. 转型期经济增长具有脆弱性，需要通过社会发展予以弥补

所谓转型期，即指由旧的发展方式向新的发展模式转变的时期。在这一阶段，过往所形成的路径依赖，是一个比较令人头疼的问题。既是转型，就意味着抛弃熟悉的东西，转而追求新的东西，因而转型

是一个伴随着痛苦的渐变过程。人们在遇到困难和矛盾时，就会自然而然地追忆起曾经飞速发展的时代，并不由自主地怀念曾经的发展方式，甚至会试图用旧的方式去应对新的问题。由于这种思维的惯性，以及转型期面临的复杂局面，这个时期的经济增长是具有脆弱性的。事实证明，在转型期，如果决策者贸然采取一些以往曾经见效的措施试图恢复过去的高增长水平，将会适得其反。20世纪80年代日本政府做过这样的努力，不仅没有提高发展速度，反而引发了严重的资产泡沫。因此，经济转型期受内外因素的影响，很容易导致增长速度在短期内明显下滑，关键是要认准方向，不动摇，持之以恒，并采取相应措施加快推进这种转型，以最小的代价在最短的时间里度过这一困难期。由于在这一时期，经济增长的脆弱性比以往任何时候都明显，社会上的怨言也会有所增加，因此，决策者必须十分注意通过推进社会事业的发展，来缓解经济增长的脆弱性带来的矛盾。日本在转型期曾经通过税收政策与社会保障政策等综合手段，加强引导，协调各种复杂矛盾和利益，实施以"控制外部性和增进社会和谐度"为目标的干预措施，使整体经济比较快地成功转型，其经验值得借鉴。

第五章
转型发展的改革深化与推进

当前，转型发展进入新的阶段，不仅受国际经济长期的外部冲击，还受国内的内在矛盾约束。在新的发展环境、新的发展阶段，必须建立系统化的转型战略，包括经济增长方式转型、社会公共需求转型和政府转型，大力发挥浙江特有的转型条件与优势，形成有效的转型路径，从而着力构建符合发展趋势、适应国内外经济转型的新需求结构、新产业体系和新体制机制，尤其是要把体制机制的创新与深化改革和转型升级发展结合起来，使浙江经济再上一个台阶。建立新体制机制要以科学发展观为指导，把打破垄断、政府转型、要素市场化改革与转型升级结合起来；以打破垄断与强化竞争为手段，推进要素市场化改革，扩大民间投资。尽量减少政府的资源配置干预，消除行政定价制度，改变政府将唯物质生产增长看作政绩的首要目标。

一 推进改革强省，营造浙江体制机制新优势

要以开放互动推进制造业，倒逼浙江深层面改革和体制创新。扩大外商投资准入，尤其是浙江具基础优势的金融、教育、文化、医疗、商贸、物流等服务业市场准入。

改革强省要以科学发展观为指导，把打破垄断、政府转型、市场化改革与转型升级结合起来，打造浙江体制机制新优势。浙江进一步强化改革优势，必须聚焦转型难题与约束，要切实发挥全面深化改革的引领作用，以打破垄断与强化竞争为手段，推进市场化改革，扩大民间投资；在关系生产效率、社会民生等有重大战略意义的各项改革上取得新突破，在有浙江特色和浙江优势的改革上取得新突破，在增强改革的系统性、整体性、协同性上取得新突破，以改革的红利来确保发展的优势。着重围绕行政管理体制、对外开放体制、要素市场配置体制、创新创业体制和城乡体制改革，在交通、规划与环保等重要领域、重要部门、重要环节"先行先试"、分步推进，以"限权、放权、分权"为抓手，继续在全国发挥先行和示范作用。

1. 着眼"最多跑一次"，深化行政管理体制改革

改革开放以来的实践证明，不断推进改革、突出体制机制优势是浙江培育和释放市场主体活力、推动经济持续稳定增长的根本动力。谋划新的体制机制优势，必须进一步强化改革优势，最大限度地释放改革红利，通过改革创新形成转变的内在机制动力。改革的关键是理顺政府与市场的合理边界，加强对政府自身的改革。

聚焦束缚大众创业、万众创新、企业投资经营和便民服务的突出问题，把"放、管、服"改革引向深入，坚持以政府改革为抓手，坚持简政放权、放管结合、优化服务协同推进，着眼于"最多跑一次"，深化推进经济体制改革。要更大程度发挥市场机制的作用，增强市场活力。要打破体制障碍，减少政府对资源的直接配置，推动市场规则、市场价格、市场竞争在资源配置中发挥决定性作用，实现效益最大化和效率最优化。要围绕"四张清单一张网"，继续减少政府对微观事务的管理和干预，形成企业自主经营、公平竞争，消费者自由选择、

自主消费，商品和要素自由流动、平等交换的体制机制。要继续减少政府对资源要素价格的干预，建立健全主要由市场决定价格的机制。要改进政府服务经济发展的方式方法，提升服务能力。全省上下要切实加快打造尊重市场、尊重规律的"有限"政府，服务到位、监管到位的"有为"政府，严格依法行政、规范高效运转的"有效"政府。政府体制改革是经济转型的突破口，政府要完善经济管理体制，缩小规模，转变行政管理职能，提高行政效率。同时也要以市场经济的充分作用为基础，实现政府管理的适度化。

政府促进经济发展更多应体现在非产业领域甚至非经济领域，包括建立有效的生态环境保护、监管机制以及生态补偿机制，建立完善的产业准入标准，有效界定经济发展中的排污权，建立区域金融服务体系，优化创新创业制度环境，提供公共技术服务平台等国际通行的普惠服务。政府干预经济应逐步由"家长式、管理型"政府转向"法治型、服务型"政府，更加重视公共服务、维护市场秩序、调节宏观经济，方式由"多层级、多部门、高成本"的模式向"层次简化、大部门、高效率"的模式转变，干预手段则更多的是利用法律、市场等间接手段代替审批等直接的行政手段。

进一步创新深化投融资体制改革，大幅放宽重点领域市场准入，形成多元化、市场化、可持续的基础设施和公共服务投入机制、运营机制。在服务业体制改革方面，要积极提供优质服务开拓产业发展的空间，持续推动服务业提升，开放经济新模式。要放宽当前有助于扩大内需的服务业所存在的严格准入管制，降低准入门槛，适时放松管制以吸引资源进入。尤其要大力放松对服务业的管制，促进服务业的繁荣，重点是加快教育体制、医疗卫生体制的改革，放松对文化娱乐服务、社会中介（非组织的公共组织）服务的准入限制，促进相关服务业的大发展。而放松对先进制造业和现代服务业（民间金融、公共服务业、垄断行业投资）的准入管制，能为从低效率出口企业等转移出来的劳动力和资源提供有效的新增长点。

2. 着眼供给侧结构，深化行业体制改革

推进供给侧结构性改革，围绕传统产业转型加快重组与资本并购，并积极吸引民间投资扩张布局新兴产业，使民间投资在谋划新增长动力中发挥更重要作用。以创新促进供给侧结构性改革，就是以创新提升浙江传统产业，实现传统产业在创新轨道上的质量型增长。其中，产业并购是传统产业转型升级和供给侧结构性改革的必然选择，也是加快战略性新兴产业快速扩张和集聚优势、实现高端要素资源供给侧优化配置的重要方式。

要激发主体责任，推进企业层面改革。以激发国有企业活力，提高效率、创新能力和竞争力为目标，着力消除国企国资管理的现有体制性弊端，完善企业法人治理结构。开展国有企业混合所有制改革试点示范，大力推进电力、油气、盐业等重点行业改革，为稳增长、调结构带来源头活水。除国家政策明确指出必须保持国有独资的之外，其他国企均可推进股权多元化，发展混合所有制经济。支持省属国有企业与中央企业、市县国有企业合资合作，支持上市公司实施跨企业、跨地区、跨所有制的并购重组；加快清理低效、无效资产，关闭破产和长期停产、停业企业。积极探索混合所有制经济员工持股的多种形式，形成资本所有者和劳动者利益共同体。

在金融体制改革上，推进金融试验区创新改革，为稳定的中高速增长提供强力支撑。民间资本是平衡外资的重要力量，也是政府力量的有益补充，同时又是推进改革和转型升级的强有力支撑。日本成功的经验之一，就在于充分利用民间资本，形成了以综合商社为核心、有众多行业大型企业组合、以现代企业制度组织起来并实行相互持股而横向联合的企业集团,这些日本大财团往往自身拥有主体银行,成为国家金融体系的重要组成。浙江在金融创新试验改革上形成了不同的模式与经验,在总结经验基础上,应进一步加快改革、打破垄断、强化竞争,可允许有实力、有条件的法人独资或合作成立小规模开发银行,但要对其加强规范、加强监管。同时,还要积极推进区域性财税金融体制改革,尽快把生产型财税体制转为公共财税体制,把重点扶持生产的金融体系改造为重点扶持消费的金融体系。此外,还要积极支持、协助推进各类商业银行经营机制改革,通过创造条件与优势争取在民间金融上寻求突破,并在多种所有制金融企业与离岸金融业务等方面进行改革试验。

在农村体制改革上,积极推进农村综合市场化改革,尤其是创新土地利用制度,建立完善城乡统一建设用地市场,创新农业产权制度改革,提升农业要素资源开发价值,深化集体林权制度改革,推进资源流转、林木采伐、资源保护、投融资体制等配套改革,推进生态公益林管护机制改革,建立和完善生态公益林补偿机制。同时要聚焦金融、市场等浙江特色优势领域,大力推进人才、技术、金融、教育、医疗、文化等要素的基本均等化进程。虽然实现城乡一体化改革难度很大,但溢出效益明显。此外还要推进全省户籍一体化,实现城乡土地、房产与物权的等值化,推进教育、医疗、住房与社会保障等公共服务均等化;要以"互联网+"改造农业、农村和农民,持续加大对城镇公共服务和基础设施投资,引导优化各类市场主体加大农村开发改造,提升传统要素优势,为推动农村、农业转型升级创造动力。

3. 着眼民生幸福,深入社会领域改革

国际经验表明,在转型发展期,社会动力对经济增长的贡献将日益增强，联动性也更加明显。社会发展水平与生活品质，往往构成中速增长期经济增长的新动力。而且，转型期经济增长具有脆弱性，需要通过社会发展予以弥补。浙江要着力推进以公开、公平、公正与效率为核心的全面改革，包括市场化改革、社会管理体制改革、政治体制改革等，从而为产业再升级开拓新的发展空间。但改革重心要有根本性改变，即从增量性改革为主向调整性改革为主转变；从单纯追求经济效率向更加追求社会效益转变；从经济推动政治改革到政治推动经济、文化、社会改革转变；从主要关注增长到更加关注民生；从注重社会硬件建设到更加注重社会软件；从强化差距性动力到强化公平性动力。

以人为本促改革，推动社会事业转型发展。坚持"以人为本"的改革理念，在推进经济体制改革的同时，协调推进社会事业各项改革。要改进劳动力市场结构，提高居民收入，最重要的是建立切实可行的社会保障网络，从而建立更具持续性、国内消费更活跃的经济模式。浙江要持续推进社会体制改革，最大限度地激发社会发展对经济增长的推动力，必须按照"分类定位、分开管理、分别改革"的"三分"思路，深化社会事业领域改革，应重点在文化、医疗卫生和户籍等改革上取得突破。要以"共建共享"为原则，推进社会领域改革，在体制机制、制度政策上系统谋划，从保障和改善民生做起，着力抓好教育、增收、社保、医疗卫生等工作，让改革惠及更多民生。

始终围绕民生幸福，谋划城乡均衡发展新优势。推进形成城乡均衡发展新优势，必须统筹工农、城乡、城镇和农村居民发展，促进基本公共服务均等化、城乡居民收入均衡化、城乡要素配置合理化和城乡产业发展融合化，在新农村建设与城乡一体化建设上"走在前列"。重点围绕民生领域制定规划，"重个体、轻团体"，"重质量、轻数量"，不断强化个体发展指标，实现"浙江人"的幸福感。国际经验表明，转型期提高城镇化水平和质量是实现均衡发展的一条必由之路，其中，人的技能提高和发展空间拓展，是保持经济平稳增长最重要，也是最有效的动力。要以实现公共服务与公共建设均等化为根本，加快促进城乡基础教育资源均衡配置，防止素质和能力差异的代际传递；加强对农民工的职业培训，提高其就业与创业能力，努力提升弱势群体或次级消费群体的生存发展能力和消费水平，把贫困阶层纳入普惠的养老、医疗、住房等社会保障制度之中，提供相对公平的发展机遇。

推进现代化社会治理，谋划社会治理领先优势。推进服务型政府建设，不仅要推进"互联网+"，以大数据提升社会治理能力；不断加强和创新社会治理，以"互联网+"推进民生保障、公共安全和政府管理创新；不断加强协同治理，提升社会治理的法治化水平，把全面"依法治浙"切实落到实处。更要积极推进政治民主化在农村与社区等基层率先突破。未来政治民主化与多元化文化建设将进入大发展期，中产阶层与年轻人是主导力量。为此需要从完善制度建设、提高文化素质、加强信息建设、提升中等阶层地位等方面入手，充分发挥人们在政治诉求上共同参与的主观能动性，逐步在农村与社区进行试点，率先突破。

4. 着眼生态文明建设，加快推进生态体制改革

深化"八八战略"，必须进一步强化发展环境优势，不断提高人民群众获得感。重点在于扎实推进"两富浙江""两美浙江"建设，积极深入实施民生幸福工程，大力发展社会事业，创新社会服务管理，持续改善人民生活，实现基本公共服务均等化。

积极推进生态市场化改革，谋划生态体制优势。积极推进生态市

场化改革，改变源头地区配套政策与扶持资金单一来源性体制。要进一步完善生态公益林建设的补偿机制和提高补助标准，建立跨区域的生态保护、补偿机制，加大政策支持促进浙江不同类型生态保护区的产业建设。同时，以市场化为准则，积极协调建立利益分配机制。逐步建立生态价值评估体系，解决政府、人民、企业之间利益分配不均、矛盾激化的问题，使生态发展成为共识，使生态保护和生态价值增长成为各地经济与社会建设的双重动力。还要积极引入和培育第三方中介服务，在继续推进产业准入与退出、生态补偿等改革基础上，在排污口关闭、生活污水污泥处理、垃圾分类处置、碳交易机制改革、绿色低碳消费改革等方面争取实现突破。

推进生态社会化管理，谋划生态治理优势。在全省范围内逐步淡化或取消 GDP 考核，强化生态考核。取消 GDP 考核坚持走"生态路径"，意味着要牺牲一些更多、更大的发展机会，需要各地"顶住压力"，要有足够的心理准备；立足生态文明建设，强化生态供给。政府要把生态保障、社会和民生建设作为出发点和落脚点，要努力创造生态经济、生态社会和生态文化发展所必需的生态制度环境和服务环境。不断满足人民群众日益增长的物质文化与精神文化需求，让生态文明和生态社会发展成果惠及居民。发挥社会力量，推进生态监督。政府部门要以生态制度建设为中心，建立完善生态资源与环境的评价、交易、使用、监管、监督政策体系，使生态监管监督常态化。除执法部门外，广泛吸纳社会团体和民间机构、居民和游客，实现有效监督约束，从约束、处罚以及激励角度，发挥生态监督最大的能量。

改革共建生态文明，创新提升生态价值。以"两山"为核心，谋划浙江生态文明示范新优势。要把生态文明建设放到浙江现代化先行示范区建设的突出位置，深入实施生态文明建设工程，深化推进"绿水青山就是金山银山"的生动实践。生态优势不是"坐、等、靠"，而是要积极融入"互联网+""生态+""文化+"，不断提升生态附加值。在目标导向上营造"生态财富结构"优势。政府部门要拿出更大的魄力和智慧，全面谋划，形成"高生态、高效益"优势。通过要素、市场与生产等各环节领域改革，实现从追求单一的经济增长或生态保护，走向富裕（经济与生态资产的增长与积累）、健康（人的身心健康及生态系统服务功能与代谢过程的健康）、文明（物质、精神和生态文明）三位一体的复合型生态财富增长。在战略规划上重点布局健康养生养老产业、保健医疗产业、农产品及加工业以及休闲旅游度假产业等空间巨大、需求广泛的生态型产业。在空间布局上形成生态型城镇集聚优势。集约型、生态型城镇化的关键不在于城市规模，而在于效益和效率，即要以提升空间效益为根本，提升生产效率和生活效率。

5. 围绕核心价值观，加快推进文化体制改革

坚持社会主义核心价值观，建设现代文化体系。发挥传承浙江传统文化优势，提升以文化产业为支撑的现代化新优势。文化产业不仅是满足人民多样化精神文化需求的重要途径，更是经济结构战略性调整的重要支点和转变经济发展方式的重要着力点。坚持社会主义核心价值观，坚持依托浙江文化内涵和历史传承，推进浙江文化产业大繁荣。

坚持社会主义核心价值观，形成现代文化正能量优势。要以社会主义核心价值观为根本，以丰富文化成果为目标，谋划推进现代文化新优势。总的原则是真正培育和践行社会主义核心价值观，大力弘扬民族精神、时代精神和浙江精神，把握意识形态工作的主动权，加快文化强省建设，提供更多更好的精神文化产品。同时，要加强文化道

德标准的建设。经济社会发展到转型关键阶段，文化道德标准化建设就迫在眉睫，否则取而代之的就是文化缺失，而不是"精神富有"。"精神富有"必须以健康的、科学的、向上的、代表未来发展方向的、推动社会前进的先进文化为基础，最根本的是要构建起具有浙江特色的"共同的行为准则、共同的道德规范、共同的价值观追求"等文化道德标准，坚持文化传承与创新，实现文化现代化，进而真正激发浙江居民的发展自豪感、生活幸福感、心灵归属感和社会认同感。

完善扶持激励机制，形成浙江文化开放输出优势。要大力扶持传统文化传承，坚守浙江传统文化优势。要强化财政扶持、市场运作与人才培养相结合，不断提升浙江传统文化产品的国际吸引力；同时要积极创造条件，为各类社会资金参与文化创新提供环境支撑与制度保障，积极培育形成现代文化产品优势。特别是依托若干文化创意平台与影视基地建设，大力推进创意产业和网络娱乐等新兴产业发展，逐步占据世界先进地位。在政策上，应不断提高文化产业的财政支出比例，可提升至10%，把财政补贴更多地转化为基金等市场化激励机制，促进文化产业蓬勃发展，推进文化优势形成文化输出优势。

融合互联网思维，形成浙江文化创新标杆新优势。推进"文化+"与"互联网+"融合发展，融合3D等数字技术，在国内外市场打响"浙江文化"品牌。如以文化挖掘、文化创意和文化嫁接为核心，推进"文化+"与不同产业领域的融合，依托浙江乡村文化、农业、工业和服务业等领域的独特内容和品牌号召力，打造文化产业链，促进各领域文化产业整体业态升级；要积极融合新平台、新终端，利用新模式、新技术，不断培育浙江创新型文化新模式。继续发挥宋城演艺等演出直播模式，培育众筹文化与新文化金融模式，对接线下营销与传播、大明星合作引导粉丝经济等众创文化等模式，扩大浙江文化影响力。

二 全面深化各领域改革，构建高效率发展运行机制

加快转型发展必须在目前基础上强化完善，推进消费、竞争、创新与服务四个关键领域与环节的体制机制建设。

1. 改革消费领域环节，完善消费驱动配套机制

目前，我国开始向消费驱动的模式转型，并逐步构建消费主导的经济增长模式。随着国内开始进入消费主导时代、公共产品短缺时代、低碳经济时代和政府转型时代，这些发展趋势将成为浙江转型发展的重要推动因素。从中长期看，围绕需求发展经济是直接关系经济社会全面发展的大战略，因此需要把扩大需求尤其是内需作为新阶段改革发展的战略性目标。浙江实施消费带动战略，具有众多资源与环境优势，而保持这些优势又需要促进消费模式转变，挖掘内需增长潜力。

建立消费驱动型经济，必须综合考虑三个方面的重点需求及其未来的转型趋势，即国际需求转型、国内需求转型、农村需求转型。国内外经济转型趋势，既是压力，也是机遇，更是浙江转型发展的推动力。一是国际转型的外部推动。从国际看，以低碳经济和新能源为代表的产业革命、国际结构调整与经济转型对浙江经济提出了新挑战。后危机时代，世界范围内经济结构的大调整，将对浙江经济发展产生长期、深刻的影响。后危机时代，外需萎缩将是中长期的趋势，即便外需能够有所恢复，也不是原有水平的简单恢复，必然伴随着结构的重大调整；即使外需在水平和结构上都重新恢复，浙江也不能把经济增长的基础长期建立在对外部市场的过度依赖上。而危机后日益抬头的贸易保护主义，使经济全球化特点更加复杂。二是国内转型的内部

推动。随着国内经济开始进入新的发展阶段,社会需求结构也发生战略性变化,国内普遍面临经济持续快速增长同资源环境约束发展不平衡的矛盾、全社会基本公共需求全面快速增长同基本公共产品供给不到位和供给短缺的矛盾、经济发展与社会进步同公共治理改善滞后的矛盾等新矛盾、新问题,这也将持续影响经济运行质量与效率,影响转型进程。三是消费转型的积极带动。随着内部需求结构的变化和外部需求的萎缩,促进消费结构升级和消费增长是必然趋势和转型之路。消费需求的转型升级,加大了服务消费需求的增长空间,而工业化与城市化进程的双推动,也加大了对先进装备制造业与原料工业的投资需求,从而推动产业结构开始向高技术化、高附加值化、高服务化升级发展。可见,消费模式的转型,通过消费结构带动影响产业结构,从而成为浙江转型的重要拉力。

在此基础上,完善需求驱动型的机制选择,重点在于积极推进三大重点环节的规划建设。一是实施消费带动战略,将"高端制造业"与"消费带动"作为未来转型发展的新动力。从可行性看,浙江可持续消费模式的建立,当前最需要切实在"提高工资、发展教育(培训)、完善社保"三个方面下功夫。二是建立服务型社会,以现代服务业带动城市化向纵深推进。国际经验表明,服务业特别是生产性服务业的滞后,从长期看,势必会导致核心城市功能的弱化。对照美国和日本的发展经验,在人均GDP达到10000美元以后,城市化进程将步入以提升质量为主的稳定增长阶段。此时,城市化上升速度趋缓,靠工业数量扩张带动城市化的时代基本结束,第三产业将逐步取而代之成为推动城市化向纵深推进的后续动力。三是大力发展服务业,启动经济新增长点,促进服务业繁荣。在经济转型的过程中,政府的作用在于引导和扶持,在于创造良好的宏观环境和宽松的政策环境来促进企业积极探索多种形式的转型路径。除强调要促进企业加快技术进步和产品升级外，鼓励企业发展先进制造业，实现制造业的服务化，发展现代服务业，积极利用信息化带动工业化，都是可供选择和探索的道路。

建立消费驱动型机制，不是要完全放弃制造业，相反应该提升制造业，坚持制造业、服务业并重的发展原则。目前，欧美国家、日本等发达国家正在从生产力经济转换到知识型经济，进出口贸易也从产品出口、技术输出型转化为技术出口、产品进口型模式，全球产业链转移的领域也从纺织、食品、化工材料等延伸到家电、消费电子等消费品工业领域。浙江的消费品产业能否把握住全球消费工业产业链转移的机遇，关键在于是否能够主动参与上游产业链资源的整合及开发，实现整机制造与上游产业链的完整对接。

2. 着力市场化改革，完善市场竞争运行机制

在转型发展阶段，浙江要着力推进以公开、公平、公正与效率为核心的全面改革，包括市场化改革、社会管理体制改革、政治体制改革等，从而为产业再升级开拓新的发展空间。但改革重心要有根本性改变，即从增量性改革为主向调整性改革为主转变；从单纯追求经济效率向更加追求社会效益转变；从经济推动政治改革到政治推动经济、文化、社会改革转变；从主要关注增长到更加关注民生；从注重社会硬件建设到更加注重社会软件；从强化差距性动力到强化公平性动力。这些转变的关键在于深化市场化改革、推进市场开放两个核心内容。

首先，要重点推进"四大领域"市场化改革，把打破垄断作为深化改革的突破口，吸引民间投资扩张，使民间投资在拉动全省经济增长中发挥更重要作用。在新的形势下深化改革开放，重点突出表现在

社会事业改革、农村改革、金融体制改革、服务业体制改革四大领域。一是在社会事业改革上，要更加坚持"以人为本"的改革理念，在推进经济体制改革的同时，协调推进社会事业各项改革。要改进劳动力市场结构，提高居民收入，最重要的是建立切实可行的社会保障网络，从而建立更具持续性、国内消费更活跃的经济模式。二是在农村改革上，要积极推进城乡统筹改革试验，率先建立统筹城乡发展体制；要创新土地利用制度，逐步建立城乡统一的建设用地市场。要大力推进农村综合改革。深化集体林权制度改革，推进资源流转、林木采伐、资源保护、投融资体制等配套改革，推进生态公益林管护机制改革，建立和完善生态公益林补偿机制。三是在金融体制改革上，积极推进区域性财税金融体制改革。要尽快把生产型财税体制转为公共财税体制，把重点扶持生产的金融体系改造为重点扶持消费的金融体系。此外，还要积极支持、协助推进各类商业银行经营机制改革，通过创造条件与优势争取在民间金融上寻求突破，并在多种所有制金融企业与离岸金融业务等方面进行改革试验。四是在服务业体制改革方面，要积极提供优质服务开拓产业发展的空间，持续推动服务业提升，开放经济新模式。要放宽当前有助于扩大内需的服务业所存在的严格准入管制，降低准入门槛，适时放松管制以吸引资源进入。尤其是要大力放松对服务业的管制，促进服务业的繁荣。重点是加快教育体制、医疗卫生体制的改革，放松对文化娱乐服务、社会中介（非组织的公共组织）服务的准入限制，促进相关服务业的大发展。而放松对先进制造业和现代服务业（民间金融、公共服务业、垄断行业投资）的准入管制，能为从低效率出口企业等转移出来的劳动力和资源提供有效的新增长点。

其次，加大市场化开放，构建"互动"开放机制。实践证明，以开放促发展、以开放促改革的思路，不仅为经济发展注入了巨大生机活力，而且有力促进了社会主义市场经济体制的建立和完善。在新的历史时期，需要总结经验，坚持以开放促改革，进一步建立更加完善、更加开放的社会主义市场经济体制。坚持不懈扩大开放，不仅有助于构建对外开放新格局，拓展发展空间，提升国际化水平；而且有利于通过开放带动、内外互动，促进存量改造和增量提升，承接服务业转移、加快服务贸易发展，推动浙江经济转型发展。扩大开放，构建更加开放的新体制机制，一是要围绕拓展空间、提升竞争力，构筑对内对外开放新格局。以建立内外联动、互利共赢、安全高效的开放型经济体系为重点，充分利用国内国际两个市场、两种资源，统筹国内国际两个发展大局，着力扩大开放领域，优化开放结构，提高开放质量，构筑全方位、宽领域、多层次的开放新格局。二是从人才、政策、体制、观念等各方面入手，努力提供有力保障和良好环境。在培养开放型人才、开放型意识、完善开放型政策、构建开放型环境、建立开放型体制等方面加强合力，构建大开放格局，完善对外开放体制机制，形成更具活力、富有效率、更加开放的体制机制环境。

3. 着力内生改革，构建创新内生驱动机制

国际经验表明，只有制度创新才能保证有质量、有效率的增长。人均生产总值达1万美元以后，浙江跨入以"服务经济、先进制造业"为主导且并重的后工业化时期。坚持服务业主导，不能忽视推动工业经济转型升级的重要性。在此阶段，转型成为发展主要任务，动力来源以"内生驱动"为主，内生增长成为增长的主要模式。推进转型升级，必须进一步加强自主创新，加快建设创新型省份，扭转严重依赖资源消耗实现增长的不利局面，尽快形成以知识驱动为主的经济发展模式。必须把重点转移到创新创造方面上来，转到增加产品附加

值、服务业以及知识创造方面上来。

首先,以创新引领浙江经济转型升级。面对空间、资源、人口、环境"四个难以为继"的制约,浙江必须进一步强化自主创新的主导战略地位。一是要以创新引领浙江经济转型升级,构建区域创新体系,完善创新的保护和激励机制,提高企业自主创新能力,促进浙江制造业的高端攀升和内涵升级。二是要通过不断提高自主创新能力,实现从"浙江加工""浙江制造"向"浙江创造"的转变,实现经济增长向效率驱动和创新驱动的转换。三是要大力促进现代制造业、现代服务业等向新兴产业区和城市新区集聚转型,率先完成从低附加值制造业主导向"设计、制造、服务"一体化融合的高附加值制造业主导的转变。其次,探索形成具有浙江特色的自主创新发展模式。将自主创新作为城市发展主导战略,建设国家创新型城市,是杭州在创新发展阶段的重要抉择。关键在于发挥制度与市场的双重力量,探索建立具有浙江特色的自主创新发展模式。除依托强大的民间资本实力、发达的市场、政府的积极推动和制度建设等因素,浙江还应积极学习国际经验,尊重系统性创新的内在规律,强化核心技术自主创新能力,同时积极推动浙江优势制造业的产业整合与升级,发挥创新技术与低成本制造相结合的双重优势,并大力发挥制度协同的第三重优势,促进产业优势主体的一体化联动创新。最后,建立以集聚开放为特征的生产要素市场化改革体系。未来十年应以人才、技术、资源三大要素为重点,把杭州建设成东部沿海最具集聚开放性的生产要素中心城市。一是突出要素集聚辐射功能。通过增强杭州的对外交通功能,有效摆脱目前长三角地区"之"字形交通体系中"拐点"地位的劣势,成为沪杭甬、沪宁杭、杭甬金(衢)、杭宁徽等多个区域大三角交通网络相交的复合中枢节点,着重体现集聚、中转、疏解、配送的一体化功能。二是突出要素的开放吸纳功能，积极推进区域交流式合作转向区域内外的战略合作，鼓励引导从对外开放到升级对内开放，实施"走出去"。

4. 着力公共领域改革，推动服务均等体制机制

转型发展，要从以"外需为重"向"内外需并重"转变，构建均等服务的体制机制。要以政府服务与管理转型为主线，构建均等服务的新体制机制。建立均等化公共服务体系，是缓解社会矛盾、促进社会公平的重要手段。在国际金融背景下，扩大内需的重点是建立基本公共服务制度。建立基本公共服务体系，不仅有利于提振信心，拉动消费需求，而且从中长期看，在很大程度上有利于推动新阶段增长方式转型、社会需求转型和政府转型。加强基本公共服务，建立均等化公共服务体系，是缓解社会矛盾、促进社会公平的重要手段，是构成新时期改革的重要动力来源。十七大要求，到2020年实现基本公共服务均等化，这就需要推进结构性改革，包括政府转型、财税体制改革、事业机构改革等内容。

进入新的发展阶段，浙江经济转型发展不仅强调经济增长方式的转型，更重要的是强调社会公共需求的转型、政府的转型。推进基本公共服务均等化重在制度建设，浙江应率先建立城乡统一的公共服务制度，加快建立政府基本公共服务绩效评价体系，建立基本公共服务的社会参与机制。在具体措施上，一是要突出政府自身建设。要进一步转变政府职能，正确发挥政府的作用，创造市场机制发挥作用的条件和环境，调节经济运行以促进供求总量的基本平衡，致力于提供公共产品和公共服务，促进社会公平。二是要深化教育、卫生和文化体制改革，健全公共服务均等化制度，推进城乡一体化进程。

以政府转型为手段的转型发展路径。转型发展既要兼顾经济改

革，更要以综合改革带动经济改革。构建服务型政府的体制机制，需要与社会的转型发展、政府的转型发展协同推进。之所以强调政府体制改革是经济转型的突破口，是因为从制度演变规律看，浙江改革已进入全面攻坚阶段，三十年来经过渐进、有序的改革，社会主义市场经济体制基本建立，浙江已基本完成微观主体的改革，市场配置资源的机制基本建立。由于下一阶段进一步完善现代市场经济体制、充分发挥市场机制、降低企业发展社会成本的最大阻力来自政府自身，这就需要政府完善经济管理体制，缩小政府规模，转变行政管理职能，提高行政效率。同时，政府功能的实现也要以市场经济的充分作用为基础，实现政府管理的适度化。威廉·阿瑟·刘易斯曾说过：政府的失败既可能是由于它们做得太少，也可能是因为它们做得太多。

因此，未来的发展始终要集中精力理顺政府与市场的合理边界，加强对政府自身的改革，减少政府手中不必要的自由裁量权，尽量杜绝政府对微观经济的干预。从发展趋势看，未来政府促进经济发展将更多地体现在非产业领域甚至非经济领域。未来阶段政府干预经济发展，将逐步由"家长式、管理型政府"转向"法治型、服务型政府"，内容由重经济发展向更加重视公共服务、维护市场秩序、调节宏观经济转变，方式由"多层级、多部门、高成本"的模式向"层次简化、大部门、高效率"的模式转变，干预手段则更多的是利用法律、市场等间接手段代替审批等直接的行政手段。比如，要实现增长方式转变，建设"两型社会"，就必须建立起有效的生态环境保护、监管机制以及生态补偿机制，建立完善的产业准入标准，有效界定经济发展中的排污权和约束。又比如，要促进中小企业做大做强，则要通过建立区域金融服务体系，提供公共技术服务平台等普惠式手段，通过市场选择来促进中小企业优胜劣汰、做大做强，而不是一厢情愿地鼓励扶持。

再比如，促进投资效率提高，不是要加大政府性投资力度或者政府为企业选择产业发展方向，而是要通过提高财税、产业准入门槛、环保等手段，鼓励有利于生产效率提高、适应市场需求变化的投资持续增长来实现。

总之，新时期浙江经济发展的动力在于制度改革的推进，五个方面的转变就是要通过改革创新尤其是政府管理模式等方面的创新形成转变的内在机制动力。其关键就是要实现政府职能与市场配置资源的有效结合，既通过政府干预弥补市场机制失灵的缺陷，又要冲破利益矛盾，最大程度减少政府寻租行为，有效发挥市场经济市场规则的作用，实现发展方式的根本转变，这大概是新时期浙江经济发展面临的最大考验。

三 推进新一轮改革，建立形成高质量发展长效机制

十九大报告指出我国经济已"由高速增长阶段转向高质量发展阶段"，这是打造国际经济合作和竞争新优势、建设现代化强省的根本支撑。

1. 建立"高质量增长"的系统长效机制

近年来，浙江经济转型显著，经济实力持续增强，质量效益显著跃升，创新动力日益强劲，信息技术、创新创业、生态与文化等优势更加突出，改革红利不断释放，经济、社会、城市、文化、生态发展和政府服务质量不断提升，质量型发展已经成为发展的新常态。在经济发展质量上，浙江经济逐渐呈现速度稳、质量高、动力强、结构优、消耗低的鲜明特征。加快供给侧结构性改革，加快推进扩大创新式开放、吸纳全球高端要素资源，加快推进技术创新、商业模式创新、管理创新和制造方式创新，掌握发展的主动权，就要求浙江在强化资本

优势推进产业并购整合的同时，积极以建设开放强省、打造创新科技强省为主线，尽快走上创新驱动、内生增长和质量型增长的轨道，力争在未来全球竞争中占据领先地位。

提升高质量要素供给，以要素驱动机制推进改革开放。以开放促供给侧结构性改革，推进高质量发展。改革进入攻坚期和深水区，既需要加大力度依靠内生力量推动转型升级，也迫切需要通过更大力度、更宽领域、更高水平的开放，推进外部要素和创新要素形成新增长动力，使浙江转型发展更加顺利、坚实地推进。改革开放以来，浙江众多企业纷纷在省外或境外投资创业，尤其是随着土地与用工成本、资源要素价格的日益攀升，这一表现更为明显。互联网时代，充分发挥利用互联产业优势"走出去"，更有利于加快整合提升浙江传统产业竞争力。以浙江最具特色和竞争优势的互联网产业为基础，改造、整合、提升传统产业及地方产业集群，以虚拟经济带动地方产业整体升级。化解浙江发展难题，关键在于集聚、整合与提升传统的要素资源优势，形成高端优势。布局境外要素资源为我所用，吸引高端要素资源进入浙江，提升全球资源配置能力。推进高端要素开放与集聚，提升国际竞争力和战略地位。以开放、创新的理念和思维，重点把引进或并购要素放在高端要素资源、品牌和专利技术等方面，切实抢占"全球化红利"，实现"浙江国际化"。在空间上，引进高端要素资源也有助于继续推进传统产业集群转型升级，除建设义乌国际贸易中心、舟山群岛新区和海洋经济示范区等外，浙江未来经济的快速发展，更需要突破既有的浙江空间，突破现有的要素约束，在软实力建设、省外要素资源优势等方面下功夫。在扩大对外开放路径上，要以抢占全球分工格局和提升全球资源配置力为根本；以推进产业转移与转型升级相结合为路径；以构建创新生态系统和强大创新型结构为支撑；以统筹区域经济发展与生态建设为路径，强化科技促进协调发展；以整合区域创新资源和平台为手段；以着力提升社会、服务与生态增长动力为重点；以互联网为路径，抢占浙江在新一轮开放发展、创新发展中的竞争优势。提升浙江经济国际竞争力，不仅要对当前发展形势进行分析，更要着眼于未来10年乃至30年的发展，结合浙江当前优势和未来方向、潜力，对浙江在全国乃至国际上的战略地位进行科学合理的定位。总的来看，有别于沪苏粤的战略定位，浙江要通过打造开放发展、创新发展的升级版，成为中国乃至亚太地区最富市场活力的创新、创业、创造高地，形成最富吸引力、集聚力和价值的商品流如义乌等专业市场、资金流如巨大民间财富和数据流如阿里大数据平台。

提升内生增长质量，要以创新促供给侧结构性改革，推进高质量发展。以创新促进供给侧结构性改革，不仅是要加快技术创新提升浙江传统产业体系，更重要的是要以浙江最具特色和竞争优势的互联网产业为基础，整合浙江传统产业尤其是中小企业最集中的地方产业集群，形成产业转型升级的创新版，实现传统产业在创新轨道上的高质量发展。加快浙江建设创新引领示范强省、创新人才高地、创新企业高地、创新产业高地，并着力实现核心功能由制造中心向创新中心转变；产业地位由产业支柱向产业引领转变；产业链条从主导中端向主导两端转变；发展动力从资本驱动向知识驱动转变，竞争优势由成本领先向品牌引领转变；发展目标从高增长向高价值转变；对外开放由"中低端引进来走出去"向"高端引进来走出去"转变；发展环境由"增长促进系统"向"创新支持系统"转变。为此，需要打造浙江产业技术版，抢占浙江产业制高点和领先优势。实体经济是一个国家、一个地区、一个城市发展的根本和基础，大数据产业是前沿中的前沿、高端中的高端，产业链长，带动能力强，是实体经济发展的新动力。在创新战略上，加快推进四大创新的空间体系，抢占浙江产业制高点与领先地位。以"三名"为重点，以开放为手段，以四大模式创新（制造方式创新、商业模式创新、管理创新和品牌文化价值的创新）为支撑，着力构建"以技术创新为重点、知识创新为基础、制度创新为保障、科技服务为纽带"的创新体系，极力打造在国际市场上具有领先优势和龙头地位的若干行业。依托浙江特色优势，积极布局未来具有浙江特色和市场潜力的健康、文化以及互联网、生态四大特色核心产业。与江苏、广东等地相比，浙江互联网产业、文化产业发展已抢占先机，具竞争优势。浙江的山水生态资源环境同样有助于打造强大的健康产业、生态产业。推进浙江四大核心产业升级和国际化进程，需要在技术、团队与人才等方面的开放创新。高质量发展需要借助资本市场推进行业并购整合，实现高质量发展。产业并购对于推动浙江经济结构优化升级，赢得国际竞争新优势具有重要作用。近年来，面对严峻复杂的世界经济形势，浙江资本对外投资热度不减。随着浙江企业"走出去"步伐的加快，特别是伴随着当前全球金融危机带来的难得机遇，越来越多的浙江企业走上境外并购的全球发展之路。近年来，全球并购重组爆发式增长，创投、IPO 与并购投资市场高发，浙江上市公司也面临难得的发展机遇。

浙江高质量发展需要更大范围、更高质量和更加合理有效的城市化体系。高质量发展要具有高效率的空间结构。因此，需要拓展浙江发展空间包括抢占国际空间，提升增长质量；需要协调推进省内发展空间格局，实现有梯度的一体化发展。转型升级需要着力发展与之配套的新型城市空间形态。新型城市空间形态，是指在新型工业化、城市化和信息化加速发展背景下，中心城市在功能提升、产业转型过程中形成的城市新兴空间形态。浙江的新城市空间应该以"服务业向中心适度集聚、制造业向外围适度集聚"为特征,并形成适度集聚、轴线辐射的圈层式城市空间形态。浙江应建立高效有序的新城市空间,以带动区域周边的整体发展,从而不断缩小城乡差距、区域差距。首先,要强化集聚,优化城市空间结构。尤其是加快杭州、宁波、温州和金义等中心城市的集聚能力,同时着力拓展新产业发展空间,促进新产业集聚发展。同时加快城乡之间功能衔接与融合,缓解中心城市发展的空间压力,带动周边地区共同繁荣,使整个经济向更高水平迈进。其次,要积极化解供给侧要素,引导区域空间结构重组。通过核心城市与周边地区的垂直分工,带动区域整体经济水平的提高,形成功能性质互补的网络型区域空间结构,实现浙江整体联动发展。

协调发展是浙江实现高质量发展的重要保证。加快城乡一体化进程,重点是加强城乡协调发展、浙西南与浙东北协调发展,加强地区内部如浙江西部郊县、温州西北山区县的协调发展。一是强化空间联动机制,浙中要积极通过扩大开放、创新发展理念,积极引进外部高端要素资源实现提升,形成"中部隆起"(金华、绍兴及台州),带动浙西开放发展,创新发展进程。二是强化合作推动机制,优化开放发展,创新发展平台与基地布局。开放平台、创新平台建设,应与上海自贸区、张江高科技园区等建立合作分工机制;大力布局专用电子及软件等服务业、地方传统产业互动融合,形成新技术和新优势。三是强化结构分工机制,在空间上形成有梯度、有层次的开放发展、创新发展大格局。杭甬等沿海地区要以高端创新为核心,加快转移与转型;浙中和浙西南要以扩大开放为核心,加快布局与提升。四是强化政府补偿机制,弥补市场缺陷、突出市场功能。应突破体制束缚,推动浙江政府管理体制改革,加强开放发展、创新发展关键环节与纽带的联动作用,大力建设第三方平台。

2. 淡化"GDP 增长"考核,以高质量增长为目标

国际经验和发展实践证明,实现高质量的科学发展需要注重生态与社会建设,改变"唯 GDP 论"的发展理念。浙江省委、省政府提出,在丽水等浙西南山区县市要逐步取消 GDP 考核,坚持"绿水青山就是金山银山"的生态发展观和科学发展观;沿海发达地区也要坚持生态发展理念,消除"唯 GDP"意识,逐步淡化 GDP 增长考核。但是既要防止把"GDP 增长"同"发展"画等号,也要防止"不要 GDP、忽视 GDP 或忽视发展"的观念,要通过建立系统化长效机制来实现生态发展。[①]

全省上下都必须切实抛弃高增长预期和思维定式,实现中速转型发展。浙江经济"换挡减速",转入以 6% ~ 8% 为中轴的中速增长通道,是具有稳定基础的。对此,需要切实抛弃过去的高增长预期和思维定式。由高速增长转入中速增长,意味着增长动力由低成本要素驱动、效率驱动与制度驱动向创新驱动转变。这种转变需要以进一步深化改革作为支撑。要提升发展战略,突出绿色生态优先的发展思路。毫无疑问,淡化 GDP 增长考核可能在短期内会导致增速下滑、财力紧张和社会压力增大等新矛盾与新问题。为增强发展动力,首先必须在发展理念、发展战略和发展思路上做出积极调整。一是提升发展理念,不断培育壮大"生态财富结构"。生态发展路径最典型的特征就是发展结构的转变,即由工业背景下的"生产财富结构"向生态背景下的"生态财富结构"转型。为此,需要地方政府部门拿出更大的魄力和智慧,全面谋划,调整发展理念,逐步形成"高生态、高效益"的发

---

① 聂献忠:《淡化 GDP 增长考核需有系统长效机制》,《中国社会科学报》2014 年 11 月 14 日。

展理念。尤其是通过要素、市场与生产等各个环节领域的全面改革，实现从追求单一的经济增长或生态保护，走向富裕（经济与生态资产的增长与积累）、健康（人的身心健康及生态系统服务功能与代谢过程的健康）、文明（物质、精神和生态文明）三位一体的复合生态财富增长。二是提升战略定位，争取把浙西南纳入国家发展战略。浙西南地区是我国东部沿海生态优势明显的重要生态功能区，也是众多干支流源头，具有重要的战略地位和意义。不论是其生态功能区面积，还是覆盖人口，都具有广泛而深远的影响。省委、省政府有关部门应协调各方力量，争取把浙西南生态功能区发展纳入国家发展战略，或协调周边地区乃至福建邻县一起组织申报。三是提升发展思路，不受诱惑与压力坚持"生态门槛"。淡化GDP增长意识，需要形成以生态价值发展观为核心的发展思路。要警惕的是，地方政府面对挑战和压力，为扩大税收财源及实现赶超、完成上级任务等，可能会不由自主地依然片面强调GDP增长和工业发展，造成对生态环境和资源的破坏。而坚持生态发展路径，就意味着不仅要限制约束现有的不符合生态要求的传统产业发展，还要牺牲一些更多更大的发展机会，虽然从中长期看是利好，但短期的阵痛是否能坚持"顶住压力"，要有足够的心理准备。

淡化GDP增长意味着要重新认识和定位GDP，不以GDP增长论英雄，但发展仍是主要任务。为此，要加快推进改革，建立完善机制，强化政策扶持，在要素与市场配置、政府与市场关系、指标考核与约束等方面做出调整，推进其健康持续发展。一是推进行业管理体制改革，形成生态发展合力。建议省级层面率先启动，打破"多头管理"局面，由分管省领导牵头统筹成立"生态发展委员会"，改变要素资源、权利义务分属农业、林业、国土和旅游等多头管理局面，凝聚发展合力，促进生态发展提升。生态发展委员会还要积极吸纳社会力量的广泛参与，改变以往生态管理部门权力分散、部门权力与职能缺乏一致性、监督低效低质的局面，改革传统的主体依赖式生态监督方式，形成渠道跟踪式的统一监督方式，强化自上而下的行政监督，增强自下而上的民主监督，并形成合力。二是推进生态市场化改革，激发经济增长活力。淡化 GDP 增长考核，意味着要依托地区生态价值、生态财富的持续增长，形成经济活力。因此，要积极探索建立科学规范的、量化可操作的生态价值评估制度，在生态红线划定和生态资源价值评估上形成定制，通过交易平台，充分调动地方维护和创造生态价值的主动性，为进一步加强生态建设提供资金储备。三是推进生态产业转型升级，抢占产业发展制高点。坚持生态发展路径，更需要着眼于未来十年乃至三十年的竞争优势，积极战略布局代表最先进生产力和最具生态价值模式的核心产业，具体来说包括健康养生养老产业、文化娱乐产业、互联网大数据产业以及生态产业。深度布局健康产业工程，需要结合保健医疗产业、旅游休闲及养生养老产业发展，提高认识，增强资金与政策制度环境的配套。而文化娱乐产业、互联网大数据产业，以及农产品等生态产业的发展，则需要紧紧围绕当地特色优势和文化内涵，以人才集聚、技术支撑为手段，尽可能以最小的投入和开发实现最大的生态附加值和生态财富。

不论是取消还是淡化 GDP 增长考核，地方政府部门都要以生态制度建设为中心，建立完善生态资源与环境的评估、交易、使用、监管、监督政策体系，通过制度化建设，使生态监管监督常态化。一是建立完善市场化的管理机制。借鉴国际经验，通过对不同类型生态功能区的跟踪评价、定量评估和管理网络，建立以市场化为基础的耕地保护制度、水资源管理制度和环境保护制度，生态环境保护责任追究和环境损害赔偿等市场惩罚制度；以市场化为手段，协调建立利益分配机制，解决政府、人民、企业之间利益分配不均、矛盾激化的问题；建立完善市场化信用机制，以金融为手段对生态企业进行质量评估、信用评定；以市场化评估限制开发区域和有限开发区域为基础，探索推进以流域生态补偿为重点，建立以区域交易、区域援助为补充的区域间生态补偿平台和制度。二是建立生态考核及责任追究制度。在重点生态功能区，着重突出对不同资源稀缺程度、市场供求关系和环境损害成本的评估，对领导干部建议以地区生态总价值替代GDP考核，增强生态考核与离任审计的关系，并作为干部选拔任用、奖惩的依据之一。取消GDP增长考核，同时要取消人均增长类考核指标、节能减排指标，将有关生态保护法律法规、生态质量变化、污染排放度和公众满意度等反映生态建设的指标纳入年度考核。新的考核指标体系不仅要从约束与处罚角度，还要从激励角度，加强生态监管监督。三是建立完善生态补偿等政策支持制度。对于浙西南来说，应进一步加大人才、技术、产业与项目扶持力度，特别是省旅游部门、农业部门、医疗民政部门和科技部门，应重点对其长期扶持；为弥补浙西南生态功能区的产业"让步"，应逐步提高生态补偿和转移支付力度，加大交通、医疗养老等项目的资金扶持和补助比例；设立生态功能区专项扶持资金，增加对湖泊湿地、岛屿滩涂的补偿，进一步提高生态公益林补助标准；对休闲旅游、养生养老和文化产业，应出台专门扶持政策，在人才补贴、税收优惠、用地指标、专项资金和转移支付上，予以专门扶持。

第六章
转型发展的高水平开放新格局

改革开放40年来，浙江率先探索，积极推进从农村到城市、从经济到其他各个领域的改革全面深化。浙江改革开放事业取得了巨大成就，体制改革不断深化，对外开放逐步完善，经济发展又好又快，综合实力显著提高，人民生活水平逐步改善。实践是检验真理的唯一标准，事实最有说服力。2017年2月，夏宝龙书记在温州调研时强调，温州广大干部群众要以良好的精神状态，以不获全胜决不收兵的决心，敢为人先再扛改革新旗帜，苦干实干再创发展新优势，努力重现改革开放之初的风向标式辉煌。浙江要继续坚定在改革开放上先行先试的决心和信心，努力在改革创新上继续走在前列，再创浙江体制机制新优势。继续弘扬敢为人先的改革精神，在改革上要有"逢山开路、遇水架桥"的勇气和豪气，不等不靠，敢闯敢试。为此，总结浙江改革开放的经验，探索制定下一步思路与举措，具有非常重要的理论与现实意义。

一 对外开放与合作面临新变革

加快特色优势产业国际发展与合作，对推进浙江供给侧结构性改革、拓展浙江经济发展空间、发展浙江高水平开放型经济具有重大意义。不仅有助于推动产业升级和占据产业高端、强化创新动力、增加国际市场影响力与竞争力、抢占核心要素，更重要的是可以为更多企业走向国际进行探索，积累更多可行的国际化成功模式与经验。

当前，世界局势正面临大发展、大变革、大调整。以中国为代表的新兴市场国家和发展中国家快速发展崛起，正推动全球政治经济格局发生革命性变迁。特别是随着互联网应用日益推进全球经济转型步伐，传统产业合作需求增长放缓，以信息经济、先进制造与智能制造为代表的新经济领域合作正日益成为各国各地区的重要抓手。在以互联网经济为代表的新经济新产业领域，浙江极具特色优势和竞争力。浙江互联网、文化传媒、高端制造、海洋等高端特色优势产业具有鲜明的领先优势和潜力，需要加快产业国际化进程。加快推进新经济新产业向国际迈进，推进浙江在国际产业链中占据高端，实现"弯道超车"，同样符合浙江开拓增长空间和提升国际竞争力的需要。当前，以阿里巴巴与支付宝等为代表的互联网行业已在全球展开积极合作，以海康、大华为代表的安防产业也在国际舞台上不断发展。此外，电子制造、家电、医药、文化旅游、快递物流等浙江新兴优势产业，也迫切需要加快市场拓展与国际化进程。

随着新时代下开放合作的形式与内容面临转型与提升，链条式集聚型合作成为潮流。逐步由封闭型园区合作或生产端合作，向技术领域的研究合作、产业链上的端点合作以及市场环节的全球化合作转变；逐步由双边合作与简单松散型合作，向多边合作及上中下游主体型合作转变，进而形成以用户（市场需求）、数据（基础平台）和制造服务为主体的智能型合作结构。当前，阿里、浙江龙盛等已在各自行业围绕品牌、技术、数据等展开新型合作。万向、华立等制造类企业也在全球化进程方面积累了一定经验,未来应重点加快人才引进与技术合作,加强研究开发的全球化合作,从而提高新技术生命周期,减少研发风险并提高竞争力。以阿里、支付宝和海康威视为代表的新经济合作应尽可能地开放生态链,加强全面合作。

中国作为负责任大国,将持续推进构建命运共同体,共创人类美好未来,推动经济全球化朝着更加开放、包容、普惠、平衡、共赢的方向发展。这对浙江下一步开放与合作提出了要求,指明了方向。摒弃独占独享型合作,推进共享合作将成为主要诉求。尤其是随着全球绿色发展理念深化,合作地区也日益重视生态与社会建设,这就要求浙江企业在推进产业国际化时,坚持内外并举,推进自身特色优势产业发展,有计划可持续地吸纳高端要素资源、吸收当地特色的先进经营管理经验,推进"共享"企业发展,构建良性伙伴关系;坚持效益多元,把社会效益、生态效益和经济效益放在同等地位,履行社会责任,注重资源节约和环境保护,实现共赢共享。

二 坚持高水平开放与引进,推进全面开放新格局

在开放发展上,坚持市场机制、自由贸易和实物投资的原则,重点把引进要素放在高端要素资源、品牌和专利技术等方面,切实抢占"全球化红利"。

1. 着眼开放新优势,推进开放体制改革

推进改革强省,就要继续深化"八八战略",进一步强化发展平台优势,全面推进资源要素整合与空间布局优化,不断加大市场化开放,构建"互动"开放机制。实践证明,以开放促发展、以开放促改革的思路,不仅为经济发展注入了巨大生机活力,而且有力促进了社会主义市场经济体制的建立和完善。在新的历史时期,需要总结经验,

坚持以开放促改革，进一步建立更加完善、更加开放的社会主义市场经济体制。坚持不懈地扩大开放，不仅有助于构建对外开放新格局，拓展发展空间，提升国际化水平；而且有利于通过开放带动、内外互动，促进存量改造和增量提升，承接服务业转移，加快服务贸易发展，推动浙江经济转型发展。

首先，要谋划若干具有全球影响的战略发展平台。当前，浙江块状经济优势也面临着提升质量与效益、加快产业与发展方式转型的压力。要坚持国家战略导向，进一步提高浙江在全球的影响力和战略地位。重点是加快四大都市区建设，持续推进海洋经济示范区建设、舟山群岛新区建设、义乌市国际贸易综合改革试点、温州市金融综合改革试验区建设等"四大国家战略举措"，并将其努力打造成国际性战略平台，使其影响与产业规模具有全球影响力。其中，重点是谋划通道建设。要紧紧围绕"海洋+"主题，围绕"江海联运"，对接"一带一路"、长江经济带等国家规划，发挥浙江区位优势和深水港优势，布局以港航物流服务为重点的海洋服务业，海洋工程装备及高端船舶等战略性新兴产业，以及长江经济带建设所带来的外溢发展通道。

其次，要切实壮大跨境经济，提升浙江开放新优势。要积极适应全球经济演变态势，推动开放朝着优化结构、拓展深度、提高效益方向演进，在扩大开放红利和推进新发展通道上"走在前列"。不仅要坚持推进"优进优出"，构建高水平的开放型体系。构建开放型经济新体制，要从被动适应全球化竞争转向主动实施全球化战略，要立足于全球化视野，依托浙江更多优势企业"走出去"和新的"回归"创业创新，积极推进经贸、产业和科技的国内国际合作，统筹全球要素资源，抢占全球优势空间，形成由"高进低出"向"高出高进"转变的开放经济模式。同时也要积极推动企业"走出去"，实现浙江大型本土跨国公司和装备制造业的培育提升,以全方位、更高水平的对外开放倒逼转型升级。开放型经济要强化资本手段,着力于并购重组,加快企业国际化进程,有效提升浙江企业国际竞争力。

此外,扩大开放,构建更加开放的新体制机制,首先要围绕拓展空间、提升竞争力,构筑对内对外开放新格局。以建立内外联动、互利共赢、安全高效的开放型经济体系为重点,充分利用国内国际两个市场、两种资源,统筹国内国际两个发展大局,着力扩大开放领域,优化开放结构,提高开放质量,构筑全方位、宽领域、多层次的开放新格局。其次,必须从人才、政策、体制、观念等各方面入手,努力提供有力保障和良好环境。在培养开放型人才、树立开放型意识、完善开放型政策、构建开放型环境、建立开放型体制等方面加强合力,构建大开放格局,完善对外开放体制机制,形成更具活力、富有效率、更加开放的体制机制环境。

2. 鼓励支持浙江更多企业"走出去"

改革开放以来,浙商纷纷在省外或境外投资创业,近年来随着土地与用工成本的日益攀升,这一表现更为明显。"市场(资源)、政策、感情"始终是他们依次考虑的主要因素。可见,有效吸引浙商回浙投资,凝聚全球浙商资源,关键在于强化政策支持。可在杭州、宁波等主要城市通过打造凝聚浙商、提升浙商的文化、投资、市场与服务平台,建设"浙商创新转型试验区",不仅可以吸引更多浙商回归投资,还可以积极推动浙商转型,大力提升浙江全球资源配置能力。

浙江企业"走出去"是推进浙江转型发展的重要路径,加快"走出去"具有多重意义。浙商积累了丰富而强大的资源优势,具有相当大的影响力与潜力。具体来说,浙商资源具有三大优势。一是全球化的市场分布优势。浙商在市场拓展、市场布局以及专业市场集聚建设等方面，不遗余力，"千千万万"就是强力的佐证。但是，虽然浙商已经全球化了，可浙江经济还不能算是达到全球化。二是一定的全球化资源配置能力。尤其是在关系浙商优势产业的原材料生产与加工领域，表现更为明显。三是开放型的完全竞争市场。化解浙江发展难题，关键在于集聚、整合与提升浙商资源优势。长期以来，浙江的本土化发展普遍面临传统的要素资源约束，如今又缺乏高级要素资源如创新技术、人才资源等。其中，土地资源的日益紧张更是浙江发展的"难坎"。虽然转型发展有利于集约土地资源、提高土地利用效率，但建立在中速或次高速增长基础上的转型发展，对土地的需求仍是有增无减。浙江发展面临的空间约束难题，造成众多传统型企业希望"外迁发展"与当地政府希望"留下发展"的两难困境。

3. 打造浙江经济国际版，提升国际竞争力和战略地位

在转型发展进入关键阶段，经济增速逐步放缓进入中速周期背景下，开放发展、创新发展已明显成为决定区域经济发展走势的两个重大核心问题。谁在扩大创新式开放、吸纳全球高端要素资源，在着力推进四大创新（尤其是基于互联网应用的各类创新）等方面占据优势，谁就能够掌握发展的主动权。为此，浙江必须以建设开放强省、打造创新科技强省为主线，尽快走上创新驱动、内生增长的轨道，力争在未来全球竞争中占据领先地位。明确浙江开放发展、创新发展的思路，不仅要对当前浙江发展形势进行分析，更要着眼于未来10年乃至30年的发展，结合浙江当前的优势和未来的方向、潜力，对浙江在全国乃至国际上的战略地位进行科学合理的定位。总的来看，有别于上海、江苏与广东等省市的战略定位，浙江要通过打造开放发展、创新发展的升级版，形成"三创三富"的独特地位，即中国乃至亚太地区最富市场活力的创新创业创造高地、最富吸引力的财富民富文富强

省。在空间上，形成有梯度、有层次的开放发展大格局。杭甬要以高端为核心，加快转移；中部地区要通过积极引进外部高端要素资源实现提升，形成"中部隆起"（金华、绍兴及台州），带动浙西开放发展，创新发展进程。此外，要抢占产业制高点、加大战略布局，浙江有实力、有条件把过去的"跟随型渐进式创新"转型升级为"领先型突破式创新"；把过去的"依赖式低层次开放引进"转型升级为"主动型高端式开放引进"。

三　推进开放强省，提升新经济国际竞争力

十九大报告指出，要推动形成全面开放新格局，要以"一带一路"建设为重点，坚持"引进来"和"走出去"并重，遵循共商、共建、共享原则，加强创新能力开放合作，形成陆海内外联动、东西双向互济的开放格局。浙江作为改革开放的排头兵，近年来在传统优势产业国际化合作上积累了经验，走在了前列。进入新时代，浙江还应积极发挥信息经济等新兴产业特色优势，充分利用新技术、新产业、新业态、新模式的实践经验，特别是互联网、文化传媒、高端制造等领先优势和潜力，形成全方位开放与合作，大力推进高端优势产业国际化，形成新引领。推进浙江优势产业国际化，要重点围绕高端特色优势产业，坚持集聚、开放与共享的合作理念，积极探索融合共赢、虚实并举及产城共融的合作模式，完善系列合作机制与市场化、法制化保障，大力推进浙江新经济领域优势企业全面参与国际分工和全球化配置，争当新型开放合作的"排头兵"，成为优势产业国际化的"探路者"和"模范生"。

1. 补短板、强新优势，引领全方位、多领域开放与合作

进一步推进浙江改革开放必须抢机遇、强优势，重点扶持更多新

经济领域与新产业体系框架下有实力、有意愿的企业"走出去",全面参与国际分工和全球化配置,争当开放型经济"排头兵",形成新引领。

重点聚焦补短板,实现优势融合。浙江传统特色产业和现代高端特色优势产业都面临技术与人才短缺、独特性和领先优势还不够强的难题。增强浙江产业国际竞争力,必须加快推进国际化来补短板、强优势。坚持补短板、强优势,不仅要立足新经济、瞄准新技术、走出新路子,更重要的是,一定要围绕浙江当前新经济新产业的技术短板,坚持前瞻性、大产业和国际化方向,推进合作方式与路径改革。

力争占据主导权,推进核心层合作。在产业国际化过程中,浙江一定要在核心要素尤其是关键技术与人才、关键环节等关键领域谋求主导权,增强合作主导力,把以往的低端合作、传统方式合作,逐步推向核心层高端合作。要占领技术发展的制高点,建立起广阔的市场,从而最终形成"突破中游、掌控上游、开发下游"的全面合作模式。

不断增强产业链,推进生态链的共建共赢。当前的互联网时代,不再是单体企业或单个行业竞争,而是上下游产业链条的整体价值竞争,是产业链中所有创造价值增值的成员企业构成的商业生态系统之间的竞争。推进浙江开放与合作,一定要着眼于以新经济为龙头的生态系统构建,必须对整个产业链进行整合,加强管控,形成产业链优势。产业国际化不是简单的产业转移,必须坚持开放与引进相结合,实现产业链利益共享。

努力提升合作方式,推进开放式虚拟型合作。要逐步推进由实体制造向与"虚拟制造"型合作并举。在合作框架内,积极协调全球化范围内的多元主体,通过虚拟化的计算机模拟,完成设备设计、生产和总成,降低研发成本,整合资源或进行资源调配;逐步实现由单纯制造向与制造服务业合作，将合作重点从制造转向品牌、物流、设计、服务等多种虚拟形式的合作。

借力城市化进程，推进产城融合型合作。应借力城市化打造综合产业基地，并尽可能推动浙江小镇建设经验的成功复制。通过国际化示范区建设，推进一批国际产能合作，支持一批境外经贸合作区，创建一批国际产业合作园，培育扶持一批国际化企业，引进培养一批国际化人才。推进当地城市化建设，要重点聚焦浙江传统的建材、石化、汽车、轻纺等重点产业，聚焦浙江新兴的信息、文化、旅游等重点产业在重点国家加快推进重点项目，带动当地城市化进程。

2. 多举措推进浙江高端优势产业国际化

新时代下进一步推进浙江开放与合作，必须紧紧围绕浙江特色优势产业的国际化进程，必须谋划软实力、构建硬保障，切实遵循市场化、法制化、多元化、国际化的发展方向。从政府层面来说，则应加强政策协调，完善配套建设，形成政策合力。

深化国际业务改革，在扩大开放与合作上取得实质性突破。进一步扩大开放，切实从国际化角度来推动开放进程，抢占国际市场份额，集聚国际高端要素资源。充分发挥浙江信息经济优势，依靠大数据，前瞻性地制定浙江全球化产业政策。浙江应充分利用大数据优势资源，推进产业链整合与产业全球化进程，激发更大活力。要进一步解放思想，破解改革难题，尽快解决传统发展模式下，通关、税收、研发投入及创新制度缺陷，协同推进合作企业海内外税收优惠折免。要积极推进政府创新，以"最多跑一次"为契机，努力营建充满活力、富有效率、更加开放、有利于企业推进开放合作与创新发展的体制机制环境。

加强规划监督与引导服务，更好发挥政府作用。围绕《浙江省开放型经济发展"十三五"规划》《浙江省利用外资和境外投资"十三五"规划》进行细化研究，释放跨国企业市场经营活力。特别是要加快引进与培养，充分储备国际化人才，维护对外合作企业的海外合法权益。要加强境内外政府间合作联系，搭建对外合作平台，推动改善东道国营商环境，进一步促进境内外合作平台建设。要构建科学合理的政策、激励措施来引导企业有序地进行国际化，防止借合作名义的产业空心化和资本外逃。

不断推进管理创新，改善制度环境与合作机制。在现有法律法规框架体系内，积极深化境外投资管理制度改革，加强综合监管和应对策略。要尽快落实国际化协同机制，推进信息共享与信息数据系统建设，推进产业国际化机制进一步完善。要构建多主体、多类型和多模式的新型合作关系，率先构建开放型经济新体制，强化系统防范机制。要发挥浙江各类政府性投资基金的作用，积极争取国家基金及中拉、中非和中以等多双边基金支持。

始终坚持法制化，完善跟踪服务与政策支持。要遵守法制，创新合作方式，包括发挥财政资金引导作用，更好发挥对外援助资金作用。加大政策性开发性金融、政策性保险以及商业性金融、证券业支持力度，发挥浙江各类以社会资金为主体的投融资基金优势。要构建境外合作企业自律组织，加强地区整体规划与多方协调，推进企业遵循国际惯例和商业规则，防止企业恶性竞争。要引导企业坚持法律先行，恪守法律底线，加强规范与培训，严格遵守当地法律法规与风土人情，并切实以法律保护自身权益。

不断推进市场化，全面提升服务能力。始终坚持市场化原则，因地制宜布局特色优势产业，推进境外市场差异化战略。要进一步加强培训教育与引导，推进企业管理体制、运行方式等与国际惯例接轨，持续推进合作企业及人员的文化素质、行为规范与国际发展要求相适应。要进一步加强与各类第三方中介合作，推进企业参与国际标准制定和认证，推进企业海外品牌建设与专利、商标的申请使用。要进一步建立海外合作运行应对机制，加强风险防范和安全保障。坚持企业主导及市场化运作，做好资金等要素的风险防范。

第七章
转型发展的创新驱动与引领

转型是长期而艰巨的任务，国际经验表明，只有创新才能保证有质量、有效率的增长。2006年，习近平同志在浙江自主创新大会上明确提出到2020年建成创新型省份的战略目标，为浙江科技创新勾画了蓝图、指明了方向，并成为此后历届省委、省政府一以贯之的奋斗目标。目前，浙江正处于效率驱动向创新驱动的过渡阶段。面对空间、资源、人口、环境"四个难以为继"的制约，浙江必须进一步强化自主创新的主导战略地位，以创新引领浙江经济转型升级，并探索形成具有浙江特色的自主创新发展模式。在创新发展阶段，必须继续深化市场化改革、社会管理体制改革、政治体制改革等，为产业再升级开拓新的发展空间，为提高浙江区域竞争力奠定重要基础。

一 实现创新引领是推进转型发展的关键

当前，浙江正处于向创新引领发展模式转化的关键期。改革开放以来，浙江依托体制创新和市场优势，成功跨越"贫穷陷阱"，实现了"要素驱动"和"效率驱动"型发展，区域创新能力也在不断增强。当前，在浙江从人均生产总值1万美元向2万美元迈进的发展阶段，为成功跨越"中等收入陷阱"，顺利向"高收入"和现代化进程迈进，还必须学习借鉴美国、日本等创新型国家的创新引领战略，形成"创新驱动"型发展模式。尤其是要在推进全面创新教育、培育创新主体、营造创新环境、提升创新服务和建设创新平台等方面进行突破、形成合力，建立完整的系统化创新体系。

发展经验表明，创新精神的内涵始终伴随着浙江发展历程，"创新强省"进程也在不断推进。创新不仅在加快浙江转变经济发展方式、加快社会转型方面发挥着重要的积极作用，而且在破解当前的发展难题、提升发展动力方面也日益成为必然的路径选择。按照国际经验，人均GDP达到1万美元是成为"中等收入国家"和进入现代化阶段的标志。浙江从2010年人均生产总值7800美元，2012超过1万美元，到2016年已超过1.2万美元，进入"发达的中等收入"行列，开始迈向现代化发展进程。预计2023年前后将达到2万美元。因此，浙江正处于向"创新驱动"转化阶段，以技术创新和互联网应用创新为特点的创新体系的环境逐步改善，这也是浙江成功实现"创新驱动"的关键期。

创新引领是成功跨越"中等收入陷阱"的关键。人均GDP达到1万美元后，是国际公认的"中等收入国家"发展阶段。受"创新驱动"的强力推进，与社会民生等领域的创新同步，进而向2万美元甚至更高目标的"高等收入国家"迈进，是众多中等收入国家的战略梦想。然而，成功跨越并脱离长期徘徊在1万美元阶段的"中等收入陷阱"也是普遍难题。欧美、日本和韩国、新加坡等已实现成功跨越，墨西哥与菲律宾则一直在中等收入阶段徘徊不前。其中，日本、新加坡分别仅用4年、5年的时间，就实现了从1万美元到2万美元的突破（见表7-1）。

然而，墨西哥自20世纪70年代进入中等收入国家行列，创造"墨西哥奇迹"后，80年代因经济增长不稳定、社会建设滞后，经济增长长期徘徊在3%，人均GDP长期徘徊在1万美元。菲律宾1960年人均GDP为254美元，仅次于日本，1980年为671美元，1982年被世界银行列为"中等收入国家"后，仍徘徊不前。2006年停留在1123美元，2010年约为2007美元，远低于日本，也低于中国。[①]

表7-1 部分国家或地区成功跨越人均GDP 1万美元和2万美元的时间比较

人均GDP	美国	法国	日本	中国香港	新加坡	韩国
1万美元	1978年	1979年	1984年	1987年	1989年	1995年
2万美元	1988年	1990年	1988年	1993年	1994年	2007年

资料来源：世界经济信息网，http：www.8pu.com.，笔者根据有关资料与数据整理所得。

总结这些先行国家或地区的发展历程，可以发现，创新引领是成功跨越"中等收入陷阱"、顺利推进现代化发展进程的关键。以美国、德国、日本、新加坡和韩国等国际上20个创新型国家为例，其创新综合指数高、科技实力强，科技进步贡献率一般在70%以上；创新投入高、研发经费多，研发投入在GDP中的比重基本都在2%以上，研发总额占全球85%以上；自我创新能力不断增强，引进技术的依存度均在30%以下；创新产出不断提高，20个创新型国家拥有的发明专利总数占全世界的99%。相反，墨西哥、菲律宾等多数国家陷入停滞，就是因为创新投入没有持续增长、整体创新体系没有有效建立，国家创新战略没有得到实施，从而制约了创新竞争力的形成。

[①] 聂献忠：《创新引领发展模式的国际经验与浙江实践》，《中国国情国力》2011年第7期。

二 创新引领发展模式的国际经验与启示

总的来看，欧美、日本、韩国与新加坡等创新型国家在发展上，始终把创新引领发展模式作为促进国家发展的主导战略。

1. 重视创新教育的强大支撑

美国是当之无愧的创新型强国，始终把创新教育放在突出位置，坚持大力推进创新教育，提升创新服务。自诺贝尔奖颁发以来，美国人获奖次数远超于其后的英国、德国，基本形成垄断，而美国的商业和企业精英更是层出不穷。究其原因，就在于美国注重培养创新人才。主要表现为有众多的教育资源、门类齐全的大学、充裕的资金投入、从小开始的创新实践活动、民众的创新观念和参与意识强、完善的专利和诚信制度，以及雄厚的风投资金参与等，而最关键的是美国拥有众多的教育资源和完善的服务体系。

2. 突出重点领域的创新规划

德国为充分整合高校、科研机构和企业在科技研发方面的优势，促进自主创新，保证本国就业与整体科技水平的领先，联邦政府于2006年推出了由总理府牵头的跨多个部委和领域的"高科技战略"，增加国家科研投入，确定17个重点发展领域。在"高科技战略"框架下，联邦经济部和教研部会同其他各部委根据职能分工和各产业的特点又推出了多项利用市场资本推动科技研发的具体措施。

近二十年来，为保持领先地位，美国政府相继推出多项跨部门重大科技计划，集合多部门力量对相关科学知识与新技术研究予以长期的大力支持，鼓励前沿领域的多种路径研究，优先支持那些影响国家安全、经济目标和战略竞争力的重大领域包括物理科学与工程、纳米技术、信息技术、氢能源与空间探索等涉及广泛的基础科学与新技术，尤其是跨学科研究。如气候变化科学计划和气候变化技术计划、网络和信息技术研发计划、国家纳米技术计划、先进能源计划、新国家航空研发计划、数学与科学伙伴关系计划、美国竞争力计划等。2007年，美国研发支出约占GDP的2.68%，占全球的1/3，是日本的2倍，远超过中国的1.44%。美国始终把研发经费集中投入信息技术、生命科学技术等中心科学技术领域。其中，20世纪70年代生命科学技术投入不足55亿美元，2001年则超过200亿美元，2004年达到292亿美元，占联邦政府科学研究经费投入的54%。[①]

3. 全面规划国家的创新体系

美国国家创新体系的执行机构主要由私营企业、大学、联邦科研机构、非营利性科研机构及科技中介服务机构等组成，形成了一个有机整体，互为有效补充并有密切的互动。同时，还拥有健全的科技立法体系，已基本建立起一套完整的知识产权法律体系。通过对其知识产权在全球范围内实施保护，为企业和个人营造创新环境，推动产业技术创新和科研成果产业化，并维护本国的利益。在德国，尤其注重企业与科研机构的结合，完整科研创新的产业链。

4. 强化完善的创新配套建设

拥有明显的高新技术产业优势和完备的创新基础设施。美国在信息、生物、新材料、新能源、航空航天等高科技领域的世界领先地位，为经济高速增长及在国际贸易中占领高端市场起到了巨大的支撑作用。在创新基础设施（信息网络基础设施、大型科研设施、数据库和图书馆等）方面凭借巨大的投入和不断的积累，为创新型国家的建设奠定了重要基础。同时，完善的资本市场为高科技产业发展营造了重要的外部环境，为创新企业提供了直接融资场所，促进了社会化的科

---

① 《面向未来十年的绿色经济增长路线图》，《赛迪译丛》2010年第1期。

技创新体系的形成和完善，有效地弥补了金融系统中融资与科技创新不能有效结合的制度缺陷。

5. 重视创新平台的丰富完善

德国为推进国家创新竞争力的提升，建立了"创新与增长咨询委员会"和"经济界科研联盟-面向未来市场的科技研发"两大交流平台。"创新与增长咨询委员会"的前身是由德国前总理施罗德倡议成立的"创新伙伴委员会"。该委员会是在"高科技战略"下联系联邦政府高层和经济界、科技界高层人士的纽带，承担向联邦总理提供相关咨询的职能，由4位政府高官和13位经济及科研界高层人士组成，原西门子公司监事会主席冯必乐担任委员会主席。委员会下设专利、创业、中小企业和交流四个工作组。"经济界科研联盟-面向未来市场的科技研发"则是由联邦教研部部长安妮特·沙范倡议组建的一个交流平台，负责"高科技战略"具体实施和发展规划，同时在跨部门沟通的基础上听取和处理来自不同行业对推进科技创新的意见。此外它还与各专业委员会（如能源峰会、IT峰会等）保持了密切的合作关系，科研联盟的成员负责在自己专业领域内对科研项目和科研成果转化的推进。

6. 加强创新文化的社会宣传

日本、韩国等亚洲国家，普遍重视创新文化和创新环境的营造。新加坡为打造创新型城市，提升国际竞争力，确定了以知识经济为基础，以"新亚洲创意中心"和"全球文化与设计业中心"为目标，大力发展创意产业的战略。为此，新加坡一是设立"研究、创新及创业理事会"，总理任主席，成员包括企业家、科学界代表及内阁部长，旨在谋划国家研究、创新及创业精神的策略。二是设立"标准、生产力与创新局"，推出"全国创新行动计划"，提升创新意识，加强创新教育及训练，改善创新政策环境，衔接市场与技术，增强企业特别是中小企业的创新能力。三是把发展创意产业作为创新经济的重要内容。这些举措使新加坡成为亚洲的创意枢纽，增强了城市的文化竞争力。

三　推进浙江实现创新引领的战略思路与举措

以创新促进供给侧结构性改革，不仅要加快技术创新提升浙江传统产业，更重要的是要以浙江最具特色和竞争优势的互联网产业为基础，整合浙江传统产业尤其是中小企业最集中的地方产业集群，形成产业转型升级的创新版，实现传统产业在创新轨道上的质量型增长。

首先，扩大提升创新产业领先优势。在创新发展目标上，加快浙江建设创新引领示范强省、创新人才高地、创新企业高地、创新产业高地，并着力实现核心功能由制造中心向创新中心转变；产业地位由产业支柱向产业引领转变；产业链条由主导中端向主导两端转变；发展动力由资本驱动向知识驱动转变；竞争优势由成本领先向品牌引领转变；发展目标由高增长向高价值转变；对外开放由"中低端引进来走出去"向"高端引进来走出去"转变；发展环境由"增长促进系统"向"创新支持系统"转变。为此，不仅需要打造浙江产业技术版，抢占浙江产业制高点和领先地位；同时也要加快打造浙江经济数字版。实体经济是一个国家、一个地区、一个城市发展的根本和基础，大数据产业是前沿中的前沿、高端中的高端，产业链长，带动能力强，是实体经济发展的新动力。在创新战略上，加快推进四大创新的空间体系，抢占浙江产业制高点与领先地位。以"三名"为重点，以开放为手段，以四大模式创新（制造方式创新、商业模式创新、管理创新和品牌文化价值的创新）为支撑，着力构建"以技术创新为重点、知识创新为基础、制度创新为保障、科技服务为纽带"的创新体系,极力打造在国际市场上具有领先优势和龙头地位的若干行业领域。依托浙江特色优势,积极布局未来具有浙江特色和市场潜力的健康、文化以及互联网、生态等四大特色核心产业。与江苏、广东等地相比,浙江互联网产业、文化产业发展已抢占先机,具竞争优势。浙江的山水生态资源环境同样有助于打造强大的健康产业、生态产业。推进浙江四大核心产业升级和国际化进程,需要在技术、团队与人才等方面的开放创新。

其次,优化协调推进创新供给机制。创新要围绕浙江转型发展中面临的重点难题与不足、关键技术和薄弱环节,进行重点战略布局。特别是健全创新主体,优化创新供给机制,形成开放发展、创新发展的合力,推动政府、企业、市场、研发机构、中介服务机构的建立和发展;抢占产业制高点,加大战略布局。在开放创新领域与行业拓展上,浙江有实力、有条件把过去的"跟随型渐进式创新"转型升级为"领先型突破式创新",把过去的"依赖式低层次开放引进"转型升级为"主动型高端式开放引进",弥补市场缺陷,突出市场优势。浙江应重点加强开放发展、创新发展关键环节与纽带的联动作用,关键是依托市场渠道;创新平台与基地的布局。以创新促开放,以创新推进开放的方式和途径,除积极引进高端人才和科研团队外,还要积极引进跨国企业总部、研发中心、采购中心、财务管理中心等功能性机构,鼓励外资投向科技中介、创新孵化器、生产力中心、技术交易市场等公共科技服务平台。开放平台、创新平台的引进,还可以加大与北京、深圳或上海自贸区、张江高科技园区等建立有效合作分工机制。

此外,优化创新供给环境与制度保障。在创新保障上,加快形成支持标准化、规模化、专业化建设的政策体系,规范市场秩序,完善配套产业链的政策。发展互补性基础设施建设，支持关联技术项目开展和支持跨领域联合创新的政策；建立产业联盟，促进共性技术的研发并制定技术标准和行业标准；要以开放、创新互动推进，倒逼浙江深层面改革和体制创新。扩大外商投资准入，尤其是浙江最基础的优势资源如金融、教育、文化、医疗、商贸、物流等服务业市场准入；以创新促开放，创新改革对外投资体制机制。释放对外投资潜力，要加强规划引导，支持各种所有制企业按照国际通行规则开展国际化经营，设立或并购研发机构，吸纳先进生产要素，建立海外营销网络，培育国际知名品牌。以开放促创新，要以技术进步与创新为产业转型升级的根本动力，要整合内生型创新要素资源，更要加强吸纳全球高端创新要素资源，提高生产要素配置效率。

在战略举措和对策建议上，要以开放、集聚创新资源，深化体制改革，全面推进高新开发区向国家级科技创新园区提升转变，全面推进地方产业集群向产业特色高新区转型升级；要在杭州与宁波、温州等沿海城市，重点培育创新创业新模式，加快产业园区向创新集群转型；要创新产业体系，将重点放在若干产业领域的关键技术、关键零部件和关键环节的技术创新，增强高端辐射能力，重点扶持研发产业；支持标准化、规模化、专业化，完善开放发展、创新发展政策。

1. 以企业为创新主体，重在"应用型、消费型"领域创新

企业、科研院所、高等院校都是有机的创新主体。在欧美等创新型国家，重大领域的创新突破往往先是由大企业实现，但实现应用领域的创新推进和产业化进程，则往往是由众多中小企业主导的。浙江有这方面的产业基础和优势，改革开放以来浙江各类中小企业的创新积极性和创新速度有目共睹。十年前，与山东、广东相比，浙江在家电等消费领域的创新能力并不差，如今大幅落后可能还有市场反应慢

和政府重视不够的原因。因此要时刻紧跟国内外科技进展，重点放在应用领域的创新突破，而不是基础领域或尚未产业化（商业化）的创新项目上。当然，浙江要强化中小企业在技术创新中的主体地位，也需要加强与高校、科研机构的创新合作，尤其需要加强与应用型研究机构的合作，强化中介服务的资源配置和政府的调控作用。

2. 整合创新资源，实现"四既要、四更要"，形成创新合力

创新引领型发展模式是复杂的系统工程，需要充分释放科教、人才、产业基础的优势和活力，需要创新社会保障和创新政府的全面支撑，从而在经济领域真正实现各类创新资源的有效融合与利用。浙江创新资源开发，既要"扬新"，更要"扬旧"，即发扬新的创新资源，也要挖掘传统产业因转型压缩形成的"沉积资本"中的创新可能；既要"扬外"，更要"扬内"，创造条件把各类创新资源的潜力发挥到极致；既要鼓励独创性，更要强调"合力"；既要"集聚"，更要"分散"，实现创新资源的合理布局、科学利用。

3. 重点建设若干高水平的创新团队

加快浙江经济发展方式转变，根本出路在于自主创新。增强自主创新能力，重点实验室建设要先行。当前，迫切需要围绕产业转型和新兴产业，加大重点领域、重点实验室、重点项目的建设力度。可参考德国模式，省财政每年根据重点领域专项建立创新重点领域、创新重点团队、创新重点实验室。重点实验室是自主创新体系的重要组成部分，是组织高水平基础研究和应用基础研究、聚集和培育优秀高层次科技人才、开展高水平学术交流的重要基地，在增强自主创新能力、建设创新型浙江的进程中具有不可替代的重要作用。

4. 推进"两个转变"，培育创新产业

浙江要加快创新发展，就必须以创新引领产业的调整与升级，形

成以高加工化、高技术化、高集约化、高服务化和高附加价值化为特征的新产业体系，为浙江参与全球高端竞争提供牢固的基础。首先，提升传统产业，需要紧紧围绕"微笑曲线"两端，实现浙江传统型的加工制造业由"主导中端"向"主导两端"转变。其次，对于既有的高新技术产业来说，需要加快实现由"制造中心"向"创新中心"的转变，实现提升高新产业。最后，战略性新兴产业的发展，要立足于重大创新突破基础上的产业扩张，更要立足于既有产业的创新升级。简而言之，创新产业要实现全领域、全行业的创新，就要立足于产业基础、创新优势和市场前景，依靠科技进步和全面创新。对于战略性新兴产业，需要在创新产业基础上"有舍有得"，重在创新突破、重在引领、重在扶持。

5. 推进创新交流、孵化、共享与转化，建设"无缝"创新平台

创新的交流、孵化、共享与转化平台，是实现创新引领的重要支撑。应当按照"政府扶持平台，平台服务企业，企业自主创新"的思路，加快推进创新平台的建设。一是创新思想与交流平台。国际经验表明，宽松、自由的思想交流平台是孕育创新的土壤和摇篮。浙江应更多地建立一些定期或不定期交流创新思想的载体，尤其是要充分利用高校优势、学科优势和专家优势，进一步提升创新交流的层次，丰富创新交流的形式，扩大创新交流的领域，激发创新的灵感。二是创新研发与孵化平台。提升浙江整体的创新能力，建设孵化器和公共科技创新平台是一个关键环节。三是创新技术与信息共享平台。可共享的城市创新信息平台，将使中小企业能更多地分享创新信息资源，并推进个体创新的应用性开发。这种共享平台的打造，应当"突出共享制度先行、统筹规划分步实施、市场导向优化配置、政府主导多方共建、激活存量调控增量"。四是创新推广与基地建设平台。创新基地

是一个多功能的重要平台，往往集研发、服务、推广、转化、产业化等为一体。

6. 推进专利化与标准化进程，完善创新服务环境

从国内外的创新发展经验看，地方政府及相关部门的创新服务，对实现创新引领的积极影响是显而易见的。尤其是持续的创新体制机制、创新方式方法和创新配套服务，不仅有利于进一步激活创新的动力，而且有利于进一步推进创新的进程。尤为重要的是，保护创新产权，是创新服务的关键内容。加强创新产权的保护，关键在于强化专利化与标准化，这就需要政府有关部门切实采取措施，在引导、鼓励和推动创新的专利化和标准化进程上付出努力。同时，改善创新环境，仍需要强化创新型政府建设，通过提升创新服务意识、改进创新服务方式，大力营造鼓励创新、支持创新的氛围，从而切实改善浙江各类创新资源的社会供给，增强吸引力和凝聚力。

7. 建立健全创业创新制度，打造"创业创新大省"

浙江海洋经济示范区建设、舟山群岛新区建设、义乌市国际贸易综合改革试点和温州市金融综合改革试验区四大战略项目建设，需要建立健全开放性的、综合性的市场服务体系，吸纳更多具有强大竞争力的大企业、大集团以及更多富有热情的个人投资者，从而使之成为浙江引领未来、保持中高速增长的龙头，成为浙江创新创业的四大战略高地。在此过程中，各级政府与部门需要大力完善个人创业扶持政策，充分发挥创业促进就业的倍增效应、创业促进创新的带动效应。同时，积极建立支持创新的现代金融体系。鼓励和引导金融机构加快建立支持创新活动的专业信贷管理制度、专业金融机构、专项激励考核机制和差别化的监管机制，积极推进知识产权质押融资等金融创新，多方面拓宽创新活动的市场化融资渠道，积极发挥多层次资本市

场的融资功能。此外，要深化政府职能改革，改善政府服务。尤其是要改进政府支持创新的政策，重点实行需求激励，在供给方面，避免撒胡椒面式的补贴办法，着力支持新产业、新技术供应链瓶颈环节的突破，发挥竞争对创新的推动作用，重点奖励竞争优胜者。

四 发挥金融资本助动力，推进创新与转型发展

国际经验与发展实践表明，创新是推动经济增长质量与效益提升的重要动力，金融支持则是推动创新与转型进程的重要保证。国际上先行国家和地区以金融支持助推创新进程，成功地完成发展方式的转变，实现了以技术提升为根本的转型发展。在金融政策支持下，美国、联邦德国分别于20世纪50年代、60年代，英国、法国和日本分别于70年代相继实现发展方式的转变，并保持多年的快速增长。新加坡与中国香港于80年代、韩国和中国台湾于90年代，在5%~6%的增长环境下，着力转型与创新，也相继实现发展方式的转变。当前，面对空间、资源、人口与环境"四个难以为继"的制约，浙江必须进一步强化金融政策的战略支持，以创新引领经济转型升级，探索形成浙江特色的自主创新发展模式。破解当前发展困境与难题，推进浙江转型发展，需要以金融支持为抓手推进改革开放，着力在体制改革、中产阶层培育、新兴战略性产业崛起和新型城镇化等方面形成合力，推动传统发展路径与发展模式的转变。

1. 先行国家和地区以金融支持转型发展的战略举措

美国、日本与新加坡等国在转型发展和现代化建设进程中，始终坚持以市场经济为主，尊重市场规律，完善金融制度支持推进领先世界未来的新技术，主导全球产业分工。在工业化进程后期和推动产业升级进程中，台湾地区也十分注重推进技术进步，并配合工业升级计划,采取了一系列旨在加速策略性工业发展的金融政策措施。

一是以民间资本为抓手,放松管制,强化市场基础地位。日本积极推进对国有企业或有国有成分的企业进行市场化改革,同时发挥民间资本的作用推动民资参股或民营化进程。首先是政府通过搭建制度平台,促进民间储蓄转变为民间资本,化解民间资金流动压力和满足其保值增值要求。同时,日本有完善的中小企业融资服务体系,并且有政策性金融机构来推动民间资本供需双方的有效结合。日本经验表明,民间资本不仅是平衡外资的重要力量,是政府力量和企业融资的有益补充,而且还可以通过促进大量就业,为扩大消费提供强有力的支撑。二是以外汇储备为保障,扩大对外投资和并购。日本利用高额的外汇储备,通过对外投资,在全球范围形成产业内的贸易链,从而转移贸易冲突,为企业赚取大量利润,"走出去"战略相当成功。日本不是简单地进行资本输出,而是以资金、技术、管理和全球战略形成面向全球的资本输出。通过海外并购,众多日本企业在全球战略竞争中占据有利位置。如日本在获取油气开采权方面的手段就非常隐蔽,一般是利用企业以小规模、分散投资的方式进行,每次获得7.5%或5%的开采权益,动作小,不易引起注意,但取得的成效非常显著。当前面临全球性经济危机,日本一边进行企业重组,一边进行海外扩张,投资领域主要转向了新能源、金融、食品、医药等重点领域,在汽车等领域则相对收缩。三是以财政金融为引导,不遗余力地推进创新。日本通过科技创新为未来的全球经济体系重建提前布局,争夺全球竞争制高点,提高其国际影响力。尽管在以信息技术为代表的经济浪潮中落在后面,但日本依托居于全球领先地位的节能和环保技术,以新技术带动新产业、新市场,形成了新的经济增长点。在区域创新体系建设上,芬兰最早提出国家创新体系概念,并积极引导科研机构及企业研究对增强国家竞争力最为有利的技术。注重通过宏观指导和协调，推动技术开发及科技成果的转化，芬兰的国家创新体系涵盖了从产业培育到成长过程的整个链条。

然而，日本虽然在人均GDP 1万美元阶段成功转型，并顺利迈向人均GDP 2万美元阶段。但其自90年代在顺利实现现代化后的转型是不够理想和成功的，其转型失败除由于内部市场饱和，未能及时培育新的消费增长点；在推动产业结构升级方面力度不够，维持大量效率较低的企业等因素外，还因金融过度支持服务业，使服务业变成高尔夫俱乐部土地开发和炒作的"会员证"。在货币政策上，政府为减少出口部门所受冲击，长年维持低利率，导致货币供给过剩，房地产和股市泡沫发酵膨胀。当前，中国一些省份也普遍有面临这类问题的倾向和发展难题，值得我们重视和关注。

2. 以金融支持推进浙江转型发展的对策与建议

全面推进转型发展，需要切实抛弃过去的高增长预期和思维定式。由高速增长转入中速增长，意味着增长动力由低成本要素驱动、效率驱动与制度驱动向创新驱动转变。这种转变需要以金融改革和政策突破为抓手，进一步深化改革作为支撑。

以金融改革为抓手，释放内在增长动力。要切实推进金融创新试验改革，激发民间投资热情，健全支持民营企业和中小企业发展的政策和服务体系，从而通过以金融、信息服务和物流为代表的现代服务业深化改革，来吸纳更多的民间资本，为浙江中速增长提供动力。当前，要努力实现户籍全放开，实现城乡土地、房产与物权的等值化，释放内需动力。要以金融支持为手段，创造条件消除农民工的落地困难，让尽可能多的外来务工人员（或"半城市化人员"）成为完整意义上的市民或完整意义上的本地居民。要允许那些已经在城市长期就业和居住的外来务工人员及其家庭成员,在自愿基础上获得所在城市的市民身份,享受与城市其他居民同样的教育、医疗、住房与社会保障服务。

以财富增值为目标,培育壮大中产阶层。浙江目前处于快速变动的经济和社会转型进程阶段,如何协调各种复杂矛盾和利益,需要政府部门加强以控制外部性和增进社会和谐度于一体为目标的干预政策。改革开放以来,浙江在经济、社会发展与城市建设等方面积极推行的一系列政策实际上都有利于培育中产阶层的成长,但进一步培育和提升中产阶层的政策还不够完善和充分。培育健康的中产阶层,体现在数量增长和质量提升两个方面。浙江不仅要在数量上不断扩大中产阶层规模,形成中产阶层社会,更重要的是在质量方面引导中产阶层建立科学健康的生活观念与生活方式。

以金融扶持为引导,应对新产业革命,加快战略性新兴产业的培育。近年来,浙江大力推进产业结构的调整优化升级,正在逐步形成以高新技术产业为先导、先进制造业为主体、基础产业为支撑、服务业全面发展的产业格局。在转型发展的重要战略期,浙江经济要从以低成本为主导的传统产业体系,转向以高附加值为主导的现代新产业体系,金融扶持和引导是至关重要的。目前,浙江正处在新兴产业培育的机遇期和关键点上,在绿色新能源产业、新材料产业、生物与新医药产业、电子信息产业及文化创意、动漫等服务业诸多领域,已经形成了一批高附加值、高成长性的大产业,并开始形成一定规模程度的产业链体系。新兴产业处于成长阶段,有着巨大的市场空间,都可能形成万亿元以上的产业规模,这是浙江经济发展的希望所在。

以金融扩张为支撑,提升城镇化效率。受城乡二元结构制约,城市化对经济增长贡献的潜力还远未释放出来。今后的重点是要以县域城市化与小城镇建设为抓手，推进新型城镇化，其带来的广大乡村投资消费需求的增长，将积极推动浙江经济增长。关键在于，要以质换量，从城乡均衡发展中开拓经济增长的新空间。从国际经验看，在转型期，通过提高城市化水平和质量来求得经济社会均衡发展，不仅是有可能的，而且是一条必由之路。不仅要尽快建立基本公共服务体系，切实把改善民生作为扩大消费需求的落脚点和出发点，还要以政策来推进社会结构的合理化，改革任何阻碍社会流动的制度和政策。

以环境变革为保障，推动浙江经济转型发展。国际经验表明，在经济转型期，转型环境影响转型发展进程，尤其需要以社会的经济、政治、文化和消费架构的有效改变为基础，这种改变又会导致金融体系的全面变革和调整。从日韩等先行国家看，政府与政治层面的改革，往往优先成为转型发展的重要突破口，成为推动转型成功的主导力量。其中，由上至下的政治环境，通常在宏观上影响转型发展进程，影响经济转型效果的大小均衡程度，尤其是经济发展模式的根本性变革。而开放民主的文化环境，更是在中观与微观层次上影响转型进程，而且会更深层次地、持续地影响转型社会的价值文化体系建设。当前，浙江文化领域改革已经大踏步推进，政府与政治层面改革的有效跟进，就成为转型阶段稳定增长的重要环境依托。

推进金融试验区创新改革，为中速增长提供强力支撑。从日本经验看，民间资本是平衡外资的重要力量，也是政府力量的有益补充。同时，它还是吸纳大量就业、扩大消费的强有力支撑。日本成功的经验之一，就在于充分利用民间资本，形成了以综合商社为核心、有众多行业大型企业组合、以现代企业制度组织起来并实行相互持股而横向联合的企业集团，这些日本大财团往往自身拥有主体银行，成为国家金融体系的重要组成。浙江作为民间金融大省，有效化解或容纳资本的渠道较少,所以才形成"温州炒房团""棉花团"等短期炒家,但同时中小企业对资本的需求没有萎缩,这又为高利贷提供了生存土壤,为"跑路"埋下祸根。当前,温州正在建立金融创新试验区,可尝试在全省范围内,允许有实力、有条件的法人独资或合作成立小规模开发银行,但要对其加强规范和监管。可考虑成立浙江科技银行,重点扶持创新型中小企业。

筹建浙江科技银行,建设"创新资本市场"。为推进科技与金融的结合,形成有效的创新资本优势,浙江应吸收全省民间资本,尽快规划建设区域性的"国际金融中心""金融街(区)"或借鉴天津科技银行的经验,尽快筹建浙江科技银行。同时,应鼓励各类资金大规模建立创新产业基金,加强创新金融支持,甚至条件成熟时,可考虑在浙江产权交易所基础上,建立"创新资本市场"。此外,要确保财政对科技投入的稳步增长(可借鉴国外经验,每年增长5~10个百分点),并发挥政府采购对创新的积极作用,加大政府创新投入对社会多元化投入的带动力度。

第八章
转型发展的空间集聚与优化

　　加快新型城市化发展是浙江全面推进城乡一体化和现代化进程的必由之路，也是浙江经济社会转型发展的重要途径。国际经验表明，单一的大都市主导型发展模式很容易拉大城乡差距并带来诸多社会矛盾，人口与要素资源过度向大城市集聚反而会阻碍城市化进程；反之，如果重点选择县域城市化发展模式，虽然能大力促进中小城镇发展和城市化进程，但又会造成要素分散，不利于吸引高端要素资源，进而难以形成强大的核心竞争力。由此，参考国际经验，以大都市与县域中小城市结构一体化为目标指向，推进大都市区框架下现代化县域城区的大中小城市"集聚型均衡"发展，是浙江城市化的重要内容，也是推进全省和谐发展、率先基本实现现代化的重要保证。浙江正处于城市化进程加速和城市化转型发展的关键时期。在浙江城市化发展进程中，业界对"优先发展大城市"抑或"优先发展中小城市（或城镇）"的观点一直处于争论之中。大都市是引领浙江实现现代化的重要动力来源，在集聚高端要素资源和重大技术创新等关系重大影响的领域，大城市是唯一的选择。但同时，县域城市化又直接关系着城乡统筹发展，关系到扩大内需、转变发展方式和实现可持续发展，是浙江迈向基本现代化的一条必由之路。①

从浙江城市化发展现状看,浙江城市化模式总体上还处于协同发展推进阶段,主要表现为偏重于大城市发展而大城市地位又不突出;忽视中小城市和城镇的发展而县域城市快速发展,但县域城市化水平普遍偏低。这种非均衡城市化模式不仅造成高房价、大城市病,而且从长期来看,非均衡型城市化模式对于经济结构调整和居民收入分配有重大的不良影响。总的来看,受经济活动区域均衡分布影响,城镇也在地理空间上均衡分布。统计杭州、宁波和温州三市城区生产总值在全省比重中的变化,可以看到浙江城市集中化倾向的阶段性变化,以及近10年集中化的停滞现象。因此,这种城市化并不是一种集聚推进的点状城市化,而是一种分散推进的面状城市化。同时,与工业化国家和地区(如韩国、新加坡)同期发展阶段的城市化水平相比,浙江城市化水平滞后15~20个百分点,城市化发展还有很大的提升空间。而且,滞后的城市化进程又使大城市集聚效应得不到充分的发挥。可见,客观存在的结构性矛盾,既不能仅靠大力推进大城市化进一步集聚来消除,也不能仅靠重点推进县域城市化就能解决。

一 转型发展需要增强空间大集聚

新经济地理学认为,经济活动在空间上的集聚所带来的规模效应是经济增长的重要推动力,由传统意义上的自然分散趋势到集聚趋势

---

① 根据最新发展现状,2010年10月,第七届中国中小城市科学发展高峰论坛组委会、中小城市经济发展委员会与社会科学文献出版社共同发布了我国首部中小城市科学发展绿皮书——《中国中小城市发展报告(2010)》。绿皮书依据中国城市人口规模现状,提出划分标准为:市区常住人口在50万人以下的为小城市,50万~100万的为中等城市,100万~300万的为大城市,300万~1000万的为特大城市,1000万及以上的为巨大型城市。因此,本书中"大城市"是指人口在100万人及以上的城市,浙江包括杭州、宁波、温州和台州四市。"中小城市(或城镇)"是指人口在100万人以下的城市。同时,为行文方便,下文的"中小城市"均指"中小城市(包括城镇)"。

成为各地城市化的进程。最初，受各地资源条件和经济基础影响，上升速度缓慢，城市系统处于低级均衡或非均衡状态，城市空间散点分布。城市发展不均衡，甚至出现大量的城市组团，就成为非均衡发展的一般规律。在工业化中期，有的地区开始表现出从分散到集聚再到均衡的发展演变。在此发展阶段，上升速度加快，城市系统处于非均衡状态，在优势区位出现密集的城市，开始形成圈层结构体系。但事实表明，"均衡"和"非均衡"城市化模式，在许多地区发展持续性不强，而控制城市规模的"分散结构"体系也受到挑战，强化集聚而推进大城市化、提升大城市对经济的带动作用越来越成为各地发展的共识。城市始终是生产要素、资源的聚集中心和产业的孵化器、扩散源，城市化具有超前性，推动引导着经济社会的发展。尤其是在工业化中后期，高级生产要素在大城市空间集聚的过程中显得越来越重要，其中服务投入与知识、资本要素在大城市加强集聚中的重要性更是越来越大。同时，传统生产要素向郊区、中小城市转移分散的趋势也是不可抵挡，甚至为降低土地等运营成本，部分大企业总部也开始向郊区转移，总体表现出从人才、资源向大城市的单向流动转向"大城市与中小城市、农村的双向对流"空间格局。在此基础上，城市化发展速度加快，尤其是大城市集聚功能进一步提升，城市系统开始趋向均衡状态。

从均衡的内涵来理解，在城市化发展前期，强调城市化发展的空间均衡，更多的是改变城市之间的发展不均衡问题。当前，在城市化发展日益成熟的中后期，强调城市化空间均衡，更多的是追求在要素资源、设施建设及公共服务等方面，大城市内部城区与郊区、县域中小城市内部以及彼此之间的发展均衡问题。因此，与传统的城市化进程中农业人口向城市人口转变相比，新型城市化背景下的集聚型均衡重在实现城市要素如人口和空间结构的两次转变,即由城市人口变为郊区人口、城镇人口,由乡村人口与城镇人口变为城市人口,从而实现城乡平衡。在发展空间上,更是以城乡空间为载体,以人口转移和集中为前提,以经济活动的集聚为主要内容,以社会经济结构转型为核心,以农村和城市的统筹发展为根本。

1. 集聚型均衡是一体化的空间结构

与集聚和均衡相比,集聚型均衡结构是一体化的。也就是说,在集聚型均衡结构中,大城市集聚中有均衡,中小城市均衡中有集聚。与一般性均衡、非集聚型均衡相比,集聚型均衡首先以大城市集聚功能的有效发挥为前提。可见,集聚型均衡的核心是强调大城市集聚功能得到有效发挥,这样才能更好地实现相关服务和功能向周边地区(郊区和中小卫星城市或城镇)延伸转移。这也就是集聚型均衡与对称型均衡、主导型均衡、分散型均衡的主要差异。总而言之,集聚型均衡是保持区域城市化水平,处于边际集聚效益等于边际集聚成本的动态均衡、处于集聚与分散的动态均衡点上,是以大城市要素集聚为主导动力、中小城市公共服务均衡发展的空间格局。具体来说,城市规模等级体系中不同等级城市的居民能够享受相似水平的公共基础设施、教育、医疗服务。不同等级规模城市之间在人才、资源等要素上能够自由流动,逐步实现城市居民与乡村农民的自由流动以及权利与收益的基本相等。其最终目标是实现大城市强力带动、大城市与中小城市均衡发展,使在不同地区、不同规模等级城市的居民有相似的生活水平和享受公平的机会。

因此,片面地只强调大城市集聚是不合理的,片面地只强调中小城市均衡也是不合理的。事实上,从大城市到中小城市的发展,是集聚效应不断加强的结果。中小城市的发展必须以大城市的存在及其集聚效应的充分发挥为前提。如果片面限制大城市的扩张，鼓励中小城市发展，片面强调区域经济的均等化，就不能充分发挥市场化和全球化进程中经济集聚发展的作用。随着交通成本的下降，大城市经济活动的辐射范围不断扩大，中心城区的集聚效应进一步加强，但同时也导致地租、工资等商务成本上升，这种拥挤效应的增加就促使一部分产业向周边地区转移，带动周边中小城市的发展，从而形成经济功能互为补充的"城市圈"或"城市带"，使大城市的规模效应充分得到发挥。更多样化的产品需求与供给、更好的公共品提供以及更高的城市治理水平都将在大城市的发展中得到体现。相比之下，如果仅仅有中小城市，无论是社会公共品提供，还是多样化需求都无法得到充分的满足。

2. 集聚型均衡是动态的开放系统

在城乡不平等、区域差距矛盾格局难以调整的环境下，需要在经济增长空间布局不平衡的前提下减少不平等和促进发展，消除二元结构，实现城乡普惠式均衡发展。为此，集聚型均衡发展道路是必然选择。这是因为，农村、农业和农民转型的重要载体是县域城市化。现代化进程中的浙江城市化需要大都市，也需要县域城市化，这样浙江经济整体发展才更和谐、更具竞争力。当然，若能有效打破各种长期制度性、体制性壁垒，形成开放式均衡，即农民自由成为市民，市民自由成为农民，那么浙江才能真正实现共同富裕，人民才能共同享受均衡发展带来的福利。

实现集聚型均衡发展，不仅能通过强化大城市要素与现代产业的"大集中"，推进浙江大城市主导地位的提升，而且城市人口增加特别是中等收入阶层人数逐步上升，又会带来新的消费需求，推进消费品行业转型升级。同时，加快以中小城市为重点的县域城市化进程，可以更大释放城市化对经济增长贡献的潜力。其中，农村服务业是关键，服务业的发展有助于带动城市化向纵深推进。此外，通过县域城市化的不断推进，广泛吸纳农村人口，将创造巨大的投资和消费需求，城市化所带来的投资需求将有利于消化过剩的产能。另外，集聚与均衡的共同推进，可以更好地实现"共富裕、享增长"的城市化目标。

二 发达国家与地区集聚型均衡发展的国际经验

新型城市化是坚持以人为本，以新型工业化为动力，以统筹兼顾为原则，以和谐社会为方向，以全面、协调、和谐、可持续发展为特征，推动城市现代化、城市集群化、城市生态化、农村城市化，走科学发展、集约高效、功能完善、环境友好、社会和谐、个性鲜明、城乡一体、大中小城市和城镇协调发展的新型城市化路子。显然，新型城市化是结构转换型的城市化，强调的是地区经济社会结构由传统社会向现代社会的转型，是更高层次的城市化。在此阶段，先行国家和地区在城市化发展战略方面，以集聚促均衡，有力地推进城市化加速发展。

1. "轴式集聚、两翼扩散"的均衡模式

日本的城市化起步于20世纪20年代，发展于战后高速增长时期，此后进入成熟阶段，经历了"分散—集中—分散—再集中"的标准S形曲线过程。日本城市化加速后，人口、产业大量向东京、名古屋和大阪等中心城市集聚，促进了中心城市发展和城市功能的均衡完善。这一发展阶段的显著特征有二。一是社会均等化发展，首要标志是经济收入差距缩小。这与日本政府实施的高就业制度与就业保障政策、收入分配的均等化政策、税收政策、收入再分配制度与社会保障制度等一系列社会政策、制度有关。二是消费成为经济增长的重要推动力，

促进日本多年的高速增长。

日本在50%~70%城市化加速阶段的主要经验在于以下三个方面。一是强力推进人口与要素向大城市集聚，并通过大城市郊区化来分散化解压力。以东京都市圈为例，二战后东京迅速集聚发展成为超大城市，受东京的辐射和影响，神奈川、千叶、琦玉等周边地区通过接受产业转移、为中心城市提供服务等，分担中心城市功能，发展为以东京为核心的城市群。目前东京都市圈人口超过3400万人，占全国的27%；面积占全国的3.7%；经济总量占31%。二是全面构建快速交通服务网络。三大都市圈的快速轻轨交通以快速、高效而闻名于世。快速轻轨交通的建设为现代化城市交通的发展奠定了良好的基础，对于东京、大阪、名古屋三大都市圈的形成与发展起到了积极的促进作用。三是大力完善提升中小城市的服务功能和水平，不断缩小大城市与中小城市之间的差距、消除城乡发展的制度和经济鸿沟。

2. "中心集聚、面状分散"的均衡模式

欧洲国家的城市化进程主要采取向诸多大城市相对平衡集聚、向各等级中小城市或城镇均衡发展的模式。德国城市规划坚持均衡发展的原则，在不同的地区创造"等值的生活条件"，使民众享有同等的生活水准、生活环境和生活质量。在德国，城和乡的概念基本没有区别，小城镇除了规模、作用和影响范围不及大城市，一般的基础设施和生活水平大同小异，即使小村镇，也是麻雀虽小五脏俱全，有着大城市具备的基础设施。

其城市化加速发展的经验主要有三。一是多中心型城市集聚。德国有11个大都市圈，这11个大都市圈分布在德国各地，中小型城市星罗棋布，城镇规模不大，但基础设施完善。据2004年统计，德国有82个10万人口以上的行政区，生活着2530万人，占总人口的30%，其余的则多数生活在 2000~10000 人的小型城镇里。德国首先注重大城市之间的均衡,其次是与中小城市的协调发展。二是注重生态与生活环境(包括公共服务)的均衡。在城乡建设和区域规划的政策上,注重形成平等的生活环境,追求可持续发展。这种城市化模式不容易造成人口、资源的过度集中和要素资源价格过度高涨,有利于经济平稳运行。三是大力发展特色农业,保证中小城镇不落后。其中,法国强力推进农业现代化、全面保障农民权益并时刻将人的生存空间放在重要的位置。德国则以特色产业推动县域城镇化发展,包括建立改善中小城市生活条件的基础设施、建立完善的法制体系和平等的社会保障体系、以"农村经济发展行动联盟"等系列计划促进生态产业链。

3. "圈层集聚、新城分散"的均衡模式

韩国城市化的真正大发展是在 20 世纪 60 年代以后,从 1960 年到 1987 年,韩国城市化水平从 36% 上升到 75% 左右。在城市化发展初期,韩国建设以汉城(今首尔)为中心的六大都市圈以发挥大城市的集聚效应,不仅快速提高了城市化水平,而且人均 GDP 实现了跨越式发展。从 1960 年到 2005 年,韩国城市化水平快速提高,城市化水平以年均 2.4% 的速度进行,城市人口的比重由 1960 年的 28% 上升到 2005 年的 82%,全部城镇人口的比重由 1960 年的 37% 上升到 2005 年的 89.7%。1960 年以来,韩国政府一直奉行"工业为主、大企业为主、大城市为主"的政策,规定工业在大城市集中,使韩国人口在大城市集聚的现象十分明显。2005 年韩国 100 万人口以上的超大城市有 8 个,不到总城市数量的 1/10,但大城市人口却占总城市人口的 53.8%,一半以上的城市人口或者说一半以上的全国人口分布在 100 万人口以上的超大城市中。1990 年,韩国的汉城、釜山等六大城市人口占全国城市总人口的 59.7%。

自1970年之后，汉城（今首尔）的人口和制造业在全国和所在省的份额开始迅速下降。下降的主要原因是70年代末期和80年代初期工业的大规模转移，大多数行业，特别是化工业、金属冶炼业和加工业都转移到汉城附近的卫星城。工业部门转移出汉城的关键动力是降低劳动力成本和土地租金，然而也存在转移的阻力，那就是企业希望与汉城的官僚机构保持更紧密的接触。值得关注的是，在大规模的道路和通信投资以及经济自由化开始之后，汉城工业才开始向周边新城、卫星城转移。同时，为配合工业制造业向郊区和卫星城转移，韩国从1970年开始，开展"新村运动"，开创农村向现代化推进的"韩国模式"，城市化均衡发展全面启动。

相反，"拉美陷阱"的教训值得我们借鉴。拉丁美洲和南亚地区（如菲律宾等）是战后人口城市化程度很高的地区，约3/4的人口生活在城镇中。然而，在进入快速城市化过程中，其很快跌入经济发展受社会问题钳制的"中等收入陷阱"，贫民窟城市成为"拉美城市化模式"挥之不去的阴影。原因之一就是大城市未能形成足够规模，大城市带动力不强。因此，浙江"十三五"时期的城市化发展，不能走"拉美模式"的城市化发展道路。

三 进一步增强浙江大都市区集聚功能

大城市拥有更优质的教育、医疗、公共卫生等资源，对迁移人口具有强烈的吸引力。然而，大城市集中度是有边界的，无限制的集中必然导致规模不均衡，大城市无限扩张所存在的"集聚瓶颈约束"，又会造成更大不均衡。同时，集中与分散永远是同时并存的，有集中，必然有分散；有分散，必然有集中。浙江未来的选择，就是在集中、分散之间寻求均衡，是以集中为主导的均衡。而且，发展不均衡不利于社会管理,不利于浙江的转型发展和现代化进程,乃至影响持续发展。因此,提升大城市主导地位,不能牺牲、忽视以中小城市为中心的县域城市化发展。从浙江来看,"十一五"城市化指标未能完成的根本原因就在于县域城市化水平普遍偏低。怎样利用县域城市化这个潜在的优势空间,使之成为浙江经济增长的新动力和源泉,非常重要。

然而,从当前来看,浙江大城市集聚力与辐射带动力仍不够强大。国际发展经验表明,经济活动(尤其是人口要素)集中于大城市不可避免。在浙江,经济活动集中于杭州、宁波和温州地区是导致省内区域和城乡差距的一个关键因素,但这种集中所产生的集聚经济效应也是生产率增长和竞争力的主要来源,大城市持续扩张形成的强大推动力不言自明。但是,目前浙江大城市数量明显不足,带动作用明显不强,杭州、宁波与特大城市规模还有一定距离,国际竞争力也不强。浙西和浙中更是缺乏大城市的集聚拉动,区域均衡发展也就难以在短时期内实现。

1. 优化空间结构,需要增强核心城市的集聚辐射能力

转型升级需要有与之配套的新型城市空间形态。新型城市空间,是指在新型工业化、城市化和信息化加速发展背景下,中心城市功能提升、产业转型过程中形成的城市新兴空间。浙江的新型城市空间应该以"服务业向中心适度集聚、制造业向外围适度集聚"为特征,并形成适度集聚、轴线辐射的圈层式城市空间形态。浙江应建立高效有序的新城市空间,来带动区域周边的整体发展,从而不断缩小城乡差距、区域差距。首先,要强化集聚,优化城市空间结构。尤其是增强杭州、宁波、温州和金义等中心城市的集聚能力,着力拓展新产业发展空间,促进新产业集聚发展。同时加快城乡之间的功能衔接与融合,缓解中心城市发展的空间压力,带动周边地区共同繁荣,使整个经济

向更高水平迈进。其次，要积极改革供给侧要素，引导区域空间结构重组。通过核心城市与周边地区的垂直分工，带动区域整体经济水平的提高，形成功能性质互补的网络型区域空间结构，实现浙江整体联动发展。

2. 以"大城市促大空间"，大力提升杭州等大城市的主导地位

改变以往各类要素资源粗放式地向大城市集中的模式，从战略创新角度，强力推进杭州、宁波和温州等大城市发展，形成集约型、质量型的主导型"大集中"。目前杭州和宁波总体规划的700万、400万人口仍然无法集聚高端人才等要素，无法形成强大引力。因此，在上海未来5000万人口规模基础上，杭州与宁波应规划形成3000万~4000万人口的一体化城市规模，发展潜力就在于中心城区的高素质要素集聚与强大引力、郊区网络（交通与信息）的大力扩张延伸，从而形成中心集中、轴式延伸的城市化空间格局，更加突出"新、高、优"要素向大城市集中的整体格局。在产业选择上，中心城区主要发展高新产业、金融等现代服务业，而要素与资源向郊区和卫星城的扩散、制造业的转移则需要通过快捷的交通信息网得以实现。

3. 以"大交通促大郊区化"，建设高速轨道交通网推进大郊区化进程

有效减少大城市集聚过程中的交通拥堵等城市病，需要参考东京或欧洲等交通系统建设经验，大力建设四通八达的城市轨道交通网，并不断创新优化。杭州、宁波和温州乃至金华—义乌等大城市，不仅要通过高架、地铁实现与一环的30分钟连接，还要规划实现主干道与二环的1小时连接，远期规划1个半到2个小时的三环高速交通网，从而全面覆盖周边县域，实现大城市与中小城市交通的均衡发展。这样，通过三环网络就能基本实现全省高速交通的无缝对接，届时浙江

城市化的均衡发展也就基本成型并趋于稳定。同时,为杜绝大城市可能出现的交通拥堵等弊病,需要依托高速轨道交通网络来推进大城市大郊区化进程。杭州、宁波与温州等大城市近期可把半小时副城的郊区化推进到 1 小时以内,远期推进到 2 小时以内。

4. 城市现代服务业的发展,有助于带动城市化向纵深推进

国际经验表明,服务业特别是生产性服务业的滞后,从长期看势必会导致核心城市功能的弱化。对照美国和日本的发展经验,在人均 GDP 达到 10000 美元以后,城市化进程将步入以提升质量为主的稳定增长阶段,此时,城市化率上升速度趋缓,靠工业数量增加带动城市化的时代基本结束,第三产业将逐步取而代之成为推动城市化向纵深推进的后续动力。目前,不少有助于扩大内需的服务业存在严格的准入管制等,或准入门槛太高,应该适时放松管制来吸引资源的进入,这样才可能取得预期的效果。因此,应大力放松对服务业的管制,启动经济新增长点,促进服务业的繁荣。

四 推进县域城市化向都市区经济转型

在强化大都市的主导作用下,浙江应切实通过推进县域城市化进程,促进缩小差距、实现共享增长的均衡型发展,即坚持加大杭、甬、温三大都市经济圈与浙中城市群的集聚带动,将县域中小城市与中心镇的发展作为组织省域城镇空间发展的主体形态。浙江率先在全国启动把中心镇培育成小城市试点,把中心镇作为投资拉动消费的重要增长点和产业集聚集约发展新平台,形成全省新型城市化进程的支撑点和新亮点。

当前,普遍的现象就是中小城市教育、医疗等优质资源少,难以吸引到真正的优秀人才和企业项目,导致规模集聚作用难以发挥。同

时，很多地方过多注重城市规模的扩大和建设的美化，没有为农民真正转为市民提供更多的机会和保障。而中小城市公共服务严重不足和落后的非均衡空间结构，不仅造成集聚动力的缺乏，造成要素分散、效率低下，而且也已经严重制约了浙江城市化进程和竞争优势的发挥。因此，如果重点发展县域中小城市，虽然能为浙江发展集聚发展的新要素、拓展城市化发展的新空间、形成城市化发展的新路径，但也会损害公平与效率、质量与规模、个性与共性的辩证统一关系，使区域发展丧失强大带动力，而选择重点发展大都市与全面提升县域城市化的均衡战略更符合浙江实际。此外，目前各地在加快推进县域城市化进程中出现一些误区，出现一些与社会经济发展相互矛盾、相互制约的新问题。尤其是土地问题、农村剩余劳动力问题、地方政府盲目投资问题、城市形象工程问题、开发区生产效率低下问题等，需要我们从新的视角、新的思路去分析探讨；对于城市化发展模式、规模大小、小城镇改革等问题也有必要重新审视。

加快发展中小城市和县城的城镇化是我国最大的内需所在。推进城镇化发展有利于加快城镇的交通、供水、供电、通信、文化娱乐等公用基础设施建设，带动多个相关产业的发展；有利于大批农民进入城市，变农民消费为市民消费；有利于提高农民收入水平，改善农村消费环境，使农村潜在的消费需求变为现实的有效需求。鼓励返乡农民工创业并向县城集聚，不仅可以逐步形成县域范围内功能互补、协调发展的"中小城市—中心镇—集镇"体系，有效提高农村城镇化的发展质量，而且有利于农民工的合理流动和市民化，改变当前已经进城的农民工实际上并没有市民化的"半城镇化"状态，实现农民工的"城市梦"。推进城市化，有利于激发农村发展动力。城镇化的快速发展可以成为我国巨大潜在内需的引擎，将扩大内需与推进我国的城镇化进程紧密结合起来,可以实现经济发展与内需持续扩大的良性互动。城镇化将成为后危机时代扩大内需、实现经济可持续发展的新引擎,成为内生型经济增长方式的动力源。

1. 加快提升县域经济向都市区经济转型

加快以县城和中心镇为重点的县域城市化进程,带动面上的服务业大发展,推进转型。受城乡二元结构制约,城市化对经济增长贡献的潜力还远未释放出来。未来5~10年,浙江的城市化将呈现加快发展的大趋势,城市化率至少还有10个百分点的提高空间。由城市化进程加快带来的广大乡村投资消费需求的增长,至少可以支持未来10年浙江经济的快速增长。同时,现代服务业的发展,有助于带动城市化向纵深推进。国际经验表明,服务业特别是生产性服务业的滞后,从长期看势必会导致核心城市功能的弱化。对照美国和日本的发展经验,在人均GDP达到10000美元以后,城市化进程将步入以提升质量为主的稳定增长阶段,此时,城市化率上升速度趋缓,靠工业数量增加带动城市化的时代基本结束,第三产业将逐步取而代之成为推动城市化向纵深推进的后续动力。目前,不少有助于扩大内需的服务业存在严格的准入管制等,或准入门槛太高,应该适时放松管制来吸引资源的进入,这样才可能取得预期的效果。因此,应大力放松对服务业的管制,启动经济新增长点,促进服务业的繁荣。

2. 强化县域经济的特色与产业支撑

县域城市化不是一条模式统一、千篇一律的发展道路,而是特色各异的差异化发展之路。县域城市化的关键不是城市建设水平和质量提高的问题,而是就业、环境、社会保障、产业发展等问题。主要问题包括:体制矛盾即城乡分割对立的二元社会经济结构矛盾、土地制度障碍与改革不到位、乡村治理问题、农业发展方式落后、农村富余劳动力和城镇有限吸纳能力的矛盾、资金与人才等要素制约问题及农村金融缺失等。主要思路包括制度创新的突破：城市户籍制度、农村土地制度和社会保障体制的改革，动力培育的突破，就业思路的突破，产业转型的突破，空间结构的突破，土地集约的突破。推进县域城市化发展，要有更好的政策和更强的支撑。县域城市化不是一条充满矛盾和问题之路，而是充满机遇与挑战的发展道路。县域城市化不是简单的户籍关系转移，而是要让城镇对农村人口有吸引力。这种吸引力更多地体现在养老、就业、医疗、教育等方面的支撑上。主要政策与支撑包括建立城乡一体的社会保障体系；培育特色错位的竞争力体系；完善城镇建设的财政政策支撑；在地区城市层次结构体系中，实现功能互补、有效衔接；实现相关产业配套；合理择优发展优势城镇；实施政策倾斜带动区域发展、土地流转等制度改革与创新以及农村合作社的创新发展。

3. 以"均等机会促均等发展"，大力构建中小城市均衡的公共服务

在不断强化大都市的主导作用下，浙江应切实以教育、医疗卫生和社会保障等公共服务的均等化为重点，通过推进县域城市化进程，促进缩小差距、实现共享增长的均衡型发展，即以县域城市化为依托，形成大城市与中小城市的均衡发展。这是因为，农村、农业和农民转型的重要载体是县域城市化。在构建中小城市均衡的公共服务方面，人的发展为根本出发点。政府应当将重点放在对人的投资上，确保提供更加平等的基础教育、技能培训和医疗卫生服务。根据近年来在改革义务教育方面取得的进展，建议逐渐增加补贴以取代学杂费，并加强对教育绩效的多维度考评和监测。在技能培训方面，可以采取绩效预算制度，增加培训券和培训基金，以保证公共经费支出确实带来效

果。在深化农村卫生改革方面，应强化医疗救助制度的作用，并尝试将新型农村合作医疗统筹从县级提高到省级。公共服务的均衡化，最终目标是实现开放式均衡，即在省内达到农民能自由成为市民，市民自由成为农民的发展阶段。

4. "以大政策促大发展"，形成多元县域特色的中小城市内生发展动力

县域城市化不是一条模式统一、千篇一律的发展道路，而是特色各异的差异化发展之路。因此，提升县域中小城市发展动力，形成多元化发展，必须强化政策支持和制度保障。县域城市化的发展关键，不是城市建设水平和质量提高的问题，而是就业、环境、社会保障、产业发展等问题。而且，县域城市化不是一条充满矛盾和问题之路，而是充满机遇与挑战的发展道路。县域城市化不是简单的户籍关系转移，而是要让城镇对农村人口有吸引力。这种吸引力更多地体现在养老、就业、医疗、教育等方面的支撑上。政府可以通过确保全民享有更加平等的机会，促进农民收入提高，促进和便利农村劳动力向非农转移。同时，要积极推进金融支持，实现中小城市均衡发展。尤其是深化金融改革，包括有选择地在县域城镇开展村级会员制的农村合作金融机构试点，重新制定促进农户和小微企业融资的财政激励措施，真正实现以广大农村和人的全面发展来推动区域均衡发展的目标。其中，政府起着重要的作用，要确保提供更加平等的基础教育、技能培训和医疗卫生服务。

5. 完善空间运行机制，推进不同层次区域一体化发展

协调发展，推进均等，加快城乡一体化进程，重点是加强城乡协调发展，加强浙西南与浙东北协调发展，加强地区内部如浙江西部郊县、温州西北山区县的协调发展。一是强化空间联动机制，浙中要通

过扩大开放、创新发展理念，积极引进外部高端要素资源实现提升，形成以"中部隆起"（金华、绍兴及台州）为重点，带动浙西开放发展、创新发展的进程。二是强化合作推动机制，优化开放发展、创新发展平台与基地布局。开放发展平台、创新发展平台的建设，应与上海自贸区、张江高科技园区等建立合作分工机制；大力布局专用电子及软件等服务业并与地方传统产业互动融合，形成新技术和新优势。三是强化结构分工机制，在空间上形成有梯度、有层次的开放发展、创新发展大格局。杭甬等沿海地区要以高端创新为核心，加快转移与转型；浙中和浙西南要以扩大开放为核心，加快布局与提升。四是强化政府补偿机制，弥补市场缺陷，突出市场功能。应突破体制束缚，推动浙江政府管理体制改革，加强开放发展、创新发展关键环节与纽带的联动作用，大力建设第三方平台。

五 补短板强优势，促进浙南浙北协调发展

浙江不仅存在东西差距，在一定程度上也存在南北差距。特别是在当前转型升级和爬坡过坎的阶段，以温州、丽水、台州等南部县市为代表的浙南地区，遇到的困难更加突出，传统的竞争优势逐步弱化，面临的交通、投资、创新资源集聚等短板又很明显。"十三五"时期，浙江要实现更高水平的小康，既要重视解决东西差距问题，也要重视解决南北差距问题。缩小发展差距、推进浙南浙北协调发展，关键是加快改革，补短板强优势，提枢纽、引高端、扩试点、增活力、强优势，加快制度整合，依托优势产业、产业资本和互联网形成全产业链合作。

1. 竞争要素与竞争优势的差距是主因

与浙北地区相比，浙南面临的增长滞缓、动力不足、要素缺失和

体制僵化等难题也很明显。这些短板不仅降低其增长潜力和吸引力，也影响到浙江更高水平的全面小康建设和基本现代化进程。因此，在推进形成浙北地区创新引领型经济发展优势的同时，加快集聚新优势推进浙南地区转型升级，在全产业链上以浙北带动浙南，实现南北协调发展，是浙江必须高度重视的目标和任务。

南北差距明显，影响全省协调发展。浙南浙北差距明显且有扩大趋势，主要表现在以下五个方面。一是增长态势有高低。浙北杭嘉湖及宁波等地增长强劲，创新优势领先，而浙南地区增长相对缓慢且实体竞争力偏弱。二是增长质量有差距。浙北等地新兴产业和创新经济比重较高，企业效益与增长质量较好。三是增长潜力有大小。浙北地区信息技术等战略性新兴产业已成为增长主力军，而浙南因人力资本缺失、转型缓慢受限而新增长潜力相对较小。四是区域优势有差异。浙北虽然遭遇人口"老龄化"问题，但高端人才与高端要素集聚程度不断提升，创新优势已居全国前列，而浙南还在新旧优势转换过程中。五是发展约束有区别。浙南传统产业转型难、去产能化和人才约束突出，而浙北发展难题更多表现为空间制约。

发展差距是表象，结构上的差异是主因。差距形成既有客观上资源集聚程度、区位因素（属长三角和长江经济带），是否接轨国家战略试验区，影响范围和腹地，创新要素分布及生态约束等因素，还受主观上观念、政策、体制、市场化程度、政府行为能力等影响。其中，结构低下是主因。温台地区传统产业是优势，转型升级进程慢，高端制造业和新兴产业布局少，服务业也还是以传统服务业为主，新兴服务业比重偏低。市场因素是表象，政府行为是主因。改革开放初期，市场主导力量助推温州等地高速发展；而当前二次深化改革阶段，市场机制已逐步完善，单纯依靠市场力量推进高速增长作用非常有限，政府应发挥更大的主导作用。要素约束成难题。与浙北高端要素不断集聚相比，浙南地区劳动力与资本要素持续流出；民间投资乏力的同时，温州等地房地产市场趋势性调整，地方财政增长放缓，影响政府投资能力，造成地方经济增长潜力下降。新增长动力滞后。浙北人才红利渐成规模优势，创新渐成主要动力，"两创"红利不断增强，而浙南"两创"优势与规模相对较小。

浙南浙北各具优势，互补空间巨大。浙南浙北不同的产业结构、发展路径和特色优势，为区域合作和协调发展奠定了基础。抢抓发展机遇，应选择各自优势空间，充分考虑一体化前提下的产业梯度转移、资本梯度布局。如浙南地区产业冷资本热而浙北地区产业热资本热、浙中地区相对产业热资本冷，在资本要素上从规范型高端集聚、中端分散到粗放式集聚的空间结构，都凸显出极大的合作空间和机会，有助于形成差异化布局上的整体梯度优势。

2. 补短板强优势，加快改革促进协调发展

推进浙南浙北协调发展，关键在于提升浙中枢纽功能、大力引进高端要素、促进改革开放、增加发展活力、再创新优势以及共建合作平台等。

提枢纽，制定一体化规划。浙江经济呈现浙东浙西与浙南浙北的"X"形空间结构，提升浙中枢纽功能建设和发展水平是缩小浙江南北差距的关键。提升浙中枢纽功能建设，不仅要从产业、企业、市场等各个层面，从传统产业与优势产业、约束不足等各个角度，从经济、社会、生态均衡推动上，更要着眼于政治、经济、社会、技术和文化等实现合作与协调发展，在一体化发展的联动思路上来进行研究，从体制、机制和路径等角度探讨合作与协调发展的可能性，推进全省一体化规划。四大都市区中，金义都市区应成为今后的政策倾斜重点，

着力培育为浙江重要的增长极。

引高端，强大产业资本优势。浙南要改变资本与人才外流趋势，除必须加快转型发展外，关键在于借助产业资本，借助外来高端要素资源，加大力度引进高端人才，培养提升本土人才，尤其是要加大力度引入战略性新兴产业。建议温台、丽水等地以优化政策环境，引入北京、上海和杭州等地科技型研发机构设立分院、研发中心，增强以人才等高端要素自由流动为中心的区域合作。同时，大力引入生态、文化与管理人才，发展特色经济与优势产业，并加大培养力度，实现本地"土豪"向"土企业家"以及"现代企业家"的转变。

广试点，扩大制度层面突破。历史经验表明，浙南地区缺乏资源开发与利用优势，实现快速发展的关键在于微观领域的制度创新。当前的转型是如此，未来发展和现代化建设更是如此。因此，温台和丽水等地应把进一步改革开放立于首要位置，温州应在金融制度上不断拓展创新空间，台州则应争取在自贸区和关税制度创新方面积极作为，丽水等地则应在生态、人居协同发展的制度创新层面大展身手。以制度创新为基础的改革开放才能释放持续性的新增红利，才能为浙南地区发展带来新的动力。

增活力，增强政府投资管理能力。浙南各地市在实体经济发展面临困境的环境下，应"一张一弛"，既要看到供给侧结构性改革下的压力，也要看到巨大的政策与市场机遇。在"去库存"不断降低企业负债规模和能力的同时，还要"加杠杆"适当增强政府和家庭负债规模及其消费能力。从浙江财政支付能力和未来增长潜力看，为应对浙江老龄化进程的加快以及传统企业转型升级的庞大财政压力，政府负债率可逐年增加，可提升20个百分点，并对浙南地区倾斜，加大政府和社会合作、债务资本化力度，提升政府负债规模。

强优势,"两创"助推现代化新经济。当前,工业化的大发展潮流逐步进入尾声,现代化新经济将日益成为浙江竞争力的关键。而台州、温州等地以往的敢闯荡和抱团的惯性思维、独特的文化优势和血缘关系信用融资制度,在当前市场化和法治化程度不断提升的环境下,优势不断下降,急需形成新的特色优势。特别是依托产业现代化、资本现代化和中产阶层社会现代化动力组合,加快推进传统优势向现代化技术、文化和生态等优势转型。

3. 突出政策倾斜,推进浙南浙北协调发展

在对策上,应加快一体化系统改革、坚持产业梯度规划、提升聚集开放水平,重视南北平台合作以及协同创新创业空间培育。

以一体化为目标,推进浙南浙北均衡发展。强化制度与政策层面上的整合,形成发展合力。一是加快制度层面整合,设立符合浙江未来发展特点和需要的多领域的大部门制。如以省协作办为核心整合各地市协作办,提升设立"浙江一体化发展委员会";在环保局基础上提升设立"浙江生态发展委员会"。二是在税收与土地等政策上支持鼓励地方探索改革,鼓励浙北地区企业积极参与温州金融试验区、丽水生态试验区、台州海洋经济试验区的发展。三是加大生态补偿力度,加大浙东对浙西、浙北对浙南的转移支付力度。对符合生态要求的对口支援或产业转移企业加大奖励力度;对自愿到浙西、浙南地区就业的教育、医疗等方面的高端公共服务人才以及从事生态、健康、文化等高附加值投资的人才实施政策倾斜并给予职称等特殊待遇。

以乡村现代化为抓手,加快城乡协调发展。不仅要缩小浙南浙北的城市差距,而且要缩小城乡差距。南北乡村发展均衡,有助于消除社会压力,更有利于浙江协调发展。首先,积极以资金与政策支持加快推进浙南尤其是山区交通现代化,以政策支持加快推进浙南浙西地

区的花园式乡村建设。其次，全面以社保改革为保障，在户籍改革基础上，加快推进浙江省内乡村居民的自由流动。最后，对浙南和浙西地区传统产业的关停和转型实施奖励，对居民医疗、教育实施额外补贴，对服务业投资实施奖励。

以产业资本为手段，推进浙南浙北全产业链合作，鼓励共建合作平台。重点推进浙南浙北园区合作，推进杭州等地海创园、未来科技城异地复制，推进浙北科技园区到浙南设立分园。一是积极鼓励支持设立基金，鼓励产业并购。以金融支持推进传统产业去库存，依托互联网全面提升所有产业，缩小南北差距。通过价值链分解，鼓励浙北产业引领与创新，在浙南并购实体，形成全产业链合作。二要积极推进高新区转型。浙北高新区应把目标更多专注于爆发性原创新产业，着眼于全球创新创业资源；要面向更多行业与人群，尤其是全球性创新人脉和高端要素资源的链接。三是协同共建"众创空间"与"众创平台"。浙北地区应着力于新产业引领，形成号召力和影响力，吸引全球创新资源；结合浙南产业基础优势以及具备创新创业生态基础的高新区，共建产业"两创"平台。

第九章
强生态促转移，推进转型发展

当前，浙江正处在推动经济发展方式实现根本性转变的关键时期，进一步以产业转移来促进转型升级，具有空前重要的意义。一方面，资源的紧张、环境的约束，使相对发达地区迫切需要获得新的发展空间和提升产业层级；另一方面，经过多年的努力，相对欠发达地区也更好地具备了承接产业转移的能力，产业转移进入新发展阶段。对于浙江来说，坚持"两山"理念，推进全省绿色发展，是必然的选择。新时代下，必须以新视野、新思路、新政策，促进浙西南欠发达地区跨越式发展，推进浙东沿海发达地区转型发展。建设生态文明是关系人民福祉、关乎民族未来的大计，是实现中国梦的重要内容。习近平总书记在纳扎尔巴耶夫大学回答学生问题时指出："我们既要绿水青山，也要金山银山。宁要绿水青山，不要金山银山，而且绿水青山就是金山银山。"[①]

一 产业梯度转移的国内外经验

从国际模式与经验看，空间约束环境下转型升级具有不同的发展

---

① 《绿水青山就是金山银山》，《光明日报》2014年11月9日。

路径，转型与转移相辅相成。为突破传统的要素资源约束，美国形成了以技术创新为特色的经验与模式，韩国形成了以体制创新为特色的转型经验与模式，日本形成了以产业赶超为特点的经验与模式，新加坡形成了以外向型产业为特点的转型经验与措施，德国鲁尔则形成了主要以资源型城市或地区产业转型为模式的经验。

1. 产业梯度转移的国际经验

在市场经济发展史上，比较典型的梯度推进及产业转移主要有以下几种情况。一是自由市场经济早期某些率先发展的大国，例如十八九世纪的美国。当时的美国由于种种因素，经济开发集中在东部大西洋沿岸；继而越过阿巴拉契亚山脉，开发密西西比河以东和五大湖地区；接着又开发西部太平洋沿岸，部分产业相应转移，并呈现比较明显的梯度推进特征。二是20世纪中后期某些产业的跨国转移。大致从20世纪50年代起，由于世界科技发展突飞猛进、国际性的产业结构调整、各国市场扩大开放、经济全球化进程加快以及跨国公司的崛起等，轻纺、家电、机械等带有一定劳动密集性质的成熟产业先从美国等发达国家转移到日本和欧洲的一批后发展国家，然后又从日本和一些欧洲国家，转移或扩散到亚洲"四小龙""四小虎"和美洲的墨西哥、巴西等国家，紧接着，进入市场经济行列的中国内地又成了承接上述产业转移的重点地区。今后，这类产业还将继续呈阶梯式转移到亚洲、非洲、南美洲的一批经济发展水平更低的国家或地区。三是比较成本相当明显的自然资源开发性产业。自然资源一般在资源禀赋好、综合成本低的地区率先被开发。一旦资源告罄，或者成本大幅上升，就会转移到开发条件虽差一点，但具有相对成本优势的新地点。这是一种相当典型的梯度转移。不过，自然资源率先开发的地区并不总是经济发展的高梯度区，同种资源的后开发地区也并不总是经济的低梯度区，因而这又是一种带有一定特殊性的梯度转移。但这是今后全球范围内梯度推进及产业转移越来越重要且长期存在的现象。

以日本为例，二战后由美国实施的"道奇计划"为日本经济复苏提供了充裕的资金和技术；1950年爆发的朝鲜战争使日本得到了美国大量的军需订单，国内需求严重不足的状况得到改善。布雷顿森林体系与固定汇率制为日本营造了良好的国际环境，使日本的货币政策、贸易政策的效力大大加强。美日之间的不对称合作使日本产品在美国长驱直入的同时有效地保护了相对软弱的国内市场。20世纪五六十年代，日本政府通过《外资法》《外汇法》、政府资金、租税特别措施等产业政策的实施，成功地将吸引的海外投资及国内的私人资本引向大型工业设备领域。凭借积极的设备投资，日本经济的产业结构迅速转化为以高附加值生产领域为核心的结构。日本经济的产业结构变化速度之快，无论是从整个产业还是从制造业来说，变化系数都远远高于欧美主要国家，说明其结构变化剧烈。并且，在制造业比例居高的条件下（1960年制造业附加值在GDP中的比重为33.8%），重心转向了具有高附加值生产率的金属工业、化学与机械工业，即形成了以重化工业为核心的产业结构。日本广泛引进外国先进技术，引进速度呈几何级数增长，其中80%以上是基础工业技术，主要来自美国，也有西欧和其他地区的。日本从引进的技术中广泛吸取各国之长，并且加以消化、吸收、企业化，迅速缩小了与世界先进水平的差距。20世纪60年代后半期，日本在继续大量引进外国先进技术的同时，加快本国独立研发工艺技术的步伐。技术革新取得的突破性新进展，对日本从经济、技术上全面赶超世界先进水平起到了决定性作用。[①]

日本制造业产业国际转移的演进开始于20世纪六七十年代，日本

---

① 刘晶：《日本国际制造业产业转移分析及对我国的启示》，《经济研究导刊》2007年第2期。

的钢铁、电力、机械和石油化学等基础工业设备投资向巨型化、大容量化发展,增强了日本工业产品的国际竞争力。同时,日本独创的新产品、新技术、新工艺日益增多,在民用消费品领域(特别是高档家用电器等)尤为明显。到20世纪70年代初期,日本的生产技术达到了世界先进水平。1965年以后,日本的对外贸易继续大幅度增长,在对外贸易方面已基本上可保持顺差局面,并呈稳定增长趋势。外贸顺差的结果是日本资本输出迅猛增长。为了降低生产成本,促进国内产业结构升级,日本资本输出主要集中在亚非拉第三世界国家,投资范围遍及轻纺、化学工业等。日本由于资源匮乏,缺乏重工业发展所需的矿产品,所以,对采矿业的投资比重最大。日本向矿产资源丰富的第三世界国家转移先进的采矿技术和资金,再将生产出的矿产品运到日本国内,扶助重工业发展。从20世纪70年代开始,日本企业对海外的直接投资开始快速增长。这其中包含多方面的原因。一是"尼克松冲击"、石油危机、总需求增长的减速使日本国内维持高速经济增长的条件逐渐丧失。日本重工业遭受严重打击,耗能型的重工业向节能型改进,同时在产业结构中的比重下降;劳动密集型的组装加工产业在产业结构中的比重上升。二是由于贸易摩擦,如北美和欧洲汽车市场的案例,而将生产转移到海外。三是由于日元汇率走高而将生产向海外转移,特别是电气和电子产品的生产商,为寻求高质量、低成本的劳动力纷纷将生产转移到东南亚和中国。四是为了开拓需求增长潜力大的市场(如中国)而将生产设施转移到其他国家。这一时期日本的海外直接投资大部分流向北美和欧洲。

20世纪80年代,随着日本人口老龄化问题加深,劳动力老化现象日趋严重,国内劳动力成本上升,消费品市场增长乏力,日元升值且在国际汇率市场上币值极不稳定。上述种种因素导致传统的组装加工业在日本渐失生存与发展的比较优势。制造业的重要组成部分——组装加工业开始加快向海外转移的步伐,转移的方向是欧美和东亚。进入20世纪90年代,日本直接投资的重心已转移至东亚。与80年代相比,日本对欧美投资不断减少,对东亚投资逐年上升。自1993年开始直接投资表现为"清一色亚洲格局"。日本对亚洲的投资虽然在整体规模上不如在欧美的投资,但始终保持比较平稳的上升态势。这是因为日本在欧美的投资存量很高,而日本对亚洲海外投资的案例数在整体上高于日本对欧美的投资案例数。这就表明,由于近年来东亚各国经济飞速发展,东亚各国政府通过制定相关法律、政策营造了良好的投资环境,使亚洲吸引日资的能力有了显著的提高。值得关注的是,日本对亚洲投资的案例数与日本对欧美投资案例数的变化趋势呈显著的反向关系。这可能是由于日本一改以往利用丰富廉价劳动力为主要目的的投资活动,开始偏重于注重亚洲需求的快速增长和转化。此外,以降低成本为目的的海外投资,在产品特色化分工、工序间分工方面获得了实质性发展,并有将部分产品设计、研发中心转移到东亚的趋势,而非欧洲、北美。

亚洲其他国家,如韩国、新加坡则充分利用产业转移的良好机遇,大力发展自己的优势产业。在突破空间约束上,新加坡政府在沿海地区发展商业金融中心,将制药业和生物科技产业以及电子行业迁往中国和马来西亚,强调创新。从新加坡主导产业的发展来看,其发展路径从物流园区、高新技术产业(电子及精密工程、信息产业、精细化工和生物制药)、金融业到现在的服务业。20世纪80年代初新加坡发起的"第二次工业革命"未能取得预期效果,国际贸易、产品出口额等增长速率均出现下滑;且90年代末亚洲金融危机造成的经济衰退,使新加坡经济在短期内难以复苏,制造业、金融业及整体经济水平处于大幅波动状态。区域国家政治与经济的不稳定局势,需求的大幅度下降,威胁着新加坡经济政策的有效施行。同时从区域产业竞争出发,新加坡国内的科研投入密度和产业技术密度一直较低,而中国台湾地区和韩国等亚洲新兴经济体,正以超强的高新技术产业在国际市场上占据重要的优势地位。国际竞争的格局促使新加坡加快产业转移、提升产业结构,因此新加坡2010年长期发展计划书强调,高新技术产业是21世纪经济发展的主导产业。同时为发展国际金融业,新加坡政府实行自由港政策,鼓励外资银行在新加坡设立分行、开办业务,汇率自由浮动,金融市场高度开放。这些举措使新加坡成为继纽约、伦敦和东京之后国际上第四大外汇市场交易中心。

2. 产业梯度转移的国内实践

以广东为例,广东虽然是中国的经济强省,但该省内部经济发展水平悬殊。通过产业转移促进珠三角与落后地区的经济合作,是缩小两地差距的双赢选择。从广东产业转移特点看,一是传统制造业成为产业转移的主力。当前,珠三角地区纺织、服装、食品、玩具、皮革、制鞋等产业转移最为迫切,电子信息、家电等也在开始寻求新出路。竹木加工、家具制造、金属加工等行业,也有向外转移的需要。二是产业向内部转移的趋势比较明显。广东省先后实施"腾笼换鸟""推进产业和劳动力双转移",引导珠三角地区的传统劳动密集型、资源密集型产业或生产环节转移到粤东、西、北及中部,以及我国西南地区。

广东以强力政策推转移。广东的经验有以下四个方面。一是强化产业转移是产业升级战略的重要内容。国家发改委制定的《珠江三角洲地区改革发展规划纲要(2008-2020年)》在规划广东产业升级时,提出要"淘汰一批落后企业,转移一批劳动密集型企业,提升一批优势企业,培育一批潜力企业"。"劳动密集型"是官方对被转移产业的简单概括。而广东省经济贸易委员会在2008年制定的《广东省产业转移区域布局指导意见》中,对转移企业的类型、接收企业的标准以及禁止承接的产业做出了更具体的规定。二是突出产业转移平台的重要作用。广东省政府大力推动产业转移园区的建设,强调产业转移的主要载体是产业转移园区。按照政策规定,转移双方根据合作开发协议,由山区或东西两翼地区政府经国务院、省政府批准,可在承接地设立形式和名目众多的"产业转移园区"(以下简称"园区")。"开发区""工业园区""高新技术产业开发区"以及土地利用总体规划确定的建设用地,整体或部分划出一定面积的土地等,都可设立为园区。园区由珠江三角洲的地区政府负责组织、规划、投资、开发、建设和招商引资等工作,并按商定比例在一定时期内进行利益分成。三是积极完善推动产业转移的政策制度。广东省构建了较完善的产业转移政策体系,并以"核心政策+配套政策"的模式推动了两轮产业转移。第一轮产业转移始于2005年出台的《关于我省山区及东西两翼与珠江三角洲联手推进产业转移的意见(试行)》。这份文件将产业转移正式上升到"全局和战略的高度",主要围绕园区的基础建设。第二轮产业转移的核心文件是2008年《中共广东省委、广东省人民政府关于推进产业转移和劳动力转移的决定》,将产业转移改称为劳动力与产业的"双转移"。这份由省委、省政府共同发布的文件,表明官方对产业转移高度重视。广东省此后连续三年发布高规格文件,部署产业转移的各项工作,"双转移"完成的情况也成为政绩考核的新内容。四是规范产业转移的安全保障。在产业转移造成的环境安全问题上,广东在2006~2009年制定了许多政策规管,对园区及转入企业的环境保护提出了许多具体要求,还划拨了专项基金用于扶持园区环保设施的建设。尤其是诸如产业转移对东江水安全的直接威胁等问题，提出粤港双方现实可行的对策。广东省政府在启动产业转移时就指出了禁止东西两翼和粤北山区承接的产业，并特别标明禁止"严重破坏生态环境特别是水资源的项目，如排放致癌、致畸、致突变物质和恶臭气体的项目；废水排放标准不符合东西两翼和粤北山区水域水质要求的项目；存在事故隐患且无法确保周边饮用水源安全的项目"。

江苏南北对接共建产业转移园。江苏通过苏南与苏北的联动，通过依托产业转移园的规划建设，产业梯度转移效果显著。在战略规划上，政府部门按照主体功能区和"四沿"产业布局的要求，结合现有基础和区位条件，积极引导区域间产业转移和产业协作，进一步促进苏南、苏中、苏北协同发展、错位发展、联动发展。在平台建设上，加快建设产业承接与转移基地。鼓励苏北与苏南继续推进南北区域共建，推广苏州—宿迁等工业园合作模式，注重有技术、有品牌、有市场的项目落地生根。加强园区综合配套能力建设，引导转移项目向园区集聚，形成特色鲜明、用地集约、带动示范性强的产业基地。在南北共建园区的基础上，深化苏南、苏中、苏北间的产业转移和协作，积极推动产业链转移、企业组团转移，引导国际资本在苏南研发、在苏中和苏北办厂的投资模式。加快南北产业转移进度。以南北共建园区为主要载体，着力消除制约产业转移与承接的体制机制障碍，引导生产要素跨区域合理流动。在市场主体上，鼓励国内外资本投资沿海临港产业，支持长江三角洲发达地区向沿海地区进行产业转移和产业输出。发挥沿海地区物流成本低、环境容量大的优势，引导沿江及内陆地区的钢铁、化工、粮油食品等大进大出产业加快向沿海地区转移。

二 加快产业转移促进转型发展的总体思路

产业梯度转移需要更加注重依托本地特色和优势的产业生态系统

的构建。从生态学的角度看,发达地区转移到欠发达地区的产业与企业,就像是物种的迁移,但物种在新地方的健康成长,需要良好的生态系统。产业转移不仅要有搬迁来的主导产业和企业,而且要有良好的产业支持系统、各种配套企业与服务机构,以及和谐的产业外部环境,尤其是基础设施和政府服务。目前一些地区建设的承接产业转移的园区实际上是"飞地",是过渡措施,但从长远看,只有在产业支持系统和产业外部环境方面全面提升,才能形成持久的竞争力。

1. 产业转移需要顶层规划实现双赢

最近几年,尤其是自 2008 年全球金融危机以来,由于土地、劳动力以及环境保护等成本迅速上升,面对日益增大的转型压力,产业转移已经成为浙江沿海地区的热点话题。产业转移涉及两个层面:一是由浙江东部沿海向浙西乃至中西部转移,二是部分龙头企业将生产加工功能逐步向国外转移,如转至东南亚或非洲部分地区。但历史表明,产业转移不一定能带来产业升级。不适当的产业转移伴随着本国或当地产业空心化的过程,如果处理不当,会引起经济基本面的泡沫化,甚至过度虚拟化。日本经济十余年的一蹶不振以及美国金融危机以来采取的制造业回归计划等都是这一问题的证明。转什么?留什么?转移过程中是简单靠企业自身追求利润最大化,还是需要一个系统化的设计?新加坡裕廊化工岛的成功得益于一开始就是大集团参与设计,而且,化工岛从简单生产到化工业服务岛转型升级的过程,都是集团整体设计的结果,而不是简单转移,也就是说,产业升级实现的前提必须是产业升级的利益企业化,即转移地与转入地之间有一个强有力的利益链条或产业链条。再看墨西哥,虽然承接了美国大量的转移产业,甚至建立了所谓的"客户加工区",但是,到目前为止,这个地方仅仅是一个加工区,并没有带来墨西哥经济的持续增长。同时,产业转移的过程必须是自主技术不断突破的过程。如果产业转移仅仅是寻找更低廉的劳动力或者土地价格等，带来的将是不可持续的产业转移或发展模式。发达国家产业转移的过程，往往伴随着产业新技术的不断突破，甚至将未来10年的新技术保存起来，一旦原有技术被模仿，新技术就会进入市场，从而始终保持技术竞争力，并保持对产业高端价值链的控制权。此外，推进产业转移的过程，必须有对产品销售渠道的控制。产业转移过程中，伴随着产业加工以及与加工相关的设计、管理、销售等系统化的进程，而不是简单转移生产，甚至伴随着大型超市、大型售后服务、技术服务以及对销售渠道的控制等系统化的转移。因此，转移的产业必须对承接地产业发展和产业文化形成影响力，甚至起先导示范和拉动作用，这样，产业转移才能实现转出地和承接地良性互动发展和双赢。

同时，产业有效转移应该兼顾效率与公平，实现多方共赢。当前的产业转移主要源于经济增长过程中土地、资源、能源、劳动等各类要素成本的迅速上升，而地区之间的要素禀赋和经济发展差异正好提供了产业转移的契机。随着产业结构升级的步伐加快和产业转移浪潮的推进，沿海地区部分产业向中西部地区转移会向纵深发展。中西部地区应把握好这难得的历史机遇，完善相关制度，加大基础设施建设，建立和完善要素市场，提高其软实力和硬实力，在承接产业转移中加快发展。因此，一方面，产业转移可以为发达地区发展腾出更大的空间，提供更强的要素供给保障，缓解资源约束和成本压力，有利于转出地进一步增强体制机制和自主创新优势，提升发展质量和国际竞争力。另一方面，欠发达地区承接产业转移，有利于充分发挥自身资源、劳动力等优势，进一步壮大产业规模，加快产业和人口集聚，稳定扩大就业，激发内需潜能，拓展发展空间，提高自我发展能力。而且，通过承接产业转移发展区域经济，也有利于生活水平、教育医疗水平、社会保障水平在东、中、西部地区均等化，从总体上缩小地区差距。

2. 产业转移需要围绕转型系统推进

在推进产业转移的同时，需要"腾笼换鸟"与整合集聚两措并举，在更高层次上继续做精主业，推进主业的转型提升。依据梯度转移理论，在转型升级的路径选择上，可以把竞争力最弱的、接近淘汰的加工制造环节转移到相对落后的中西部地区或其他欠发达国家，在本地直接发展纺织产业的高端部分和总部经济。如就城乡之间转移而言，主要工业城镇需要"退二进三"，城区的纺织加工制造类产业向郊区转移，在城区则大力发展商贸服务业。就产业集聚的转移而言，针对传统制造企业数量众多，但规模偏小，管理粗放落后，竞争力不强；分布散乱，生产成本较高，不利于集成采用新技术，统一管理难度较大等实际，可以在特定区域内实现整合优化，进行产业升级，提升档次，打响科技和环保品牌，打出知名度。对于一些无法整合的落后产能，可以采取经济手段，增加其生产成本或环保压力，促使其淘汰或者向中西部地区、欠发达国家进行梯度转移，把有限的空间腾出来发展纺织高端产业或者新兴产业。如在"腾笼换鸟"与整合集聚两措并举的基础上，绍兴要充分挖掘既有优势，依靠科技、管理、品牌和服务进一步提升产品的品质和附加值，做深做精主业，建设全球性的产业高地，引领国际纺织产业发展的潮流。法国、意大利、美国等欧美发达国家，至今仍然存在相当数量的纺织企业，这些企业之所以还有生存空间，固然有解决就业问题的需要，更主要的是其依靠质量和品牌立足，具有很强的竞争力。绍兴如果能做深做精主业，即使是纺织加工制造这一劳动密集型产业，也依然有很大的发展空间。当前，绍兴提出纺织业要向纤维差别化、面料功能化、印染绿色化、服装家纺品牌化、技术装备信息化的"五化"方向发展，就是在提质上做文章。

同时，推动浙江产业转移持续健康发展，需要开放性系统思维，不能就转移谈转移，必须把产业转移纳入地区产业发展、产业转型升级的宏观视野框架之下。尤其对于浙西欠发达地区来说，更要求各地引导产业承接地淡化GDP、税收等指标，更多考虑资源、环境、就业等因素，使产业布局符合社会整体利益，有利于经济社会可持续发展。在制定区域发展规划和承接产业转移进程中，不仅要结合区域比较优势，明确区域发展定位，合理选择主导产业和关联产业；积极采取差异化竞争和错位发展战略，避免产业同构和低水平重复建设，形成产业互补、竞争有序的良性发展格局，促进区域协调发展。而且要结合区域实际，恰当安排劳动密集型、资本技术密集型产业的引进规模和比例，重视现代服务业发展，形成三次产业协调发展格局，并积极促进工业化与城镇化协调发展。

3. 产业转移需要技术支撑提升产业

产业转移不是简单的照搬，也不是简单的复制，而是基于原有生产的部分提升，不论是在技术上，还是在生态上。因此，对于广大的欠发达地区来说，一方面，产业转移需要切实注重基于技术支撑、知识要素集聚的产业转移。实现产业转型与升级的关键是改变要素结构，最根本的途径是通过各种方式获得稀缺要素，形成要素优势。其中，知识是最重要的资源和要素，知识生产与占有能力是国家或区域竞争优势的重要标志，知识要素的学习与扩散能力对于国家或区域内企业、产业创新能力的提升具有重要意义。为此，浙江应以横向产业分工的思维，全方位加强对转移要素的引进和利用，而不是单一地考虑资本。要以开放式创新的模式，通过引进、合作、并购等方式，引入和利用知识、信息等高级生产要素，支持面向全球化、以科技和人才资源为支撑的创新型产业和企业快速发展，增强核心竞争力。

另一方面，产业转移需要逐步确立浙西绿色经济的主导地位，也就是说不能简单地转移传统生产功能，或把转型压力带到产业承接地。以生态经济和知识经济为基础的绿色经济，是今后一个时期内世界产业结构调整的主导力量和推动经济复苏的新引擎。面对金融危机，世界各国推出的一系列经济发展计划均带有明显的"绿色"印记，美、日、韩等国政府纷纷提出了低碳绿色增长战略。发展绿色经济已经成为世界越来越多国家克服金融危机、增强综合实力、抢占未来发展制高点的重要战略取向。发展绿色经济，要根据环境容量和循环经济要求调整优化产业结构，大力发展高附加值、低污染、低能耗、体现自主创新能力的绿色产业，加快形成节约能源资源和保护生态环境的产业结构和增长方式。尤其是在新的形势之下，在推进传统产业的同时，还要瞄准节能和环保产业这一世界产业发展的新主流，积极推动高效清洁能源和节能、环保技术与产业，积极发展风电、新燃料电池等新能源、新材料和环保产业，大力培育节能与新能源汽车产业，努力把浙江打造成新型能源基地。

4. 产业转移需要创新驱动培育新产业

产业转移不能局限于传统产业的内部转移，而是要立足于传统产业，培育自主创新型新兴产业。产业转移在"筑巢引凤"的同时也要"筑巢孵凤"，以自主创新和人才培养打造高端产业。目前各地在高端产业的打造上普遍注重招商引资引来大项目，这虽然可以带来直接、显著的经济产出，但自主创新和人才培养不足，高端产业成长的根基不牢，相关企业和项目流失的可能性较大。建议狠抓自主创新，高度重视本地企业创新能力建设和先进技术的改造，积极孵化培养本地成长的高端产业,积极吸引、整合高校和科研机构的资源,设立更多的教育和科研机构,既可加强科技研发的力量,又能培养更多的人才为高端产业服务,从而为产业转型升级打下坚实的基础。因此,面对国际产业转移出现的新趋势,首先要注重增强企业的自主创新能力,将产业转移的链条延伸到研发和设计环节,摆脱技术上受制于人的困境;还要突出大项目、大企业的引进,重点做好产业组团式转移和产业链整体转移的承接;要注意实施错位发展,引导产业的差别化竞争,避免产业恶性竞争,打造优势互补、分工协作、布局合理、富有竞争力的产业链。其次要注重国内企业转型的原创产品开发和综合性实体经济基础。承接国际产业转移,虽可获得短期内扩大规模、增加产值的效应,但同时也可能对国内一些具有原创知识产权的技术突破起到压抑作用。应尽可能地利用国际、国内市场促进本国技术的开发和商业化,实现技术、市场与产业的有序发展。最后要在科技创新和抢占产业制高点上下功夫,避免陷入不利的国际分工体系。推进产业转移,沿海地区需要利用现有的制造业基础加快新兴实业产业发展,加快新兴产业核心、关键技术的开发和产业化。只有在科技创新和抢占产业制高点上下功夫,才能摆脱在传统国际产业分工体系中处于低端环节、低附加值的不利地位。

三 推进浙江产业转移的有效模式与路径

产业转移,本质上是现有生产力在空间布局上的调整。对承接方来说,主要目的是通过产业承接,迅速在较短时间内形成新的生产能力,提高产业竞争力,壮大经济实力。因此,浙江必须从实际出发,依托资源优势,发展特色经济。具体来说,就是要突出区位优势,承接外向型产业转移;利用资源优势,承接精深加工产业转移;发挥现有产业优势,承接配套产业转移;凭借综合成本优势,承接劳动密集型产业转移。

1. 搭建承接产业转移的有效平台

实践已经证明,将开发园区作为国际产业转移的载体,不仅能吸引投资者,而且能发挥产业转移的最大效能。相对于沿海发达省市,浙江在经济上的落后部分体现在园区经济发展上,广州、深圳、上海、苏州等无一不是依托园区吸纳资金,形成优势产业进而带动整个地区的经济腾飞。从浙江的情况看,不论是发达地区还是欠发达地区,产业园区建设的水平和规模质量,跟江苏、广东相比还有一定的差距,欠发达地区的产业基地建设更是相形见绌。以江苏北部为例,其产业转移园区建设是高起点、高手笔、高投入,甚至比江苏南部还要完善。因此,浙江不仅要大力改善沿海地区包括杭州、宁波的产业园区建设理念和层次,也要把浙西欠发达地区产业园区建设提高到一个新的层次和水平。比如浙江西部既要实现实体经济发展,又不能损害生态环境,就必须大力支持和扶植农产品加工及深加工业、汽车及其零部件组装、新材料业、生物医药业、信息技术产业的发展,实现生态基础上的园区化和规模化生产,建立高档次的生产基地,为承接产业转移,甚至搭建承接国际产业转移提供有效的平台,进而带动整个工业的发展。在发展园区经济的做法上,浙江应吸取国际经验,主要从三个方面着手。是创新园区模式,大力发展专业园区。园区的发展必须服务于产业政策,这是园区发展的基本前提,也是发挥产业集聚效能的重要保证。实际上,早在 20 世纪 90 年代,浙江省就将园区按照专业化分工、社会化合作的企业群和特色产业聚集区来发展,有效地发挥了园区经济的带动效应,形成浙江独具特色的地方块状经济。近 20 年时间里,为推进转型升级发展,各地一直将致力于保护环境、延长产业链、形成产业聚集作为园区经济的发展方向，以推动族群经济和块状经济的形成。但是，从浙江的情况来看，园区的产业聚集效果不明显，专业性园区少，开发园区大多是低水平的重复建设，经济效果差。要将开发园区作为国际产业转移的主要载体，在管理体制上进行创新，尽快使园区的运作管理与国际接轨，要走"一区多园、一园多企""政策引导、市场运作"的路子，调整园区功能，实现园区的专业化、规模化，切实提高园区的资金承接能力。二是重视项目规模，发挥龙头效应。经济全球化是当今世界经济发展变化的趋势，而经济全球化的主要推动力量来源于跨国公司，跨国公司凭借其资本、技术和市场优势把握着产业转移的主动权。因此，力争更多的跨国大公司落户浙江园区，不仅有利于提高园区的档次，而且有助于形成某种产业链，进而打入国际市场，提高浙江园区的影响力。在产业承接过程中，要引进适合浙江产业布局、环保等要求的"短平快"项目，但工作的重心必须从重数量向重质量、重引进跨国公司或财团转变，通过大项目带动产业链的发展。因此，浙江必须创新招商引资的模式，立足于引进大项目，立足于产业的发展，鼓励跨国公司和省内外大企业采用协议并购、产权交易并购、股票市场并购等方式实现对省内企业的兼并，增强省内企业的远航能力，做大做强省内骨干企业。三是以工业特别是制造业作为国际产业承接重点，形成规模化生产基地。发展园区经济的主要目标就是提高工业化水平，浙江的国际产业承接工作应围绕这个目标来开展。内陆省份园区经济落后于沿海发达省市的最主要原因就是园区工业发展水平低。工业化水平是衡量一个国家或一个地区经济发达程度的重要指标。实现新型工业化应是浙江发展的必然选择，也是实现经济腾飞的必由之路。相对于沿海发达地区，浙江的工业发展水平，无论是在总体规模上，还是在产业布局上，都处于落后状态；要使工业有大的发展，必须要有自己明确的产业发展方向，使工业融入国际国内经济大循环中。现在，国际产业对中国的转移力度越来越大，浙江应该积极主动地去承接这种转移，形成规模化的生产基地。

2. 创新优化产业转移与转型模式

实际上，多年来浙江的产业转移更多局限于传统优势产业，这些传统产业转移随着内地发展步伐加快而失去了承接地的吸引力。为此，创新优化产业转移非常必要。也就是说，在实现双赢基础上推进转移。一是找准承接点，实现产业有效对接，增强承接产业转移的竞争力。东部产业转移主要是以劳动密集型为特征的加工制造业和对资源、能源依赖性较强的上游产业。因此要利用政策区位、产业配套优势以及资源优势，结合产业格局特色，主动承接产业转移，引导外资重点投向基础设施、基础产业、资源合作开发等项目，重点引进对产业集聚和开放型经济贡献较大的骨干企业和重大项目，特别是承接劳动密集型与高附加值产业、加工贸易和服务外包产业，从而促进承接产业转移和产业发展良性互动，提升产业综合实力。二是立足优势产业，以特色产业集群集聚梯度转移产业。产业集群作为一种高效的产业组织形式，可以通过强化专业细分，节约交易成本，提高交易效率，最大限度地发挥产业关联和协作效应。按照产业培育特色化、特色产业集群化、产业布局园区化的思路，由被动接受产业梯度转移向主动择优发展特色产业集群转变，根据现有产业基础和支撑条件，重点选择和培育主导产业，构建产业集群支撑体系，引导生产要素向优势产业集聚，提高产业加工深度，延伸产业链条，增强特色产业集群效应。浙西地区可立足于现有汽摩、医药、化工、机械、电子等优势产业，培育、发展和壮大工业优势产业集群，推动工业经济跨越发展。三是以龙头企业为主体,实施名牌带动战略承接梯度转移产业。随着全球经济一体化的不断演进,产业之间的竞争已经由简单的产品竞争、价格竞争逐渐升级到品牌的竞争。大力实施名牌带动战略,力促优势产业提高自主创新能力和核心竞争力。充分发挥企业,尤其是龙头、骨干企业的支撑和带动作用,通过扶优、扶强、扶大,努力培育一批实力雄厚、带动力强、竞争力突出的龙头企业,通过龙头企业的品牌效应,承接或带动外来产业的入驻。此外,在产业转移和扩散方式上,需要积极拓展区域上的集散和延伸功能,不能局限于单向的转移模式和传统的产业转移。具体可形成区域内就近转移,由经济发达地区向落后地区转移;通过与相邻中部地区实行跨区域合作,带动产业转移;针对中部主要中心城市,实行点对点的产业转移,利用当地资源优势,开发当地市场。从产业转移的方式来看,主要是围绕直接投资设企、兼并当地企业和与当地企业合作等方式展开,而企业整体搬迁、企业总部迁移、核心管理部门迁移、研发基地迁移较少,扩张型迁移较多。企业生产以成品组装和单环节的生产加工为主,配套产品和高端产品较少。

3. 推进转移产业向高新产业转变

结合产业转移的趋势和要求,浙江省内的产业转移需要着眼于未来,从传统产业转移向高新产业的转移演变。在推进浙江产业梯度转移的方式与平台上,要充分发挥浙江东部沿海地区的优势,东部和浙西合作共同建设产业园,尤其是考虑浙西生态要求,整体或局部复制东部的高新产业园区或子园区。区域合作是梯度转移的基础。区域间经济发展水平的差异构成不同的经济梯度,区域经济的盛衰主要取决于其产业结构的优劣,而产业结构的优劣又取决于地区经济部门,特别是其主导专业化部门在工业生产生命循环中所处的阶段。新兴产业部门、新产品、新技术、新的生产管理与组织方法等创新活动大都发源于高梯度地区，随着时间的推移、生产生命循环阶段的变化，按顺序由高梯度地区逐步向低梯度地区转移。简言之，区域间经济发展水平的梯度差异是产业转移发生发展的客观基础。当前，面对成本上升与日益显现的要素短缺问题，浙江传统行业竞争优势逐步减弱，企业将进一步外迁。在传统产业产能过剩、需求相对疲软的情况下，新兴产业替代传统产业成长为支柱产业尚缺乏系统的支撑条件。光伏等部分行业因竞争激烈且无规范式"大跃进"，需求体系建设尚不系统完善，往往受制于国际市场及政策变动，形成新一轮重复建设和无序竞争。可见，在浙江经济已由高速增长转入中速增长期，我们需要重视传统产业转型滞缓和新兴产业不确定性长期并存的断层风险。因此，迫切需要合理规范，协调推进发达地区和浙西欠发达地区的产业转移与转型进程。

四 加快推进浙江产业转移的政策与举措

推进产业转移需要良好的政策与制度环境、人力与资源环境和社会与法制环境。因此，强力政策保障产业梯度转移是非常必要的。

1. 完善产业转移的一体化服务

转型与产业转移需要一体化服务，需要"无缝"对接式的"转型+转移"协同政策及政府服务。杭州、宁波等发达地区在加快开发区、工业园区及高新技术产业开发区转型升级的同时，应广泛开展产业框架下的合作，转移与转型同步推进。政府则应构建较完善的产业转移政策体系，并以"核心政策+配套政策"的模式推动产业转移。除制定相关政策规管外，还应对转移园及转入企业的环境保护提出具体要求并专门划拨专项基金用于扶持转移园环保设施的建设。而对杭州等沿海城市应鼓励和支持企业走出去寻求发展，政府要制定优惠政策，加大扶持力度，尤其是要为走出去的企业积极提供技术咨询、销售等服务，在建立和申报品牌等方面给予补贴和奖励。此外，实现金融助推产业梯度转移，引导社会生产力要素向有利于产业生态建设的方向流动。尤其是对于丽水等欠发达地区来说，不仅要建立自然资源与环境的有偿使用政策，还要对资源受益者征收资源开发补偿费和生态环境补偿费。

2. 集聚建设推进浙西崛起

通过政策扶持和生产要素倾斜配置，鼓励以专业产业园区（集中区）的形式推进产业链或产业集群整体转移。承接产业转移要与发展园区经济相结合，以园区为载体，突出产业特色，科学合理规划，加快配套建设，创新管理体制和开发机制，提高项目承载能力和投资强度，推进优势产业、优势企业、优势资源和要素保障向园区集聚，促进产业集约发展。充分发挥出口创新基地的载体作用，加快海关特殊监管区域建设，大力引进加工贸易企业。积极探索新的办法，创造新优势，鼓励建立"飞地经济"。其中，关键在于规划建设浙西产业集聚区，实现浙西崛起。推动经济发达地区产业向经济欠发达地区转移，对促进发达地区产业升级和欠发达地区经济发展意义重大，承接产业转移成为欠发达地区实现跨越式发展的重大举措。建立以产业转型园、产业转移园为支撑的空间集聚模式。在发达地区集中力量建设一批战略性新兴产业集聚区，或依托原有的工业区、开发区推动转型，也可依托杭州与宁波的"未来科技城"政策优势，整体规划产业转型园；浙西地区土地资源同样紧张，难以为工业化和城市化的推进提供坚实的产业支撑。有效利用潜在空间资源，推进集聚发展是必然选择。衢州、丽水必须紧紧围绕"人口集聚、产业集聚"两大平台建设，推进集聚发展。首先要积极促进异地转移和劳动力转移，加快城市化建设，推进人口集聚。其次要推动产业集聚平台建设。庆元通过主体功能区域规划，选择7个西部乡镇集中精力发展生态工业，让生态良好的东部乡镇着力保护好生态环境。丽水市委、市政府因地制宜，向低丘缓坡要空间，创造性地选择"台地式与缓坡式"相结合的土地开发利用模式。目前丽水经济开发区成为浙江省首个低丘缓坡综合开发试点，可供开发的低山缓坡林地面积超过620平方千米，可满足未来10~20年近200平方千米的工业用地空间需求。

3. 积极推进东西部区域空间合作

在杭州、宁波等发达城区和浙西欠发达县区之间，加强区域合作，联合设立"园中园"是梯度转移的基础。园区移植是较为理想的产业转移模式。园区移植不同于简单的产业转移，不是单纯的"产业转移园"，而是城区高新技术园区整体概念与体系的规划、复制与搬迁，代表浙江产业转移的方向。沿海地区大城市受要素、资源、环境的约束多，特别是在空间布局、用地指标、财政实力等方面的约束更多，自主能动空间小，部分企业被迫外迁，对经济转型发展带来一定影响。为此，高新园区向内地尤其是浙西南地区整体移植，或者重新布局"园中园"的模式，对于有效化解"十三五"期间浙江转型发展的空间约束以及产业转移难题，具有重要的现实意义。

4. 以技术手段推进产业转移进程

浙江这些年一直推行的"腾笼换鸟"就是让低、弱、小的"麻雀"腾笼，引进高科技、高效益、低消耗的"金丝雀"或"金凤凰"，实现产业结构、劳动力结构双升级。可见，技术进步在其中发挥着重要作用。因此，浙江在推进产业转移进程中，需要时刻把握技术演进态势和发展要求，根据沿海各地实际发展阶段、资源和环境约束条件、社会发展程度，结合经济社会发展的总体目标，制定并实施以高新技术产业为驱动力、推动产业结构整体升级的"腾笼换鸟"战略。注重以技术进步促进现代服务业尤其是传统产业的研发设计、咨询服务和品牌营销等诸多生产性服务业的快速发展，重点发展科技含量高和劳动生产率高的高端服务业，使之成为促进沿海地区新经济增长和产业结构优化的主要推动力之一；利用高新技术尤其是信息技术和现代科技成果推动现代制造业的发展，全面提高以战略性新兴产业为核心的制造业经济效益和产业竞争力。同时，在推进民营企业产业转移之外，还要积极引导浙江众多以民营骨干企业为代表的企业升级，推进转变经济增长方式和推动技术创新与管理创新，使高新技术和现代管理制度在现代服务业和现代制造业中广泛运用，使现代服务业和现代制造业成为生产率得到迅速提高、管理能力得到迅速提升、劳动者素质得到迅速提高和产业国际竞争力得到增强的现代新兴产业，从而使民营经济的转移和转型升级进程加快。

5. 产业转移需要建立特色主导产业体系

推进产业转移要与产业发展相结合，抢先布局全球化资源。为促进浙江产业结构升级和经济转型，应积极推进转移产业的优化升级，提升浙商抢占全球资源的战略布局能力。当前，除继续推进传统优势产业向省内欠发达地区或中西部地区转移之外，还应加大力度，推进农副产品加工、装备制造、制药、发电以及生物、新能源、新材料等高技术密集型、高附加值和高加工度产业逐步成为转移的重点。不仅要积极引进和发展新兴战略性产业，还要努力推动浙商向省内、国内乃至国际转移，以抢占全球化要素资源，尤其是技术与人才资源，从而实现承接产业转移与产业发展相结合，加快浙江产业升级和转型进程。同时，要积极以生态新兴标准衡量产业转移。纵观国内外历次产业转移进程，任何一次成功的转移，都绝不只是企业的简单复制，而是产业链的重新整合和升级。沿海发达地区如此，衢州、丽水乃至内地也是如此。沿海地区不符合生态标准的企业在无能力转型时，应严格要求关停，而不是选择向外地并转。尤其是丽水等浙西地区，多为生态保护区或水源地，更要注重转型发展目标框架下的产业转移。从这点上来说，衢州与丽水等欠发达地区的转型要比宁波等沿海发达地区更重要。因此，需要围绕产业定位承接产业转移。集聚区要结合本地优势，明确主导产业，突出特色发展；在项目落户和布点上，要按照规划布局，突出特色，要有选择地引进，不能"饥不择食""来者不拒"，否则就会出现简单转移、重复建设、产业分散、项目落后等现象。同时还要坚持可持续发展的原则，走节约、环保、高效之路，禁止承接不利于经济可持续发展的高污染、高能耗产业。此外，产业转移也绝不能以牺牲环境、浪费资源为代价。特别是后发地区承接产业转移，不能仅仅是简单的产业搬迁和复制，必须充分借鉴先行者的经验，注重承接适应科技进步、市场需求的现代产业体系，树立可持续发展的理念，更加注重资源节约，注重保护环境，避免走先发展、后治理的老路，实现经济与社会协调发展。

6. 构建产业转移的政策激励与金融支撑

为引导和支持产业有序转移和升级，政府部门应在土地、财税、金融、投资、商贸、科教文卫等方面给予政策支持，以政策激励推进产业转移。坚持集约用地，加大支持并优先安排产业转移园区新增建设用地年度计划指标，增加保障性住房、科研项目等配套公益性项目的用地指标，并实施更加灵活的工业用地弹性出让和年租制度；加大转移支付、财政贴息及税收优惠等政策，优化产业承接环境；鼓励金融机构在辖内增设分支机构并给予倾斜扶持；修订产业结构调整指导目录和政府核准投资项目目录，增加劳动密集型产业类别；促进对外经贸合作，推进跨区通关改革；鼓励技术转移，加大对产业园区技术创新体系建设的支持力度。同时，要建立协调机制，搭建融资服务平台。鼓励金融机构为转移企业提供开户、结算、融资、财务管理等金融服务，引导金融机构根据企业需求开展业务创新，及时满足企业多元化的金融服务需求。鼓励金融机构改进对企业的资信评估管理，对优质客户开辟"绿色通道"，发放信用贷款，并可发放应收账款质押贷款。在风险可控的条件下，积极探索对鼓励类产业转移企业工业知识产权和非专利技术等无形资产的质押贷款。指导和帮助转移企业在境内外上市融资，支持有实力的转移企业按照国家有关规定发行企业债券和短期融资券，允许转移企业以股权融资、项目融资和资产证券化融资等方式筹集资金。支持转移企业运用创业投资和风险投资工具，政策性金融机构要运用政策性资金支持鼓励类产业转移企业发展，保险机构要做好转移企业的保险服务工作。

第十章
建立现代产业体系，推进转型发展

浙江要全面推进"创新强省"战略，抓住产业结构升级与产业组织优化两条主轴，以建设"绿色经济、低碳经济、循环经济"为载体，以机制创新为动力，促进浙江经济转型升级。要以促进均衡协调为转型发展的基本要求，要以战略性新兴产业带动传统制造业产业，以生态补偿等形式拉动生态产业发展，实现产业整体转型升级发展。

一 重点培育战略性产业，发挥龙头企业带动作用

近年来，浙江大力推进产业结构的调整优化升级，正在逐步形成以高新技术产业为先导、先进制造业为主体、基础产业为支撑、服务业全面发展的产业格局。目前，浙江已进入转型发展的重要战略期，浙江经济要从以低成本为主导的传统产业体系，转向以高附加值为主导的现代新产业体系，构建这一全新的产业体系将成为未来浙江经济发展的核心任务。目前，浙江正处在新兴产业培育的机遇期和关键点上，在绿色新能源产业、新材料产业、生物与新医药产业、电子信息产业及文化创意、动漫等服务业诸多领域，已经形成一批高附加值、高成长性的大产业，并开始形成一定规模程度的产业链体系。新兴产

业处于成长阶段,面临巨大的市场空间,都可能形成万亿元以上的产业规模,这是浙江经济发展的希望所在。

1. 应对新产业革命,加快战略性新兴产业的培育

要形成以先进制造业为主体、基础产业为支撑、服务业全面发展的产业格局。2011年浙江省委、省政府出台《关于加快培育发展战略性新兴产业的实施意见》,大力发展九大战略新兴产业:生物产业、新能源产业、高端装备制造业、节能环保产业、海洋新兴产业、新能源汽车产业、物联网产业、新材料产业以及核电关联产业。2015年省政府工作报告提出,把发展以互联网为核心的信息经济作为重中之重;并首次提出大力发展信息、环保、健康、旅游、时尚、金融、高端装备制造等七大产业,设立省产业转型升级发展基金,切实抓好七大产业发展规划的落实,各项要素重点向七大产业投资项目倾斜。2016年省政府工作报告指出,大力发展七大产业,并聚焦七大产业建设特色小镇,围绕七大产业提升开发区和高新区、打造产业集聚区核心区块,紧扣七大产业培育骨干企业、强化要素保障,力争打造七大万亿级产业;2017年转为"八大万亿"产业,增加了文化产业。杭州市也明确提出要发挥比较优势,突出重点,集中力量,着力在现代服务业和战略性新兴产业中培育产业基础强、发展潜力大的文化创意、旅游休闲、金融服务、电子商务、信息软件、先进装备制造、物联网、生物医药、节能环保、新能源等十大产业。

战略性新兴产业不论是在技术突破上还是在产业化上,都极其需要政府加强引导扶持、集聚规划,建立发现和培育机制,采取切实有效的政策措施加以推进,从而构建具有浙江特色优势的全球产业链。

最重要的是发展高新技术产业。要以高新技术产业园区为基地,实现向创新技术园区的转型,并进而加快实现高新技术产业由"点"

的发展向"面"的拓展转变。要以生物医药产业为重点，拓展延伸高新技术产业链。生物医药与软件信息等新技术产业是高新产业的重要支柱，生物医药产业的跨越发展往往与信息技术产业一起，能促进产业链大延伸。浙江制造业发达、门类齐全，是国内乃至世界的制造业基地，大量传统制造业的信息化工程蕴含巨大的软件应用需求，众多先进制造业基地建设和区块集群生产性服务业的发展也提出了更多更高的行业软件需要，软件产业空间广阔且在全国有巨大的市场需求。发展物流大流通产业。现代流通产业在生产、供应、消费链条中已经不再局限在批发业、零售业的环节，而是向生产领域、设计领域、产品研发领域等上游领域延伸。浙江发展大流通产业具有强大的产业优势、各类资源和发展环境优势。大休闲产业一般是指以旅游业、娱乐业、服务业和文化业为主体而形成的满足人们休闲需求的经济形态和产业系统，一般包括国家公园、博物馆、体育（运动场馆、运动项目、设备、设施维修）、影视、交通、旅行社、餐饮业、社区服务等以及由此连带的产业群。人均生产总值过 1 万美元后，浙江已进入休闲服务业加速发展的转折期，休闲服务业将是未来经济增长的重要支撑。此外，新能源是浙江最有希望的新兴产业之一。在发展中国家中，印度和巴西是新能源产业发展的代表。巴西政府早在 20 世纪 70 年代就开始实施生物液体发展计划，大力开发以甘蔗为主要原料的乙醇燃料。印度对新能源也给予了高度重视，专门成立非常规能源部，具体负责制定新能源发展的相关政策和发展计划。新能源也是浙江推进节能减排、打造低碳城市的重要抓手。浙江应当具有战略眼光，充分把握这一历史性趋势和机遇。要以市场引领资本为发展模式。新能源产业发展的关键是核心技术与市场资源，市场引领资本的投向，并以核心技术为支撑。具体来说，浙江新能源产业发展不仅要大力依托研发团队,也要依赖民间资本,推动研发团队与民间资本"嫁接",形成浙江的新能源发展新模式。需要实现各项政策的协调一致,特别是在投融资、技术标准、对外贸易、政府采购、税收激励等方面,形成有利于自主开发目标实施并带动相关产业发展的良好局面。

2. 加快开放与合作,带动传统产业转型升级

在转型发展阶段,要改变以往依赖资源低价格、低附加值出口的模式,把重点放在通过创新来实现低成本,通过不断推出新产品来实现高附加值,通过上下游一体化来加快转型进程。尤其是块状集群区,以纺织、服装等劳动密集型、低端制造型等传统产业为主,这些传统产业前期投入大,设备具有专用性和产品具有"中间性",锁定效应和粘滞效应明显,转型难度较大。转型路径主要是"创新、创新、再创新、不断创新",通过技术创新,实现产品多样化、上下游一体化。

一是加大自主创新升级,推进"产业链"转型。浙江块状集群区内如电器、电气设备和电子等领域中的一些自主创新能力较强的产业,要紧跟市场需求,紧跟技术与产品趋势,加大人才的国外引进和内部培养,依靠内生技术研发,走自主化发展道路;通过开创自主品牌产品,实现市场与品牌并举的产业升级,实现从产业链的低端到高端的转变。转型升级除寻求竞争优势基础上的"多样化"外,还要寻求上下游产业链的完善路径。二是加大央企引进力度,推进"嫁接式"转型。省委、省政府正把积极引入央企作为浙江经济转型突围的新动力。目前,浙江已与20多家央企或中科院系统企业签署战略合作协议或会谈纪要,一批重大签约项目顺利落实。对实力比较强或在某些行业领域占领先地位的产业,应加大力度、重点推进与国内外行业龙头企业合作,以合作开发、战略并购或战略持股等方式来实现产业的升级。三是加大国际品牌合作,推进"依附式"转型。浙江块状集

群区内的纺织、服装、皮鞋等优势企业,要及时抓住当前国际品牌企业陷入困境的时机,加大品牌、技术、人才和渠道合作,沿着贴牌生产、引进国外先进技术、自主创新的路径,逐步从产业链的低端走向高端,从而成功转型。一些规模较大、市场优势明显的产业,一方面要在现有的"代工贴牌"基础之上,通过引进国外的先进生产线,吸取先进的技术和管理经验,逐步实现自主研发,摆脱对国外企业的依赖;另一方面则要在充分发挥自主成本控制优势的基础上,不断开发新功能产品,促进产品的更新换代及行业的升级,逐步实现"代工贴牌"与"自主创牌"并举的产业升级。四是加大区域集聚合作,推进"一体化"转型。产业转型就意味着一大批低附加值企业退出市场,并进而发生产业整合、行业整合。为此,必须加强区域一体化,在区域经济一体化中加速产业结构的转型,并通过产业集聚来推动产业的做大做强。对于产业集群区的传统产业来说,转型的关键在于进一步实施以网络化和集群化为内容的结构转变政策,依托区域的能源、物流、化工、网络优势,对内对外共同提高本区域的竞争优势。五是加大新兴产业集聚,推进"现代化"转型。由于块状经济往往以传统产业为主体,围绕着区块主导产业而形成的产业体系长期固化,资本、劳动力、技术、机器设备都围绕着这一体系而配置,形成短期内难以改变的刚性产业体系结构,从而形成严重的结构锁定效应。为避免主导产业的衰退,应发挥各地优势,结合当前新能源、低碳经济发展大趋势,加大新兴产业培育和集聚,建立新产业体系,避免形成区域性的经济衰退。

二 大力发展生产性服务业,助推传统产业转型升级

根据"微笑曲线"理论,生产性服务业不仅是工业制造业的核心

与关键,是附加值的重要源泉,而且是知识与技术投入的重要体现,是提升浙江竞争力的重要支撑。① 在现阶段,浙江要推进经济转型升级,打造先进制造业基地和先进服务业基地,生产性服务业是一个重要的突破口和工作抓手。

浙江具有发展生产性服务业的资源禀赋,且生产性服务业也面临着良好机遇。浙江发展生产性服务业,不仅要满足浙江众多生产制造业升级的需要,而且要面向长三角乃至周边省份的制造业。面向全国的制造业,浙江的生产性服务业就有更大的提升空间。当前,浙江人均生产总值已达到1万美元,伴随着居民收入提高和产业分工的深化,生产性服务业必将步入快速发展轨道。如何对接广阔的生产性服务需求,是一个崭新的课题,需要认真研究。

1. 浙江生产性服务业的发展现状与问题

近年来,浙江生产性服务业结构层次性明显、多元化特征突出,并开始呈现与制造业同步发展快速升级的趋势。尤其是浙江工业化进入中后期发展阶段,企业规模扩大与国际化进程日益加快,面对国际市场的激烈竞争,企业内部服务项目功能不断分离,其中广告、咨询调查、中介、营销等商务服务业,以及研发设计、电子商务、移动增值等一些新型业态开始出现并迅速发展。目前,浙江以金融、综合研究和科学技术、软件和信息服务业为核心内容的现代生产性服务业在全部生产性服务业中的比重已经与交通运输、仓储业等传统生产性服务业平分秋色,占据重要地位。

在国际危机与经济转型环境下,生产性服务业的积极效应日益凸显,逐渐成为推动工业制造业(包括传统产业转型升级和新兴产业发

---

① 美国通用电气公司(GE)拥有商务金融服务、消费者金融、工业、基础设施、医疗、NBC环球等六大业务集团,其中服务型业务的收入与利润已占全集团收入与利润的近50%。

展）的加速器。浙江缺乏提升消费性服务业的核心优势，但若有效依托浙江传统商务、金融、制造业优势，提升竞争优势和促进现代服务业发展，生产性服务业则是有力的助推器。浙江生产性服务业近年来发展加快，在服务业中的比重逐年提高，仅次于上海、北京与广东，居第四位。但近来江苏、山东、天津的生产性服务业发展加快，比重将可能很快超过浙江；与发达国家的生产性服务业相比，浙江也还有较大差距。既面临国内发达地区的挑战，但也存在巨大的提升空间，传统型生产性服务业结构还有待进一步优化提升，以推进经济结构转型升级，提高社会效率。

生产性服务业的发展障碍与难题。浙江生产性服务业发展仍然存在诸多体制性障碍与难题，主要表现在以下四个方面。一是"高端"不足。从内部结构来看，浙江主要是在高端生产性服务业方面与发达国家差距大，高端生产性服务业供给不足。浙江以金融、综合研究和科学技术、软件和信息服务业为核心内容的现代生产性服务业在全部生产性服务业中的比重只有40%，占主体地位的仍然是交通运输、仓储业等传统生产性服务业，租赁与商务服务业发展比较缓慢，份额偏低。而且，现有的金融、综合研究和科学技术、软件和信息服务业等高端生产性服务业因体制方面的障碍、人才等高端要素的缺乏，也还没有形成垄断性或市场主导性的竞争优势；工业设计与研发以及商务咨询等产业也没有形成规模优势，不仅不能满足省内制造业的需求，而且无法与上海、北京乃至国际相抗衡。二是"外向"不够，即浙江满足国内制造业需求较多，满足外资制造业需求的生产性服务业缺乏。外资制造业与本地生产性服务业关联程度不高，外资制造业中加工型、出口型企业偏多，多数属于跨国公司全球生产组织体系中的封闭环节。这些外资企业对本地金融机构的信贷服务需求少，对本地研发或技术服务需求少，其所需要的高级管理人员培训、物流服务、法律服务、广告策划、市场调研等商务服务也表现出不同程度的外向化特征。受浙江外向型生产性服务业缺乏的影响，外资制造业产业链向本地服务业增值部分的延伸也受到抑制。三是"空间"不均。省内生产性服务业发展区域间的差距日益扩大。浙江服务业的发展已经形成杭州、宁波遥遥领先，舟山、嘉兴、绍兴、金华、台州、温州、湖州居中，衢州、丽水远远落后的格局，差距呈逐渐扩大之势。这种不均衡发展态势限制了沿海城市产业转移升级进程，也对服务均等化目标造成压力。四是"增势"不强，"跨越式"发展急需提速。浙江生产性服务业近年来发展加快，在服务业中的比重逐年提高，仅次于上海、北京与广东，居第四位。但近来江苏、山东、天津的生产性服务业发展加快，比重将可能很快超过浙江；同时，与发达国家的生产性服务业相比，浙江也还有较大差距。发达国家生产性服务业在GDP中的比重将近40%，部分国家已超过50%。但浙江生产性服务业的比重目前在30%左右，虽然在全国位居前列，但与发达国家的差距比较明显。浙江的生产性服务业发展既面临国内发达地区的挑战，但也存在巨大的提升空间。

生产性服务业发展的国际经验。发达国家和地区对生产性服务业方面的政策着力点主要在于打破行业垄断，放松规制。如引入市场机制，实施财政优惠政策、融资担保政策，加大政府资金投入、政府采购，支持海外市场开拓等。一是逐步放宽对航空、铁路、通信等自然垄断行业的管制，通过出售与特许经营权经营的方式引入私人资本，强化竞争。二是通过中长期发展规划和计划，制定倾斜性保护政策，支持生产性服务业的发展。三是重视对生产性服务业的投入，政府通过直接投入、提供融资担保、设立专项基金等方式扶持关系国家竞争力和国计民生的生产性服务业。主要措施包括采用直接投入的方式鼓励生产性服务业发展；提供融资担保，鼓励生产性服务业发展；建立专项基金或发行债券鼓励生产性服务业的发展等。四是制定系列财税优惠政策，鼓励生产性服务业的发展。如对研发等关系提升国家产业竞争力的生产性服务业，实行低税收减免及抵扣奖励；以财税等政策手段引导更多外资流向生产性服务业重点发展领域；为吸引外资，提供一站式服务和优惠的税收政策，或者设立经济特区协助外国投资者迅速设立公司、开始营业；以优惠税率支持发展融资租赁服务。五是重视人力资源开发，充分发挥行业协会的作用。如发展职业培训服务，重视人力资源开发，注重发挥行业协会的作用等。

2. 加快发展生产性服务业的思路与路径

全面推进生产性服务业大发展，必须通过解决当前浙江发展生产性服务业的主要障碍与问题，构建完善的生产性服务业发展体系。大力发展生产性服务业，不仅要通过技术提升和转型升级，提升生产制造业自身发展水平、转变发展模式与发展道路、满足对生产性服务的需求；还要以资本与技术为纽带，积极建设以物流、金融、科技、航运、交通、信息为生产性服务业的重点龙头；积极推动市场环境改善，促进生产性服务业的交易及其与制造业的互动。尤其是要以地方产业集群区为依托，围绕产业集群构建区域服务体系，从科技服务、培训服务、物流服务、会展服务、金融服务、商务服务、信息服务和公共服务等方面着手，形成区域服务体系的基本框架。

制定"强制造、重服务"的产业政策并大力推进。科学战略定位，大力发展生产性服务业，必须尽快调整以前"重制造、轻服务"的产业政策，把服务业的发展定位提高到与发展先进制造业同等重要的战略高度，强调服务与制造均衡发展、协调发展。强调"服务业带动"的经济战略，将有助于加快产业结构转型，从而最终替代"制造业带动"的经济政策。把生产性服务业的发展与创新放在与制造业同等重要乃至相对优先的位置，特别是在运用现代信息技术成果改造物流和供应链体系、建立市场营销网络等方面给予适当倾斜，既可以提升制造业企业自身生产性服务水平，又可以加快打造一大批专业化生产性服务供应商。大力发展具有浙江优势的生产性服务业，需要坚持以制造服务业为重要突破口。现代制造服务业是浙江未来发展的重点和转型发展的重要支柱，它是以提高企业劳动生产率为目标，根据企业的实际情况与需求，在产前、产中、产后的各个环节，为企业提供市场需求调研、产品设计研发、物流服务、工程安装调试以及相关金融服务等服务的行业，已渗透到制造业的各个领域和环节。目前，在制造业发达国家，以制造服务业为主的生产性服务模式已经占到服务领域总额的50%以上，成为引领制造业升级和促进制造业可持续发展的重要力量。与制造业配套的生产性服务业主要包括现代物流业、科技服务业、金融保险业、商务服务业等。在制造业生产性服务业的模式选择上，目前主要有与生产、销售相关的配套性服务业和与生产、销售相关的延伸性服务业两种类型。后者如正泰与德力西纷纷从销售电力设备向与制造业相关服务业拓展，提供高附加值、高技术含量的专业化系列服务。

加强完善生产性服务业的主体联动。首先是加强政府扶持、企业自主双向联动。政府首先要创新有利于生产性服务业发展的体制机制，尤其是要打破垄断并降低或消除服务业投资"门槛"；加强规划引导，完善加强知识产权保护等相关法律法规；加大资金与人才等方面的政策扶持，鼓励扩大投资或实施并购。并且要从资金支持、人才培养等方面采取切实有效的措施扶持有实力的服务企业做大做强，鼓励扩大投资或实施并购;加强区域合作,利用其他区域服务业优势增强区域内服务企业的国际竞争力;加快生产性服务业发展所需的高层次、复合型人才培养与引进;从法规上加强对知识、技术密集型生产性服务行业的知识产权保护。其次是要积极发挥龙头企业的引领作用,打造生产性服务业特色产业链。鼓励本地企业之间、本地企业与国外企业之间的并购、重组,形成一批具有自主知识产权、具有较大规模和较强实力的企业集团;围绕龙头企业,积极拓展产业链条,带动中小企业进入商务区或园区,形成产业发展生态链,充分发挥产业集群带来的集聚效应。此外,要积极培育本土外包企业,提升服务外包水平。浙江在承接国际服务外包过程中,要避免出现制造业"低增值"(即主要承接生产制造环节,获取微薄利润),积极引导本土外包企业通过加强专业人才培养和引进、提高技术服务水平、规范服务外包流程等方式,不断增强承接服务外包的能力,逐步拓展承接国际服务外包的高端领域。通过承接服务外包,学习和借鉴国际服务企业的先进技术和管理经验,逐步提升自身的自主创新能力,培育自主品牌,增强浙江生产性服务业在国际市场中的竞争力。

大力推进生产性服务业空间集聚区规划建设。一是要推进杭州、宁波成为面向全球的生产性服务集聚发展中心。大力推进杭州、宁波中心城市生产性服务业的集聚式发展,加快发展生产性服务业,培育一大批以生产性服务为主要业务的专业供应商。杭州、宁波等沿海中心城市应发挥服务聚集功能,加快向服务业转型。中心城市转型不是简单地放弃加工制造业,而是在保留其有优势的部分中高端制造环节的同时,加快发展生产性服务业,建成若干面向全球的生产性服务中心,培育一大批以生产性服务为主要业务的专业供应商。大力推进杭州、宁波中心城市生产性服务业的集聚式发展,需要引导制造业向城市周边集中布局，依托制造业集聚扩大生产性服务业的有效需求，形成支撑产业发展的规模经济和范围经济效应；需要培育发展企业金融、商务服务、教育培训、现代物流、信息服务、工业设计、会展服务等各种形式的生产性服务业，提高集群化科技创新能力和信息化水平，构建功能完善的区域性服务支撑体系，促进制造业和生产性服务业的有机融合；需要积极发挥杭州、宁波中心城市的平台作用，鼓励有条件的次中心城市和中心区域生产性服务产业集聚发展。二是建立"以区块经济为依托，产业集聚型"的生产性服务业发展模式，即重点打造特色生产性服务业集聚区。浙江生产性服务业虽然已初步形成集聚发展的态势，但产业链条还不够完善，产业集群的综合效益还没有充分发挥出来。未来应围绕重点发展的生产性服务业领域，积极推进各类专业性园区和产业基地建设，进一步强化生产性服务业的集聚效应，尤其是文三路信息服务业集群、钱江新城商务总部服务区集群、温州金融业集群，以及义乌商贸物流产业集群、宁波—舟山港口商贸物流服务业集群等。此外，应推进专业园区孵化器及专业服务平台等服务体系建设。重点围绕软件外包、数字新媒体、工业设计等领域，在高新产业区、规模集群区等主要聚集区完善专业孵化器建设，为相关中小企业提供包括管理咨询、市场调查、政策咨询等链条式综合服务。

积极培育制造业与商贸物流等生产性服务业成为浙江优势行业。鉴于国外生产性服务业的快速发展态势，要采取有针对性的招商措施，加快发展浙江生产性服务业，尤其是制造服务业和商务服务业。制造服务业的核心是研发设计、咨询等，制造服务业开放需要积极引入创意、人才和好的商业模式，以此引导和带动制造服务业的提档升级。大力推进"商务咨询与研发设计"服务业，以积极培育高端商务咨询与研发设计为目标，需要大力发展物流服务和供应链管理，包括交通运输、仓储、物流、配送、采购、供应链管理等，提高物流效率，加快生产和服务的网络化和国际化；同时还要着力推动市场营销服务的升级，包括市场拓展、分销代理、产品设计、品牌营销、售后服务、创意策划和会展等生产性服务，提高发现市场、创造需求、引导创新的能力，增强市场控制力、利润增值力和差异性竞争能力；还要大力推广电子商务等现代化交易方式，广泛应用基于互联网的商业服务，促进商务服务业本身的创新和升级。而大力推进"金融优势服务业"发展，大力发展具有市场和资源优势的专业化金融服务机构，必须增强市场在金融资源配置中的基础性作用，不断拓宽金融服务领域，健全金融中介服务体系，争取建成以温州民间金融市场为核心、区域产业基金为途径的全面开放、监管有力、交易便利、竞争有序的多层次金融市场体系。创造条件，完善环境，吸引国内外银行、保险、证券、信托、基金等各类金融机构落户浙江，大力发展具有市场和资源优势的专业化金融服务机构。发挥金融资源的集聚和辐射效应，鼓励支持浙江金融机构在全国范围内开展业务，扩大区域金融交流与合作。

全面完善生产性服务业发展的保障支撑体系。相关政府部门应尽快制定完善相应的法规或专业资格认证程序，从制度上保证生产性服务业发展规范化进程。一是要建立"减税倾斜式"扶持的财政税收体系。在政策措施方面可以实行税收优惠、贷款减贴息、行业协会扶持、政策导向倾斜等，尽快建立起一批具有核心竞争力的生产性服务企业。二是形成"逐步放开准入"的市场化改革体系。要继续完善市场机制作用，打破垄断，放宽市场准入，加快市场经济建设，对垄断性行业进行适时改革。充分利用和引导民间资本参与生产性服务业的发展。鼓励生产性服务企业成长壮大，形成具有自身特色的核心竞争力。

实行产学研相结合的技术创新机制，鼓励和支持生产性服务企业共同建设适合自身行业特色的研究开发机构，形成企业研究开发投入主体化、自主化。三是积极推进"第三方服务"的中介机构支撑体系。发展生产性服务业，需要建立完善第三方信息平台、现代物流体系、职业培训机构等，需要强化政府、中介组织、行业协会和现代服务企业之间的沟通联系以及服务业各行业间的协调配合。四是"打破垄断、建立公平"的规范监管保障体系。尽快制定行业标准，建立法律、法规体系，而且要加强监管和执法力度，使行业标准、法律法规能够在产业发展中起到应有的作用。在生产性服务业领域要保证全省有统一的标准和执法力度，创造良好的市场环境。五是建立"本土优势与民间智慧"相结合的浙江特色金融支持体系。构建符合浙江特色及需求的产业创新金融支持体系。韩国经验表明，产业结构升级过程中，金融业特别是银行的融资支持非常重要。应该建立符合浙江特色优势、多层次的产业创新金融支持体系。六是建立"引进与培养并举"的人才保障体系。积极培养生产性服务行业所需的专业人才。根据浙江生产性服务行业的发展阶段，合理规划相关的人才战略，大力聚集高端人才，形成金融、信息、法律等服务业人才储备基础，同时更要为人才聚集和发挥作用创造有利条件。

3. 全面提升发展生产性服务业

当前，随着经济全球化进程的加快和科技的快速发展，全球生产性服务业呈现一些新的特点和发展趋势。主要表现为全球生产性服务业发展规模不断壮大、服务外包成为生产性服务业国际转移的重要途径、生产性服务业和制造业融合互动发展态势日益明显、创新成为生产性服务业发展的核心动力、生产性服务业产业链逐步形成并不断完善以及生产性服务业呈现内部结构升级趋势等。因此，浙江必须注重学习发达国家和地区发展生产性服务业的先进经验，协调处理生产性服务业发展中的相关关系，进一步深化影响生产性服务业发展的体制改革，加快建立有利于生产性服务业快速发展的政策支持体系。

积极培育新兴产业体系下的新业态发展模式。浙江应重点关注生产性服务业新业态的发展，在专项资金扶持、聚集区建设、公共平台建设等方面对软件外包、动漫游戏、新媒体等现代服务业新业态领域予以支持。在加快原有重点产业发展的同时积极培育新业态，尤其是要拓展和规范律师、公证、法律援助、司法鉴定、经济仲裁等法律服务，发展项目策划、财务顾问、并购重组、上市等投资与资产管理服务，规范发展会计、审计、税务、资产评估、校准、检测、验货等经济鉴证类服务，支持发展市场调查、工程咨询、管理咨询、资信服务等咨询服务，鼓励发展专业化的工业设计，推动广告业发展。但是，生产性服务业新业态发展仍然面临许多问题，如知识产权保护、市场秩序等，有赖于政府的规范和引导。发展新兴生产性服务业，需要加快制定相关的法律法规，为新业态发展提供制度保障。比如，有关网络安全、网络认证、知识产权保护、个人隐私保护等方面的立法滞后已经影响基于网络技术的电子商务、数字出版等新业态发展。浙江应积极探索建立规范和引导生产性服务业新业态健康发展的地方性法律法规体系，为企业发展创造公平、良好的竞争环境。同时，制定各种扶持政策，引导新业态快速发展。根据不同新业态发展特点，分别制定适应细分行业发展的产业扶植政策；将生产性服务业新业态重点领域纳入科技计划优先支持的领域范围，加大科技政策、科技经费对生产性服务业新业态的支持力度；研究并制定促进政府公共服务部门和国有企业采购拥有自主知识产权产品及服务的专项政策，充分发挥政府采购在支持服务业新业态发展中的重要作用。

推动改革开放，加快生产性服务业的开放发展。首先必须切实打破垄断、推进市场化改革，吸引大量民间资金发展生产性服务业。发达国家和地区推进垄断行业市场化改革的经验在于，对自然垄断性服务企业进行拆分时，强调竞争与效益兼顾原则，同时建立完善对自然垄断性服务产业的成熟监管体系，并通过制定法律、法规推行市场化改革。结合发达国家和地区的经验及浙江的相关政策现状，在推进垄断性生产性服务市场化改革、放开市场准入时，还要特别注重完善相应的监管体制。目前，民营企业在生产性服务业领域的发展，比在制造业领域中要艰难得多，无论是在金融领域，还是在物流运输、文化传播等方面还存在较高的准入门槛。浙江要建立新竞争优势，必须在生产性服务业领域加快改革，对民间资金完全放开限制并实行市场准入制度，吸引大量民间资金参与生产性服务业。在进一步推进市场化改革进程中，必须切实健全诚信体系、规范市场秩序，进一步强化政策导向，从而加快浙江服务业特别是生产性服务业的发展与升级。同时，以扩大开放为动力，促进生产性服务业的加快发展和创新。具体包括加大承接国际服务业转移和服务业外包的力度，大力鼓励生产性服务业吸引外商直接投资或积极有序引入战略投资者，大力发展服务贸易，支持有条件的企业包括服务业企业"走出去"发展跨国经营等。比如，加大承接国际服务业转移和服务业外包的力度，优化政策环境，创新服务业聚集区功能和制度设计，着力吸引跨国公司总部、研发中心、设计中心、营销中心和软件开发，在承接服务业外包的国际竞争中抢占有利位置；大力鼓励生产性服务业吸引外商直接投资，全面提升与外商投资的合资合作水平，以促进生产性服务业的技术引进、管理创新；积极有序引入战略投资者，对目前仍带有垄断性的生产性服务业进行改革重组，促进其提高管理水平和服务效率，大力发展服务贸易，促进国内生产性服务业质量的改善；支持有条件的服务业企业"走出去"，发展跨国经营，建立海外营销网络，开展海外并购，加强战略联盟，提升与国外高端生产性服务供应商的合作水平。

大力扶持下一代中小型生产性服务业转型升级。政府应通过简化手续、放宽审批与束缚，减轻中小型生产性服务业企业的各种负担，为其发展壮大与创新转型营造良好的环境。尤其是在培育初期，可通过设立中小型服务业企业创业基金、提供贷款担保、降低小额贷款质押要求、简化贷款手续等方式，并可积极引进国内外私募股权基金，协调中小型服务业企业与股权投资的投资关系，为中小企业融资提供便利。有条件的地方政府可以通过提供启动资金、减免税收等手段，引导建立区域性技术新中心，专门负责研发中小型服务业企业所需要的创新技术并提供技术培训。还应建立完善市场信息网，为中小型服务业企业提供国内、国际的市场供求信息。此外，政府应从资金支持、辅助人才培养等方面采取切实有效的措施扶持有实力的服务业企业"走出去"，鼓励它们对外投资或设立机构、输出服务；各地区应该加强区域合作，通过汲取其他区域服务业企业的优势增强本区域服务业企业的国际竞争力；加快生产性服务业发展所需的高层次、复合型人才的培养与引进，也是当前迫切需要解决的问题之一；通过立法加强对知识、技术密集型生产性服务业的知识产权保护，以提高此类行业企业的国际竞争力。

引导推进制造业生产性服务业成为创新主体。动员、鼓励、支持和引导制造类企业进行大规模的专业化改组和改造，在此基础上大力发展生产性服务业，并使依托制造业的生产性服务业单独成为创新主体。在这方面，浙江金融服务与市场渠道建设等方面具有独特的竞争优势，如果得到有效提升，加上品牌与开发设计方面的功能弥补完善，完全能成为制造业生产性服务业的竞争力所在。在具体措施上，应积极推进企业改革改制，推进企业流程再造，剥离出适合市场交换的生产性服务并使其市场化、社会化，以降低运营成本。积极完善劳动工人制度，加强企业的自主性。在宏观经济的大趋势上，引导企业创新再造。具体而言，一是细化企业内部分工，推进生产服务系统和生产制造系统的分离，强化研发、设计、营销等环节，增加生产性服务的内部供给。二是将企业内部分工转化为外部分工，推进研发、设计、营销、物流和售后服务等环节的外部化发展和专业化发展，提供外包服务，增加生产性服务的外部供给。三是发展生产性服务的需求，转变"大而全""小而全"的观念，将研发、设计、物流等环节分离出来，外包出去，提高企业专业化程度和运作效率，扩大对生产性服务的需求。

　　强化产业融合，形成生产性服务业产业链。鉴于浙江制造业多依托外贸出口、依托专业市场而联动发展的特点，应把培育高端商务咨询与研发设计确定为生产性服务业发展的两大中心，并且围绕这两大产业中心，形成完善的生产性服务业产业链。生产性服务业产业链的建立，有助于跨越单个主体，提升整个行业技术、服务、品牌等的附加值比重和竞争力。尤其是需要依托科研机构与企业技术平台，形成利益共同体，强化激励机制、淡化约束机制。允许无责任或轻责任体制下的"创新失败"，从而促进其致力于提高科研开发、市场调查等产品前段生产性服务业的竞争力，逐步提高研发与技术服务在服务业产值中的比重。在空间上，根据各地实际促进产业优势融合，形成特色生产性服务业产业链，尤其是要拓展支柱性产业功能范围，加强对上、中、下游产业的专门服务与共享。如杭州与宁波等城市要注重培育和发展研发、系统集成配套、物流、设计、创意广告、采购、会展、咨询、教育等生产性服务业产业链和服务业产业体系，同时要利用杭州与宁波保税区物流中心，吸引大批中外物流企业，重点打造统一品牌，努力构建"大物流"产业链；台州、温州等城市要以开发区为基础，立足自身特点，开展针对开发区的专门服务，依托工业设计，构建产品平台和创意产业园，依托码头、深水港重大枢纽建设，积极发展第三方物流；金华等城市要积极利用电子产业发达的优势，借助工业园区，促进二、三产业联动发展，积极开发和拓展上游、中游、下游的产业服务功能，秉承"亲商"理念，促成商贸物流型生产性服务业集聚产业链，集聚更多上下游企业，凝聚整体优势，进而提升生产性服务业竞争力。

三 高度重视发展软产业，提升制造业竞争力

软产业是关系浙江能否顺利走向世界和实现基本现代化的举足轻重的产业，也是浙江加快推进产业转型升级的重要抓手，是有效提升制造业竞争力和实现制造业强省的必然选择。"十三五"时期，浙江发展软产业面临着非常难得的战略机遇，应着重围绕文化创意产业、互联网应用产业、流程设计柔性产业和金融服务产业等重点领域加快布局，加快改革开放，提升服务配套能力和完善制度建设，积极规划若干软产业发展平台，大量培养形成浙江的设计家、资本家与金融家优势，与浙江实业家优势形成互补与支撑。

国际经验表明，随着知识逐渐取代有形的物质资源成为经济增长的源泉，GDP变轻和产业软化成为趋势。基于知识等软要素的软产业也就与技术创新并列成为同等重要的两大转型动力，缺一不可。软产业主要包括品牌消费设计服务类产业、文化创意产业、互联网产业及金融财富产业等。当前，国内普遍重视科技创新，而工业设计领域的

创新却被大大低估。与发达国家和地区相比，浙江无论是在认识上还是战略对策上，对软产业的应有地位和重要性认识还很不够。因此，在进一步强化技术创新的同时，要同等重视软产业发展。尤其在"十三五"转型发展的关键时期，浙江大力发展软产业是大势所趋，势在必行。

1. 推进浙江转型升级迫切需要软产业

在信息经济时代，软产业往往占据产业前沿，更能集聚各类稀缺要素资源，同时也有助于推进传统产业转型升级，提升硬产业竞争力。一手抓技术创新，一手抓工业设计等软产业，是转型升级的重要举措。

推进转型有两大抓手：左脑创新，右脑设计。在制造业产业转型和升级的进程中，理性的左脑主要提供技术创新来源，并形成产品竞争力的内在支撑，是产品创造力的主要来源。而产品竞争力的外在支撑主要来源于工业设计（来自右脑设计），这也是提升产品价格、营利能力和品牌号召力的重要原动力。因此，产业转型升级需"创新""互联网+""设计（工匠）"三样武器。国内总在强调，科技创新是产业升级的最重要甚至唯一的路径，这有待商榷。"科学技术是第一生产力"对于30年前的中国是适合的，当时中国一穷二白，强调科学技术的重要性，对于国家的发展是有根本性推动作用的。但今天，我们的科研水平上去了，产品的相关科技研发投入也很高，但工业附加值没有上去，距离国际品牌产品还有很大的差距。

发展软产业，有助于提高传统产业效率和产品竞争力。软产业是产业竞争力提升的翅膀，是提升产业竞争力的关键，有助于提升硬制造业的质量与水平，增强"微笑曲线"两端和国际竞争力。当前，国内生产了全球80%的钟表，但产值仅占一成；出口服装的单价比韩国差四倍，比欧洲差六倍；作为芭比娃娃的主要产地，中国只能分享到其中3.5%的收益,千万件衬衫换一架飞机。长期以来,公众都笃信,只有科技创新才能改变"中国制造"在产业链上的悲情角色。因此,对于浙江极力打造的八大万亿产业来说,软产业是重要支撑和关键环节,是高端产业的重要抓手,尤其是工业设计产业,能为"浙江制造"带来高附加值和溢价。

软产业有助于实现质量型增长,是贡献GDP的重要来源。软产业是未来区域竞争的核心和关键。国内外各地正日益重视扶持以信息、技术和知识等软要素为主要生产要素的产业并将其作为新的支柱产业,传统产业对软要素的依赖程度也大大加深,出现软化的趋势。尤其是新技术的发展和广泛应用使传统产业得到了改造,信息、服务、技术和知识等要素向传统产业逐步渗透。同时,大力发展软产业,还能有效弥补动力缺失、缓解危机。新常态下经济增速放缓,大力发展软产业有利于缓解传统制造业下滑危机及其引起的经济社会等缺失危机,尤其是失业等方面的危机。以美国为例,美国国家竞争力的日益增强,就是得益于GDP结构变轻,也就是说,虽然现在美国GDP比50年前增加了5倍,但GDP的物质重量却没有多多少。显然,美国GDP变轻是软产业发展和产业软化的结果,这说明美国的经济发展方式已经不再依赖硬要素的投入。这对于过去过多依赖硬要素投入、积极谋求经济发展方式转变和处于转型阶段的浙江而言,无疑是有借鉴意义的。为此,在未来的一段时期尤其是"十三五"期间,积极发展基于软要素的软产业应该成为浙江经济发展的重点。

2. 浙江发展软产业面临重要机遇期

当前,浙江产业升级与转型进程不断加快,大力发展软产业正当其时。软产业是推进浙江转型升级的重要支撑,能加快推进浙江"高端制造"进程。软产业是推进制造业由"粗糙"向"精益"升级的重要力量。

借鉴学习"科技立国、设计为本"的国际经验。目前，全球已有20多个国家将推进工业设计的产业化发展纳入国家战略，将其视为占据国际制造业分工链条上游高附加值区域的重要手段。世界产业结构软化趋势为我国产业结构调整和升级换代提供了宝贵的经验与启示。产业结构的状态总是随着经济发展的变化而处于不断变动的过程中。以美国和日本为代表的世界发达国家从20世纪80年代开始了新一轮的产业结构调整，这次调整呈现世界产业结构转换的新趋势——产业结构软化。日本在二战后的萧条时期提出"科技立国，设计开路"的国策，把工业设计提升到国家战略层面，成就了索尼、松下等一批著名企业，也通过工业设计标准化实现了出口总额占GDP 80%的大逆转。韩国以前的国策也是"科技立国"，汉城奥运会之后，韩国人把国策直接改为了"设计立国"。

浙江发展软产业有优势、有空间、有可为。从硬产业到软产业，是地区谋划可持续竞争优势的重要路径，软实力往往更具有核心竞争力和抗风险能力。与硬产业相比，浙江软产业优势明显，在文化产业、智能网、云计算、移动互联和大数据产业上已初步形成一定的基础、特色和优势，但在内涵、规模与结构等方面还有很大的差距与上升空间。由于缺乏完备的体制保护，自主设计的成本与仿造的成本相比又太高，所以抄袭在工业设计界是常态。国内很多企业因为习惯来料加工，愿意使蛮劲而不愿意动脑子，一味盲目跟随潮流或者直接仿造别人，形不成自己的风格与特点，只能在产业链低端进行价格竞争。与传统产业相比，软产业发展空间广阔，但也面临着诸多不可预测的高风险，因此需要把软产业做成硬支柱，形成硬实力。软产业应为硬产业提供平台，从而成为新经济的推进器。正因为如此，软产业价值主要是通过虚拟价值体现出来的,而不在乎它本身的经营业绩。

3. 提升浙江软产业的重点领域和突破口

软产业是融知识、思想、信息于一体的轻资产型产业,具有自身独特的文化内涵、技术路线和创新模式,应围绕文化创意产业、互联网产业、数据产业等重点领域,重点布局。以文化创意为核心的软产业。软产业及其文化正在改变传统经济和文化的模式和理念,使对文化、娱乐、动漫、游戏等高附加值、精神性产品的需求提升,创意产业成为推进产业软化的重要工具和引擎。当前,浙江文化创意产业还有很大的提升空间,尤其是基于传统文化的动漫游戏、基于互联网应用平台的娱乐消费、基于地方文化的美丽经济、体育赛事服务、影视知识产权服务(电影 IP 与游戏互换)将成为软产业主导力量。在美国,IP 电影已经成为电影市场主流,2000 年后超级 IP 改编电影普遍收获高票房。"十三五"时期,浙江首先要围绕大内容产业,从游戏、影视、移动分发等方面全面布局泛娱乐产业链。围绕文化挖掘、文化创意和文化嫁接,推进"文化+"与"互联网+"的融合发展,利用 3D 等数字技术,打通文化产业链。其次要积极发展新平台、新终端,发展新模式、新技术,培育网络文化产业,同时利用互联网技术促进传统文化产业的升级,增强浙江文化话语权,扩大浙江文化影响力,提升浙江文化软实力,促使其成为硬支撑。

以互联网应用为前提的软产业。软产业带有典型的虚拟经济特征,虚拟经济与实体经济不是竞争关系,而是互为依托、互相促进的伙伴关系。在软产业时代,硬产业中的有形资产已不在价值实现方式中占据中心地位,现代企业沟通与协作的成本已不再高昂,企业的规模已不能最终制约经济回报,各种信息的获取成本低廉且透明度高。浙江消费互联网产业已衍生出各种盈利模式,并形成了完整的产业链。经过二十年的蓬勃发展，消费互联网在面对一般消费者的电子商务、社交网络、搜索引擎等行业形成了模式化的发展态势，已经形成较为稳定的行业发展格局。笔者认为，浙江未来更大的发展空间来自方兴未艾的产业互联网。产业互联网以企业为中心，通过在研发、生产、交易、流通、融资等各个环节的网络渗透，有利于提升生产效率、节约能源、降低生产成本、扩大市场份额、畅通融资渠道。"十三五"时期，一要重点围绕互联网应用的数据流、数字营销、移动广告移动营销和智慧城市、民生大数据应用等服务型产业。二要打造流通行业供应链生态圈，通过金融、传媒、云微店等增值业务来实现分销网络价值，构建供应链生态圈。

以流程设计为代表的柔性服务业。"十三五"时期，浙江要从"高端智造"的高度，着眼于产品设计、空间设计和流程设计，推进工业设计软产业发展，加快服务设计和农业设计体系建设。一是要立足于浙江现有产业背景，紧扣"八大万亿产业"核心方向，增强工业产业链设计、流通链设计，布局"信息化领域"与"社会服务领域"两大增长点。二是要着眼于互联网经济生态主导下的创新研发机制、品牌服务体验、原型技术储备与产品服务网络等层面的竞争，使工业设计创新能够面向网络化、服务化与智能化制造体系，充分发挥自身对工业产品的文化引导与价值增值职能。三是要紧紧围绕健康医疗养老、休闲旅游及医学综合服务等重点消费行业开展流程设计，包括互联网慢性病管理服务软产业、休闲旅游综合服务软产业（如个性化旅游咨询设计等综合服务）以及提供商业服务、临床研究咨询、资本服务等医学实验室综合服务平台等。

为产业经济服务的金融软产业。近年来，浙江金融资本优势日益明显，金融产业规模与竞争力也不断强大。金融和实体经济密切联系，互促共生，只要有利于产业结构升级、经济增长和人民福祉提高的，都是浙江所需要的。"十三五"时期，浙江金融软产业不仅需要积极改善变革传统银行领域的服务，更需要积极开拓互联网金融、网上银行、供应链金融等业务，特别是需要为浙江各类实体经济提供创业创新服务的金融孵化产业链。一是发展壮大供应链金融产业。鼓励以资本为纽带，加快整合具有浙江优势和特色的财富管理、产业基金、资本投资、云联网金融、融资担保和小额贷款等产业，集聚形成供应链金融整体竞争力。二是发展壮大创新创业孵化器软产业。众创时代下，创新型孵化器以市场为主导，主要提供创业培训、行业分析、融资对接、资源共享、财务、法律顾问、活动沙龙以及产品开发、营销等一系列多元化软产业服务，从而成为创业者降低创业风险和成本、提高初创企业成功率的资源平台。

4. 做大做强浙江软产业需要一系列针对性对策跟进

"十三五"时期，在推进传统产业转型升级、战略性新兴产业快速发展的同时，更需要从战略高度，以政策与环境为促进，整体提升软产业，加速推动软产业向特色化、高端化、规模化、集群化发展，实现浙江由工业经济、产业园区向知识经济、创新园区和增长极跨越。

加快开放、推进改革，完善政策是关键。一是要完善软设计公司税收优惠、人才激励政策，更大力度提供创业土壤和必要设备环境，促进资本渠道的平台建设与完善。二是要创新市场机制，让市场资源有更便捷、更高效的配置渠道；完善公共文化服务体系，让更多群体享受到优质文化产品，这将是文化产业改革的两大关键。三是要建立良性的市场竞争机制与法律法规保障，扶持工业设计领军企业和行业领军人才，破除其在户籍、住房和职称评定上的制度约束和障碍。

培养人才、培育要素，壮大软产业发展中坚力量。浙江不但需要实业家，也需要资本家、金融家。因为软产业是知识技术密集型产业，从业人员绝非体力劳动者，而是知识型人才。人力资本、知识、技术、服务和信息等软产业要素至关重要。

规划平台、加大试点，打造若干软产业集聚区。一是加快推进产业集聚区向设计集聚区转型，鼓励现有产业集聚区建立工业设计区。二是规划若干金融试验区。打造更加完善的境外投资政策支持体系。比如，与财税部门共同研究推进适应境外股权投资和离岸业务发展的税收政策，从而解决企业境外投资税负过重的问题。三是建立健全工业设计服务中介平台，鼓励制造业企业与职业设计公司开展长期性、深度性合作，为重点制造业企业提供稳定的设计服务供给，降低生产资源调整成本。

提升服务水平与质量，推进制度建设国际化。要着重从投资便利、融资便利、模式创新等角度，为浙江软产业规划发展提供支撑。一是着力打造全生命周期服务体系公共服务平台，整合律师事务所、会计师事务所、咨询机构、评估机构、融资服务机构等各类专业服务力量，推进投资项目库、资金库、信息库的建设，实现政府、中介机构与企业的有效连接与信息共享，打造全国领先、与国际接轨的全过程服务链。二是创新突破股权投资基金的出海之路，助力企业收购全球范围内的潜力资产，开拓国际市场；积极开展跨境投融资业务，包括内保外贷、跨境并购和项目贷款、跨境资产管理和财富管理等。推动境外投资逐步与国际接轨，实现更高水平发展。

四　重点推进健康产业大发展，提升居民幸福获得感

2016年，浙江已进入人均生产总值突破1.2万美元的发展阶段，全省人民的生产、生活方式和环境都发生了很大变化，健康问题日益

凸显，健康需求日益增长。习近平总书记指出："人民身体健康是全面建成小康社会的重要内涵，是每一个人成长和实现幸福生活的重要基础。"① 为此，需要加快发展健康产业，在调整产业结构转型升级和实现科学发展的同时，促进人民群众健康水平和生活质量的提升。当前，健康产业面临着难得的发展机遇和巨大的成长空间，正成为各地促进经济增长的强大动力。欧美国家不仅在产业政策上积极调整，还在财政资金、项目扶持等方面大力推进。如美国"Healthy People 2020"规划、欧盟"欧盟成员国公共健康行动规划"、日本"健康日本21"国家健康促进行动规划。广东《培育幸福导向型产业体系五年行动计划》提出把健康产业作为现阶段幸福导向型产业培育的重点。浙江也提出"健康浙江"的发展目标和要求，2012年，浙江省政府工作报告正式提出要制定实施"健康浙江"发展战略。随后的浙江省十三次党代会再次强调，要"制定实施具有浙江特色的健康发展战略，积极落实重大国民健康行动计划"。然而，目前浙江健康产业发展还存在产品和创新不足、企业规模较小而研发力量薄弱、产业法规与标准不完善以及医疗信任危机、食品安全问题严重、保健品的过度忽悠等问题，导致公众对行业及市场的信心与信任不足，健康产业领域投资整合不够。实施健康产业大发展战略，要重点扶持战略性健康制造业，积极发展健康服务业。为此，需要从产业选择、发展规划、体制机制以及政策配套上加以支持，大力推进浙江健康产业跨越式发展，使其尽快成为浙江转型发展的重要抓手。

健康产业正面临着难得的发展机遇和巨大的成长空间。但由于对健康产业对经济增长和社会发展的巨大作用认识不足，对健康产业的

---

① 《习近平会见全国体育先进单位和先进个人代表等时强调发展体育运动增强人民体质促进群众体育和竞技体育全面发展》，《人民日报》2013年9月1日。

重视和支持与其影响程度不匹配，政府层面还没有达到应有的政策高度。为此，必须在战略定位、发展思路和产业政策上做出积极调整。在发展定位上，要拔高地位，把健康产业打造成浙江转型发展的重要战略性产业、"两富"浙江的重要支柱和现代化进程的重要动力；在总体思路上，要形成"123"健康产业体系，抓四大重点突破口；在目标任务上，把浙江建设成国内外健康医疗高地、健康服务示范基地、健康产业品牌集聚地，到2020年基本建成集现代健康产业、发达健康社会和幸福健康生活于一体的"健康浙江"。

1. 提升认识，战略定位浙江健康产业发展

研究表明，在医疗保障或健康领域每投入1元钱，就会得到8元左右的收益。美国医疗服务、医药生产与健康管理增加值在GDP中的比重达17.6%，属最大产业。浙江在健康制造业（化学原料药、生物、中药以及健康器械制造等）和健康服务业（医疗、养生养老、健康信息产业以及医学实验室、医学检测等）领域都有布局和发展，其中化学原料药、保健食品、医疗器械等产业已初具优势，分别位居全国第4、第5和第3位，海正、青春宝、通策医疗与迪安诊断等龙头企业也已具有一定影响力；"浙八味"等道地药材，厚朴、杜仲等大宗药材以及铁皮石斛等珍稀药材在全国市场中占主要份额；一批优势拳头主导产品脱颖而出；健康信息产业与养老产业已初具规模，规模与实力也在全国处于领先地位。资料表明，2017年浙江健康产业增加值约占生产总值的7.9%，高于全国平均水平（约5.8%），但总体看仍处于初级发展阶段，产业提升空间巨大。一是拔高地位，要明确健康产业在浙江发展中的重要战略地位，把健康产业打造成转型发展的重要战略性产业。健康产业是继土地革命、工业革命、商业革命、信息革命后的核心主题。健康产业关联性强，从医药制造、生物产业、医

疗服务到健康信息技术、健康服务管理，无不蕴含巨大市场潜力，健康产业的发展无时无刻不需要技术进步与创新支持，以医疗为代表的健康服务业发展还有助于带动其他服务业，促进经济转型升级。可见，健康产业是战略性新兴产业，而非消费性支出或保障性产业。二是把健康产业打造成"两富"浙江的重要支柱，使之成为"健康浙江"、建设"健康社会"的重要前提。《健康经济学》指出，一个社会必须配置一定的经济资源来预防和治疗人们的疾病，这是健康社会和幸福生活的根本保证，健康社会的决定因素包括健康产业、健康公平和健康预防保障。① 可见，没有健康产业这一重要支柱，就没有健康生活和健康环境，建设"物质富裕、精神富有"的浙江就成为空谈。健康产业发展还有助于保证民生、控制医药费用，减轻群众负担和稳定社会，并通过产业链向医疗服务两端延伸，把医疗转变为健康服务，提升医疗服务水平，推动健康社会和"健康浙江"的形成。三是把健康产业打造成"现代化浙江"的重要动力。现代化的重要标志是健康和快乐，人作为现代化的主体，人的现代化必须有健康身体和健康生活作为保证。因此，健康作为政府和民众关注的重点问题，健康产业的完善与否及发展规模如何，在一定程度上就影响着人民生活水平的高低，影响到人的健康和人的现代化进程。

然而浙江健康产业发展还存在诸多矛盾与问题：缺乏系统规划，产业化程度低与品牌基础不牢固，健康要素流动不畅；传统健康产业急需转型，基因与生物类份额偏低；健康食品产业化和国内市场占有率低；健康服务标准与政策体系不健全。这些矛盾与问题，急需通过改革开放，在理念认识、发展规划、体制机制及政策配套上加以调整。

---

① 詹姆斯·亨德森：《健康经济学》，向运华等译，人民邮电出版社，2008。

2. 突出重点，引导布局浙江健康产业发展

解决上述问题的关键，是突出重点、增加供给，加快集聚、构建载体，适度开放、加强接轨，以健康产业为基础打造"健康强省"。

在目标任务上，打造"健康强省"，重点集聚一批生物健康产业龙头，打造一批国内外知名健康基地、健康试验区和示范区，培育一系列健康服务管理品牌。一是以滨江高新区、未来科技城、台州医药园等为载体，形成一批具有强大竞争优势的生物龙头企业（制药和检测）、化学医药和营养健康产业的研发和高端生产基地。未来科技城要重点聚集生物医药领域的科研机构和国内外知名企业研发中心，形成浙江生物医药产业的研发创新高地。二是建设一批以特色医疗服务和养生养老为中心的健康服务基地，扩大丽水等地健康休闲和养生养老产业规模。三是培育一批以健康体检、牙科、生殖和男科为特色，逐步在省内外连锁扩张的健康品牌。

在总体思路上，形成完善"123"健康产业体系。首先，布局完善"123"健康产业体系。根据浙江健康产业基础，健康产业链应以健康医疗为主体，前端主要培育健康养生养老、健康食品保健两大产业；后端主要促进以治疗康复为主的生物医药、健康信息、健康医疗器械制造三大产业（见图10-1）。这些健康产业在浙江已初具规模、特色和优势，未来需要系统规划、规范和提升。其次，引进与提升并举。围绕健康产业链的主体和两端，积极引进国外优质医疗资源、高端健康服务与健康管理品牌，积极引进世界前沿生物技术，积极推进传统健康制造业和健康服务业的改造提升。尤其要在现有医药园区基础上整合集聚，改造提升传统化学与原料药初级加工业，并推进向生物产业转型。以技术创新为手段，推进实施"生物强省"战略，在重大生物产业与专项上抢先布局；制定"中药强省"战略，推动中药产

业向大健康产业发展。最后，要坚持放权与监管并重。改革红利，向市场释放利益，使社会资本成为浙江健康产业链前端与后端的主要力量，以开放推进市场化与国际化，增加供给规模。坚持"政府引导、市场驱动"，发挥市场这只无形的手在资源配置中的作用，激发社会活力，不断增加健康服务业的多层次供给，提高服务质量和效率。着眼于满足人民群众多层次、多样化的健康需求，非基本健康服务逐步由市场提供，政府退出主导位置，站到引导和监管的位置。

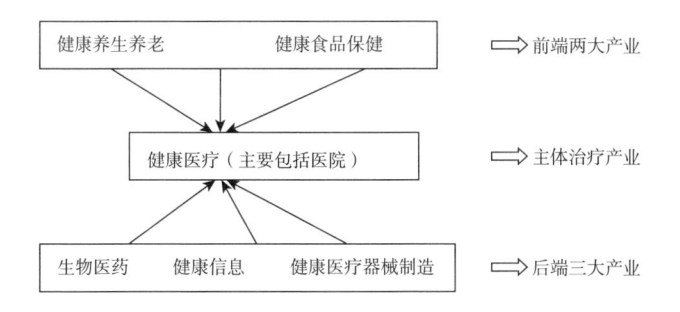

图 10-1 浙江健康产业上下游行业分布

加快浙江健康产业发展，要抓住重点和突破口。首先是大力发展浙江医疗产业。推进信息技术的广泛应用，加快医疗产业智能化、国际化和网络化进程，发展移动医学、健康数据产业和智能医疗产业；积极引进国外知名医疗机构，尤其是进入高档健康医疗领域，推进浙江医疗产业国际化进程；积极推动省级医疗机构到县乡并购，实现网络化布点，占据中档健康医疗领域；规范现有社会医疗，并鼓励社会集团资金投入大众化健康医疗领域；积极支持通策医疗与艾迪康等健康体检、专业健康医疗品牌的连锁扩张。其次是做大做强养老养生产业。近年来，杭州、温州等地结合实际，创造出不少民办公助、引入市场机制开展养老服务的经验做法，有关部门应积极总结推广。使社会力量成为养老服务主体，政府要简政放权，完善更加公开透明的系列优惠政策，鼓励健康医疗与养老产业结合，鼓励举办社会性康复护理，设立老年照顾机构，建立健康照护费用的政府、社保和个人三方共担机制。通过税收、信贷等优惠政策支持家庭健康服务、体育健康、养生保健、健康管理等服务型组织发展。此外还要大力实施创新引领重大健康专项。创新引领健康产业专项向高端发展，通过"引进来"与"走出去"，加强国际合作，提升健康产业国际化水平。尤其是围绕心脏、心脑血管和肿瘤治疗等重点领域，抓住国际生产要素重组和产业转移的机遇，重点引进国外生物医药领域大企业、大集团和处于生物医药产业高端环节的大型产业项目。鼓励国际著名跨国公司和科研机构在浙江设立研发机构；积极引进海外优秀人才和创新科研团队到浙江工作、教学和从事研究工作；支持浙江健康龙头企业走出去，积极参与国际重大前沿技术的研究与合作。最后要积极提升健康制造业。提升化学原料药、健康机械等制造业，要向具有重大科技创新、具有产业化前景的高科技项目和生物项目转型，鼓励医药龙头企业整合行业资源，推动企业与科研机构合作、重组，推动形成一批拥有自主知识产权、创新能力强、发展潜力大的龙头企业。支持企业加大对市场需求量大、产品市场前景好、附加值高的医药品种进行二次开发和提升，提高优势产品技术水平和质量标准，打造品牌优势，加大品牌推广力度，提高产品市场占有率。

3. 实施推进一批健康产业工程

推进健康产业发展，需要深化改革，强化支持，激发活力。政府要强化在制度建设、规划和政策制定及监管等方面的职责，营造公开、透明、平等、规范的健康产业发展环境；推进健康服务业标准化，为浙江医疗、养生养老和健康食品等产业保驾护航。

一是健康产业大提升工程。首先要整合各方力量资源，突破行业限制，布局大健康产业链。形成覆盖保健（前端）、医疗（支柱）、康复（后端）环节的完整产业链，并形成规模与合力；积极推进产业融合，实现传统产业、现代产业向健康产业的融合汇集。其次要围绕重点领域，形成"双轮驱动"，即要在健康制造业、健康服务与管理业两大板块同步发展，尤其是拓展健康服务与管理领域的更大空间。要根据浙江实际，重点发展生物制药、医疗器械、健康信息产业、健康食品与生物农业、健康服务与管理等五大领域，积极推进健康制造业的转型升级，推进健康服务与管理业的规模经营与改造提升。尤其是要打破各地各自为政的局面，在现有各地医药园区基础上整合集聚，改造提升传统健康制造业，尤其是原料药初级加工业。尽快制定实施"生物强省"战略，在生物产业上抢先布局，推进化学原料药业向生物产业转型；制定"中药强省"战略，推动中药产业向大健康产业发展。以信息技术为手段，加快提升杭州、台州等地健康制造业的质量与水平，扩大丽水、衢州、金华等地健康休闲和养生养老产业规模。

二是健康基地大集聚工程。将浙江打造为世界级健康产业基地，要突破区域限制，重点打造健康产业群。除医药集群外，还要大力拓展延伸绿色农业、生态环保以及养老服务、健康管理、健康教育培训、体育健康、旅游健康基地等集群建设，有条件地加强旅游综合体、休闲综合体以及健康综合体的建设。尤其是要全力推进杭州、丽水、舟山等地成为高端健康产业基地，并在国内外市场形成巨大影响力。做大做强浙江健康产业群，还可考虑主打道地药材品牌（如铁皮石斛等）以及千岛湖天然水特色品牌，形成集聚。同时，在健康产业园区基地建设上求发展，要加强重大创新平台建设，以未来科技城、杭州高新区、台州医药园区为依托，大力建设产学研平台。在生物与健康产业创新资源聚集上求发展，上下联动。要加强与国家和省有关部门联动，积极与浙大、中科院、军事医学科学院及清华、复旦大学等国内著名生物与健康领域的高校、科研院所合作，大力促进资金、项目、成果等创新资源集聚浙江。

三是健康技术大突破工程。浙江在健康信息产业上已初具规模，是国家软件产业基地，拥有阿里巴巴、创业软件、图特信息科技、联众医疗科技等较多健康信息龙头企业，产业规模与实力在全国处于领先地位。因此，首先要突破传统限制，形成技术引领提升。开展智慧健康相关项目的高端研发，打造全球智慧健康产业及标准的战略高地。特别在基因检测、干细胞存储和诊疗、母婴保健、影像诊断与放射治疗等新兴领域，提供网络基因检测、远程健康管理、电子医疗档案等健康服务。其次要突破主体限制，实施重大创新计划。实施重大健康研发计划，或可将浙江省医药研究院并入浙大医学院，建设丽水医学院、舟山药学院等，提升整体创新和转化能力。借助浙江大学等高校实施尖端应用科学攀登计划工程，围绕"基因计划"（可引领带动基因技术研发、诊断和重大创新药物研发及其产业化等系列高端产业）和"心脏和脑科学计划"（探索人类大脑工作机制和绘制脑活动全图，开创心脏和脑新疗法）等，未雨绸缪，抢先布局。最后要重点培育，在大力实施生物与健康产业重大专项上求发展。设立生物产业重大专项，生物产业重大专项要结合浙江生物与健康产业的特色与优势，重点支持重大新药品种研制和产业化、大型实验动物国际认证与生物医药外包服务、干细胞关键技术及应用、生物诊断关键技术及产业化等重大专题，促进生物与健康产业快速发展。

四是健康主体大开放工程。首先要突破产权限制，形成民资主导。探索实行政府投资向健康产业的倾斜政策，加强政策性金融机构和鼓励商业银行对健康产业重点企业和基地的支持。强化产业发展基金的引导作用，设立一批专业性创业资本基金，鼓励引导风险投资投入健康产业。充分发挥市场机制作用，鼓励社会资本兴办健康产业。进一步开放中高端医疗服务业，培育民资主导的健康产业服务机构，满足日益增长的就医需求并带动医疗服务体系的效率提高。积极鼓励举办社会性康复护理、老年照顾机构，建立健康照护费用的政府、社保和个人三方共担机制。通过税收、信贷等优惠政策支持家庭健康服务、体育健康、养生保健、健康管理等服务类组织发展，创造更多就业岗位。其次要重点扶持，在生物与健康产业龙头企业创新上求发展。通过项目、重大生物产业专项、创新型企业、行业工程技术中心、创业领军人才、产学研计划、企业研发费抵扣、科技金融等多种途径，从基础设施建设、技术创新、投融资等方面重点扶持龙头企业快速发展。胡庆余堂、立钻、正大青春宝等浙江龙头企业在全国具有较强的品牌影响力；"浙八味"等道地药材，厚朴、杜仲等大宗药材以及铁皮石斛等珍稀药材在全国市场中占据主要份额。

五是健康环境大支撑工程。积极支持健康产业的发展，需要切实采取实际行动，在运行机制、管理、创新以及政策等方面积极推动。要建立完善支持健康产业发展的政策体系。建立健康产业基金，开展相关战略研究，制定健康产业发展规划；定期发布相关产业政策，在投资、金融、财税、科技、人才等方面给予支持。同时，在产业发展环境上，加大对健康产业领域重要关键技术的科研投入，对生物制药、养生保健等的技术创新、相关知识产权保护、专利快速申请和认证等方面给予支持。在人才方面，制定鼓励卫生技术人员合理流动的相关政策，大力加强健康服务类人才的职业技能培训和岗位认证。加强对健康类产品和服务的消费引导，树立健康产业品牌。加大对健康生活和健康消费的宣传力度，形成全民"投资健康"的消费理念。可仿照"节能补贴"的做法，对中小型、技术型医疗器械、健身器具等产品消费进行"健康补贴"。加大对健康产业重点领域和品牌的宣传推广，推进健康产业产品和服务质量体系建设，增强消费者对健康品牌的认知和信任度，大力支持健康品牌创建。

4. 以"四大创新"推进健康产业行动计划

充分发挥浙江的特色优势，按照带动力大、市场拓展性强和覆盖面广的要求，选择生物医药研发、健康医疗、健康服务管理和健康信息数据四大行业，实施重点突破；力争通过"四大创新"，在6~7年内使之成为浙江健康产业链的主力军，引领和带动全省健康产业实现跨越式发展。

着眼于技术创新，推进生物医药行业发展。中国医药市场正处于根本性变革中，老龄化、慢性病、疑难病对创新药的需求快速增长，中产阶层和富裕人群的增加以及政府对医疗支出承担比例的不断提高，都为生物创新药研发和消费提供了重要基础，并将推动医疗消费以年均14%的速度增长，到2020年将占全国GDP的7%。预计浙江生物医药行业年均增长率将达18%左右，2015年生物医药产业产值达2100亿元，"倍增"计划目标是2020年达4000亿元。一是着眼于研发平台的技术创新，形成从仿制药到原创药的创新路径。制药行业是研发导向型行业，研发能力尤其是原创性类新药研发能力，最具有前瞻性和代表性。鼓励重点建设企业研究院，加强国际合作，支持浙江海正、贝达与华海等研发强企针对国外专利即将失效的重磅产品进行仿研（2014~2017年失去专利保护药品数分别为100家、102家、68家和83家），加大3.1类新药研发力度，尽快在生物制药上做大规模、抢占先机，并通过仿制药研发提升技术能力，扩大市场基础，为下一步加强原创药研发积累经验。二是坚持高端，培育大企业和拳头大产品。以浙江特色原料药制剂、生物制药、现代中药加海洋生物药的"3+1"格局为基础，重点引进重磅生物药科研团队，重点布局3.1类新药向1.1类原创药研发拓展延伸的创新药梯队，并坚持以基因药物等高端产品为中心，培育更多高端人才、龙头企业和超10亿拳头产品。三是引导鼓励企业积极参与、发起、组建产业基金，力促生物制药项目研发上市或进行并购。逐步改变政策支持方式，设立创业投资引导资金参与社会化创业投资基金，鼓励浙江医药企业学习诺华制药、葛兰素史克和辉瑞经验，积极扶植如肿瘤药等早期研发项目或孵化器，结合自身优势领域参与组建产业基金，提升增长动力和规模。四是为生物创新药研发提供专门快捷通道。建议在未来科技城、杭州高新区和台州医药园设立"一站式对接窗口"，积极支持创新药物研究课题研究，主动了解创新药物研发单位需求，将申报创新药物纳入快速通道，并探索新型药品研发的先行先试生产模式。

着眼于管理创新，推进健康医疗行业发展。当前，浙江正由后工业化向基本现代化阶段迈进，健康医疗需求空间非常大，中高端医疗需求增长更为明显，特别是老龄化背景下更多居家养老人群对专业的养老医疗需求服务日益增长。浙江医疗行业"倍增"目标是到2020年医疗服务占健康产业链的15%，即1500亿元（美国2011年医院医疗服务占健康产业产值的19%），并形成浙一、浙二、邵逸夫三大集团连锁品牌，通策口腔等专科连锁品牌和若干"中医坐诊"连锁品牌。一是着眼于总部型的集团品牌医疗扩张。日益增长的医疗行业巨大需求和地域差异，为医疗总部模式提供了基础。浙江应加快培育推进，借助综合医院"集团化"路径，借助浙一、浙二、邵逸夫的品牌优势和技术支撑，继续推进省内集团化并购并积极向周边地区扩张。

二是着眼于连锁型的特色医疗和"中医坐诊"品牌。支持通策口腔与辅助生殖、省妇保生殖、张同泰与震元堂、胡庆余堂"中医坐诊"等品牌，借助产业资本优势，快速扩展或连锁并购，形成口腔连锁、医疗与诊断连锁、健康养生连锁等模式与品牌。"中医坐诊"要紧紧围绕慢病调理和大病辅助治疗，依托历史基础、技术支撑和品牌优势，提升空间。三是着眼于互联网应用创新，推进基于互联网平台的移动医疗行业发展。互联网医疗是健康医疗发展的必然趋势，也是互联网发展自然演进的必然阶段。浙江作为互联网产业强省和消费大省，在移动互联网发展、智能终端普及、传感器技术进步、互联网设施改善下，以智能医疗为代表的互联网医疗爆发式增长。若能出台互联网医疗产业发展指导意见，不仅有助于推进各类医疗资源整合，降低医疗资源浪费，提高服务效率，还可以推进健康大数据产业发展，为诊断、治疗提供支撑，并创造更多商业机会和价值。四是提升壮大中高端医疗市场规模。医疗行业正逐步呈现规范化、高端化和标准化趋势，以中高端消费者为对象的医疗行业将加快增长。中端市场规模更大，消费群更广、年轻且教育程度高，这部分需求将是推动医疗服务市场转型的主要力量。浙江医疗机构必须加快与美国、中国香港等医疗机构合作，逐步拓展中高端医疗市场。

着眼于商业模式创新，推进健康服务管理行业发展。健康服务管理行业依托家庭、社区或中介，融合了全科诊疗、健康促进、慢病管理、康复、风险管理及临床医疗。据预测，到2020年国内具有健康服务需求和消费能力的人口将达8亿人，市场空间巨大。一是形成基于互联网应用的健康服务管理新模式。近年来，"好大夫在线""春雨医生"等病友社区、医患平台在产业资本支持下，迅猛发展，为浙江健康服务业发展提供了经验和平台。浙江应重点着眼于信息化，建立全省统一的分类健康系统平台，形成以高血压、心脏病和糖尿病等慢病为重点的差异化健康服务与管理模式，形成医院、社区和家庭相结合的老年慢病管理与服务新模式。二是着眼于互联网平台下的医药流通服务。鼓励医药企业强化商业模式创新，以互联网推动医疗流通多元化和新业态，优化整合华东医药三方平台（医疗机构、供应商服务和银企）、英特药业第三方物流以及珍诚医药的电子商务与网上交易等，不断提升规模和份额。三是规范整合体检检测行业，提升中高端体检检测。目前，爱康国宾、慈铭体检、美年大健康相继进入高端体检领域，迪安诊断也与韩国合作设立了浙江韩诺体检中心，布局高端体检市场。因此，应尽快制定浙江省体检检测行业规范指导意见，促进浙江体检检测行业的规范化、标准化和高端化。四是政策支持医药外包服务业发展。生物医药外包市场不仅规模巨大（1500亿美元/年），而且是促进生物药发展的重要推动力。浙江应积极引导协同创新，强化分工并提升效率，鼓励更多企业把医药研发、临床申报与管理、营销推广服务等专业职能剥离开来，形成专门生产性服务业，并在政策上积极扶持，推进迪安诊断、泰格医药等"小冠军"快速发展成长为"大龙头"。

着眼于协同创新，推进健康大数据行业发展。近年来，阿里、百度加快健康产业布局并开通大数据引擎，支付宝也积极连接医疗机构，推进"未来医院"。协同创新要求通过整合各环节的健康信息数据，并提供体检、基因检测、医药企业、医药流通、医疗、养生养老以及中介机构等各类产业链。一是依托健康信息技术产业，建立全省统一的健康数据平台。浙江在健康信息技术产业上已独具优势，阿里、创业软件、图特科技、联众医疗等龙头企业规模与实力位居全国前列，未来要加强协同创新，从健康信息数据链角度加大合作研发和应用。

在实践中，省级相关部门应依托阿里、支付宝或相关部门数据平台，优化整合医院传统医疗数据，结合体检等健康机构相关数据、反馈和评价数据、病情数据等，建立持续跟踪系统，形成连续性、跨区域性、非结构性健康数据平台，不断丰富数据维度和广度。二是依托数据平台实现开放性应用，提升数据利用效率。浙江省相关部门应依托龙头企业或中介机构，以不同数据平台为基础，以各类机构为节点，着眼于健康大数据精准化、决策化和专业化，深度布局和联动，形成完整产业链。积极鼓励省内医疗机构形成互通的单体数据平台，并向个人消费者开放；群体性数据向医药企业和健康服务机构开放，不断提升数据利用规模和效率。三是着眼于数据平台，推进个人终端服务。鼓励各类企业通过云计算、物联网、大数据、移动互联网等信息通用技术（ICT）科技手段为个人终端提供健康管理、疾病诊治、人体功能数据采集等"健康云"系统。鼓励浙江企业协同创新并采取 B2G2C、B2B2C、B2C 等多种商业运营模式，与健康检查机构、体检中心、健康管理培训机构、社区物业、食品营养品厂商、医疗运动器材厂商建立生态链，采取合作运营分成模式、用户许可模式、整体营销模式等进行广泛合作。

第十一章
新工业革命下的转型发展与智能制造

历经机械化、自动化与信息化革命后,新的智能化发展尤其是人工智能技术(AI)的蓬勃发展,使新工业革命形成的新技术浪潮给工业制造业发展带来较大挑战,对浙江的转型发展也提出紧迫要求。对于实体经济来说,制造业智能化更是全球工业化的大势所趋,也是重塑国家产业竞争力的关键因素。世界各国尤其是美国与欧盟等发达国家和地区,日益重视制造业的回归升级,不断谋求通过提升生产的智能化水平来解决就业、推进转型和再度实现新的发展。

一 应对新工业革命的国内外经验与启示

应对新工业革命,提升制造业发展质量与水平,需要及时更新发展观念。应对挑战,我们既要有紧迫感,重视存在的问题和差距,又要看到机遇和现有优势,坚定迎接更大挑战的信心和决心。近些年来,广东、江苏与上海等地面对增长放缓和转型的压力,率先探索,在实践中紧紧抓住新工业革命蓄势待发的历史性机遇,主动作为、提前布局,为迎接新一轮工业革命做好理念认识、战略规划、空间布局和政策服务等方面的调整与准备。

1. 发达国家积极应对新工业革命，推进智能制造

制造业是一个国家或地区启动工业化、融入全球化、实现经济高速增长的主要产业，是国家经济发展的基石，在任何时候都不容忽视。自工业革命以来，制造业一直对国家和企业具有变革作用。那些能够利用制造业的国家和企业已经获得了巨大的繁荣和利润。第二次世界大战后，北美、西欧和亚洲建立起主要工业大国，其中，美国、德国和日本成为全球制造业领先国家并且受益颇丰，包括稳定的GDP增长、富足的中产阶级以及迅速增长的服务业，服务业的迅速增长在很大程度上是由制造业的创新生态系统的乘数效应推动的。当前，美国重振制造业，势将推动全球新一轮产业结构调整。传统制造业将面临压力和重组，生物医药等新兴制造业发展机会增多且空间巨大，技术创新将成为全球制造业脱困的新途径，节能环保、绿色低碳和新能源等产业将成为各国的主导产业。美国从制造业现代化、高级化和清洁化中寻找"再工业化"出路，意味着其将在竞争规则和贸易规则上做文章。未来发展先进制造业更易受美国技术、规则和市场等牵制，因此在工业化后期，提升制造业竞争优势至关重要。制造业结构升级、制造业与生产性服务业融合发展是实现转型的重要方向。

回顾世界历史，每次技术革命带来的经济转型都会形成赶超机会。第一次工业革命造成英国、荷兰等国的崛起，第二次工业革命则有美国、德国和日本等"弯道超车"超过英国。值得注意的是，欧美等发达国家已在以个性化、制造业数字化为引领的第四次工业革命中率先起步，未来很有可能在制造业中再度领先，而以低成本优势为特色的浙江制造业可能将完全失去优势。可见，浙江必须牢牢把握第四次工业革命的战略机遇期，以全新的姿态把握和应对全球战略性产业可能重新定义的机遇与挑战。为此，如何应对第四次

工业革命，加快推进浙江传统制造业转型是一个重大的课题。

制造业在美国工业中仍占主导地位，是美国经济的重要支柱。德国制造在全球独树一帜，4.0版本又进一步提升了未来空间。美国制造业经历了"绝对强大—渐次衰落—重塑优势"的过程，在此过程中，美国政府针对制造业实施的技术创新政策起到了相当重要的作用。美国制造业的规模和技术水平曾在全球市场中拥有绝对优势，占到全球制造业份额的40%左右，达到当时世界上无与伦比的地位。但在20世纪70~80年代，美国制造业竞争力明显下降，并由此导致了美国经济的萧条。为此，美国政府组织了一大批科研单位、高等院校、社会团体和制造业企业的专家、学者对制造业的运行状况进行调查研究，分析得出改善运行和增强竞争力的关键是占有技术优势。因此，20世纪90年代后，联邦政府推进了以"技术创新战略"为主要内容的制造业转型计划。发达市场经济和新兴市场经济的制造业存在区域差异。日本与韩国等国家则着力于将大规模生产转变为更加专业化的生产，以寻求价值链中利润更丰厚的环节。新兴市场经济下的企业将引领从低利润的本地化生产到标准化生产的商潮。[1]

2. 发达地区省份积极应对新工业革命，推进智能制造

一是高度重视，提高理念认识。广东等地都非常重视相关知识的推荐、学习和培训，要求在发展理念上调整战略，扩大影响，营造氛围，逐步使新工业革命的理念深入人心。上海市委举行常委专题学习会，要求将其作为上海重大课题放在重要位置。2012年9月11日，上海市委书记俞正声举行常委学习会，听取复旦大学芮明杰教授《第三次工业革命的起源、实质与启示》、杨建文研究员《第三次工业革命

---

[1] 王昕：《美国制造业技术创新政策对我国的启示》，《全球科技经济瞭望》2008年第11期。

与上海高端制造业发展趋势》的专题辅导报告，并专门交代上海社会科学院三个经济研究所进行系统的专门课题研究。①明确指出，上海正面临一场深刻的产业变革，这场变革的核心是智能制造、绿色能源和数字服务，三者相互结合，不可或缺。上海要在这场产业变革中积极作为，加速提升制造业能力，通过智能制造的应用等手段提升高端制造业能力，探索制造业在上海发展的新路径；要重视智能制造装备的生产，将其作为上海重大课题放在重要位置；要海纳百川、广聚人才，重视人才集聚和培养，以适应新科技革命和产业变革的要求。广东省委举行专门集中学习讨论会，要求广东先行。2012年8月，省委书记汪洋向干部和社会推荐杰里米·里夫金的《第三次工业革命——新经济模式如何改变世界》（以下简称《第三次工业革命》）一书，"让观念升级，让视野放大"的特色异常鲜明。10月12日下午，广东省委举行第十一期省委常委集中学习讨论会，专题学习讨论"第三次工业革命与广东转型升级"，明确要求干部的观念、理念积极地调整到新经济的道路上来，明确广东在新工业革命中应站的位子，做好准确判断和提前布局。原江苏省委书记罗志军虽然没有召开专题学习会讨论新工业革命，但在多次会议和调研活动中强调，各地政府部门必须高度重视新工业革命，在新工业革命浪潮中争取率先地位，并多次在不同场合推荐阅读《第三次工业革命》。在考察紫金立德公司3D打印技术时，明确指出江苏要争取在本轮发展中抢占先机；江苏要成立3D技术联盟，政府会给予政策、资金和其他相关的支持等。8月26日，在南京市领导干部学习班上，江苏省委常委、南京市委书记杨卫泽向干部们推荐《第三次工业革命》等书。要求干部们既要有理论高度，又要有实践启示，积极开拓工作思路。10月26日，昆山市委进

---

① 《上海要在产业变革中积极作为》，《新民晚报》2012年9月12日。

行专题学习会，主题是"顺应变革趋势推动转型升级——市委中心组专题学习'第三次工业革命'"。

二是发展战略的调整。实现新一轮经济增长需要寻找新的动力、新的有效解决方案。针对新工业革命浪潮，广东等地及时对原先的发展规划、重点产业和方向都做出有效调整，并大胆突破原有产业规划的局限，大胆布局未来引领新工业革命的核心产业。广东在新工业革命中的定位是新一轮产业发展的"策源地"。即在新一轮工业革命中，一定要在主要领域突破掌握一批具有自主知识产权的关键技术，自主创新能力和产业技术水平显著提升；形成一批具有国际影响力的大企业和创新力强的中小企业，企业实力显著增强；形成3~5个产业链较完整、配套体系较完善、产值超千亿元的新兴产业集群，产业体系进一步完善。根据2012年初《广东省战略性新兴产业发展"十二五"规划》，争取高端新型电子信息、新能源汽车、发光二极管（LED）三大产业率先突破，生物、高端装备制造、节能环保、新能源和新材料等五大产业初具规模（"3+5"），从而推动广东成为全国战略性新兴产业发展示范区和高端产业集聚地。同时，在引领产业上做调整，增加云产业、幸福产业。"3+5"战略性产业规划，要求积极发挥大项目的带动和集聚效应，让民营企业、中小企业参与到大项目的产业链中，通过掌握某些领域的技术源、产业核心环节，辐射到全国。此外，还把大力发展云产业、幸福产业作为引领未来的关键产业。规划在东莞打造云计算产业高地，使其成为全国云计算产业的引领区，涵盖现代服务、文化创意、网络新媒体、空间信息、数据中心、灾备中心和工业过程控制等七大方向，构筑完整的云计算产业链。同时，率先发展幸福导向型产业。广东率先将健康卫生、食品餐饮、智慧生活等列为幸福导向型产业的重要发展方向，将重点培育健康卫生、便捷出行、食品餐饮、体育健身、智慧生活、文化娱乐、休闲旅游、绿色环保等八大与百姓生活息息相关的服务业。

江苏明确创新驱动战略，强调建设"创新国际化"高地。江苏把创新驱动提升到战略层面，并将其作为经济社会发展的核心战略。明确这一战略是江苏继发展乡镇企业和开放型经济之后的第三次战略转型。继"十二五"规划提出"国内创新领先，基本创新型省份"后，2012年10月11日江苏省科技创新大会出台《中共江苏省委、江苏省人民政府关于加快企业为主体市场为导向产学研相结合技术创新体系建设的意见》，提出到2015年建立以万家高新技术企业为主体的创新型企业集群，大幅度提升企业创新能力，培育一批创新能力、规模与品牌位居世界前列的创新型领军企业，并明确提出推进"企业创新国际化"。尤其是苏南地区突出高端化发展，注重原始创新，打造成为全球知名的战略性新兴产业高地、全国重要的战略性新兴产业引领发展区。同时，在引领产业上做加法。江苏坚持"传统产业升级、服务业提速、新兴产业倍增"三大计划。其一，在战略性新兴产业规划中，更加明确云计算产业、海洋工程装备产业的主导地位。最初是2009年提出重点发展新能源、新材料、生物技术和新医药、节能环保、软件和服务外包、物联网和新一代信息技术六大产业，接着提出九大产业，然后又在《江苏省"十二五"培育和发展战略性新兴产业规划》中增加具有明显产业优势的新兴产业，包括云计算、纳米技术、新能源汽车和海洋工程装备等，形成十大战略性新兴产业，使其成为引领江苏省经济发展的先导产业和支柱产业。其二，应对新工业革命，增加机器人产业。明确大力发展机器人等高端制造业，是应对新工业革命挑战、加快江苏工业转型升级的重要举措。其三，大力发展新材料产业，使其成为江苏省经济转型升级的突破口。规划明确重点发展新型功能材料、先进结构材料和共性基础材料等，确立江苏新材料产业在全国的领先地位，实现由新材料大省向新材料强省跨越发展。

上海则在发展战略上突出世界前沿。上海已进入转型发展的攻坚阶段，结构性减速难以避免，应对结构性减速的关键是创新。在2012年8月15日上海市科技创新大会上，市委书记俞正声指出："如果不从五年、十年或更长时期的发展着眼，布局技术研发和应用基础研究；如果不坚决采用新技术、新机制建立商业的新业态；如果不能下决心在新兴产业的若干领域实施若干重大专项，上海将在一些重要新兴领域丧失发言权。"[①] 2012年1月4日发布的《上海市战略性新兴产业发展"十二五"规划》提出，到2015年，上海拟培育10家产值超100亿元、具有国际影响力的战略性新兴产业领域龙头企业，战略性新兴产业增加值翻一番。《上海市战略性新兴产业发展"十二五"规划》还提出到2015年，上海要成为中国综合实力领先、在若干领域跻身世界前列的战略性新兴产业集聚区，战略性新兴产业成为上海经济和社会发展的重要推动力量，引领产业结构优化升级。同时，在战略性产业上，突出重点做减法。上海早在2009年已列出新能源、民用航空制造业、先进重大装备、生物医药、电子信息制造业、新能源汽车、海洋工程装备、新材料、软件和信息服务业等九大高新技术产业化重点领域。2010年根据新兴产业发展变化，又新增加智能电网、物联网、云计算三大高新技术产业化重点领域。面对新技术革命浪潮，《上海市战略性新兴产业发展"十二五"规划》更加明确重点突破，强调重点发展新一代信息技术、高端装备制造、生物、新能源、新材料五大

---

① 《上海市科技创新大会举行 俞正声韩正王志刚出席》，中央政府门户网站，2012年8月16日。

主导产业，积极培育节能环保、新能源汽车两大先导产业。围绕这七大战略性新兴产业，上海选择具有突破性引领带动作用的重点领域，加大政府支持力度，实施大规模集成电路、民用航空、云计算、物联网等15个专项工程。为顺应新工业革命浪潮，上海提升机器人产业，力争成为中国最大产业机器人基地、机器人核心技术研发中心、高端制造中心、分服务中心和应用中心。

三是推进产业布局优化。广东重点规划六大转型升级大平台。2012年5月广东省第十一次党代会报告中，首次将广州南沙、深圳前海、珠海横琴以及中新广州知识城、佛山中德工业服务区、东莞松山湖台湾高科技园列为广东转型升级的六大平台。这六大平台可以分为两类：一类是广州南沙、深圳前海、珠海横琴，三个写入国家"十二五"规划的国家战略新区，担负着为国家先行先试、探索体制机制改革的使命；另一类则是通过与其他发达经济区域的直接对接，探索广东产业转型升级的模式，因而被寄望成为经济发展的新引擎。同时，形成两大创新圈的引领格局。依托广州和深圳两个国家创新型城市构建"广佛创新圈"和"深港创新圈"，形成研发创新轴上的两个核心，以及东莞、佛山创新后台服务基地，整合国内外创新资源，以新技术带动形成新兴先导产业，形成辐射带动全省的"创新源"和"动力源"，推动广东成为全国新兴产业发展的重要"策源地"，成为新工业革命的理想试点。如此形成广深研发创新轴、珠三角主体产业带、东西北特色产业带，即"一轴两带"的空间发展布局。并集中资源建设和完善一批检验检测和认证服务平台，积极争取国家新兴产业领域重大科技基础设施和创新平台在广东布局。此外，规划布局工业设计走廊，强调设计创新、工业设计的重要性。广东计划打造A字形"粤港工业设计走廊"，促进香港设计教育、人才、机构、配套产业等工设计资源在粤港工业设计走廊有效分布和流动。目前已初步形成以香港、深圳、东莞、广州、佛山（顺德）、中山、珠海等珠三角地区为主线的 A 字形工业设计走廊。

江苏启动十大创新产业园，建设"创新动力源"。江苏着力促进高新园区实现转型发展、创新发展，引导支持各类园区加快向创新型园区转型。2011 年，启动部署十大创新园区建设、15 个产学研联合创新平台和载体、10 个重大产学研联合创新项目。首批是依托国家和省高新区部署建设十大创新园区，包括南京高校科技产业园、苏州科教创新区、苏州科技城、太湖国际科技园、常州创意产业园等。其中，苏州纳米、无锡传感网、南京无线谷、常州科教城高端制造，已经成为应对新工业革命、引领"江苏创造"的重要中心。同时，江苏完善区域创新布局实现新突破，加快苏南自主创新示范区建设，引导苏中地区更大力度集聚创新要素、培育特色产业，支持苏北地区以科技创新支撑跨越发展。2011 年，江苏省委、省政府出台《关于实施创新驱动战略推进科技创新工程加快建设创新型省份的意见》，全面推进科技创新工程，并作为落实创新驱动战略的重要抓手，树立大科技的视野、资源整合的理念、面向基层的意识，确立"一个制度、两个支撑、三个体系、四个落脚点"的工作思路，在全国率先吹响创新驱动发展的进军号。按照"主体是企业、方向在产业、重心下基层、服务于民生"的要求，大幅提高科技创新的产出份额，在更高水平上推动科技创新工作再上新的更大台阶。此外，以"一团三站"推动"百千万"工程。省委、省政府在全省科技创新大会上提出，江苏到 2015 年率先建成创新型省份。在全国率先设立科技镇长团、院士工作站、博士后工作站、研究生工作站，以"一团三站"为平台，吸引科技创新资源全方位聚焦产业和企业，成为创新型江苏建设的"能量转换器"。

加快形成有自主知识产权、自主品牌、核心竞争力强的创新型企业集群，培育百家创新型领军企业、千家科技型拟上市企业、万家高新技术企业。

上海整合大平台，突出集聚引领和前沿地位。上海以张江高科技园区为主体，联合其他不同行业或特色园区，组建"一区十三园"，建设国家自主创新示范区，成为转型发展的大平台。大平台建设突出研发创新地位，不仅吸纳国内大企业大总部，而且接轨国际，实现与硅谷零对接。张江吸纳漕河泾园、嘉定园、闸北园、青浦园、金桥园以及紫竹科学园区、杨浦园等十三园后，占地面积从63平方千米扩大到296.4平方千米，全市80%以上的高新技术企业在此集聚。并提出"四个汇聚"：汇聚最前沿的科技产业和研发机构，汇聚最活跃的创新创业力量，汇聚最强劲的金融资本、交易力量，汇聚最创新、最有效的服务体系。目前，张江已成为上海创新实力最雄厚、高新技术产业最集中、技术辐射力最强大的集聚中心，对提升上海整体创新能力起到极大的推动作用。在战略性产业布局上，加快向七大新城集聚。2012年1月，《上海市战略性新兴产业发展"十二五"规划》指出，重点培育若干具有国际影响力的战略性新兴产业领域龙头企业，建成中国综合实力领先、在若干领域跻身世界前列的战略性新兴产业集聚区。上海发展离不开战略性制造业的基础性支撑，但目标定位是抢占高端，在研发、销售和高端制造方面全面转型升级；突出"两头在沪、中间在外"，即制造业发展重心转向城郊、新城，规划形成上海战略性新兴产业H型走廊，形成一批特色鲜明、创新能力强、集聚发展的战略性新兴产业示范基地。总的来看，主要分布在郊区新城。"十一五"规划的宝山、嘉定、青浦、松江、闵行、奉贤、金山、临港新城、崇明城桥等九大新城，到"十二五"规划时发展为嘉定新城、青浦新城、松江新城、奉贤的南桥新城、崇明的城桥新城、浦东的临港新城以及金山新城七大新城。为进一步布局产业，集聚核心资源，上海规划未来五年重点建设嘉定、松江和临港三大新城，使其成为上海重要的战略性产业集聚基地。

四是加快政策服务的调整。大胆介入，突破政策约束，强力推动新兴产业跨越发展。创新驱动，政策先行。广东等地逐步将现有的追求传统产业规模扩张的"规模赶超型"政策体系，改革为鼓励战略新兴产业技术进步的"创新导向型"政策体系。江苏新兴产业实现跨越发展，关键在于新兴产业发展前期的政府培育扶持。政府要引导经济发展积极主动、敢于投入，为新兴产业发展提供好的孵化环境。当新兴产业形成一定规模后，政府还要懂得如何退出，果断放手，不与企业争利。近年来，江苏以制度创新和政策突破为先导，构建创新驱动发展的动力机制。2006年江苏出台50条新政策，力促科技创新企业发展；2009年，针对南京科技体制改革试点出台的13条意见突破多项约束；2012年1月，南京出台《深化南京国家科技体制综合改革试点城市建设，打造中国人才与创业创新名城的若干措施》，向阻碍科技人员创新的动力机制问题宣战，因为以9个条文的形式出现，被称为"南京9条"。2011年修订和落实《江苏省科技进步条例》，解决知识产权的归属问题，形成激发创新的动力机制，并参照国际规则积极运用普惠制的政策支持企业创新，实行"企业创新，政府免税"。2011年，科技税收减免143亿元，占全国的1/6，极大地降低了企业创新的风险。2011年11月5日，深圳科技创新大会发布《关于努力建设国家自主创新示范区实现创新驱动发展的决定》。浦东新区政府发布《关于推进张江核心园建设国家自主创新示范区的若干配套政策》，即张江"新十条"在人才集聚、财税支持、金融服务、管理创新等方面加快先行先试的步伐；立足张江现阶段的转型需求，为创新驱动拓展新的发展空间，充分体现浦东敢闯敢试的特点。促进科技与金融结合的改革试点将是张江核心园创新的重点。张江推动股权激励，设立以国资为主导、规模为5亿元的"代持股专项资金"，对符合股权激励条件的团队和个人，批准后，给予股权认购、代持及股权取得阶段所产生的个人所得税代垫等资金支持。同时，张江核心园将加强资本与产业结合，引领科技产业发展，最大限度地提供金融资本活跃的土壤，支持创新创业。

政策扶持由面向点转向，强引创新团队和领军人才。广东等地积极打造人才高地，引进掌握新工业革命核心技术的高层次人才。从2009年开始，广东启动引进创新科研团队专项计划，率先推行引进国际"人才团队"模式，并落实最高支持金额1亿元、工作经费一次性下拨到位、2%经费可自由支配等重大创新政策。2012年，广东实施"人才引进倍增"计划，将引进经费由2011年的4.2亿元扩大到8.5亿元，进一步扩大引进创新科研团队的规模和影响力，助力创新发展，并计划再用5~10年，引进100个具有国际国内先进水平的创新科研团队和100名领军人才。与浙江实施"151"人才工程相比，上海实施海外人才集聚工程、江苏实施"333"人才工程和引进"双创"创新创业领军人才计划，成绩更为显著。江苏一直在构筑人才高地上实现新突破，不仅大力培养、引进高层次创新创业人才，积极引进高层次人才、创新创业团队，特别是实施"千人计划"创办高科技企业，形成引进高层次人才、创办高科技企业、发展高技术产业的"链式效应"；还大力推动科技大军下基层，尤其是以项目申报形式注册企业重点引进领军人才。

五是推进协同创新一体化，由"追随型国内领先"向"国际领先"转变。新工业革命需要的不是单一政策的调整，而是系统性的体制机制变革，这种系统性变革要求顶层设计和系统性规划，包括实现协同创新、创新平台一体化等。广东、江苏等地，通过加快协同创新，提高自主创新能力和效率。东莞松山湖高新区通过建立政府、企业、高等院校、科研机构、投资机构、中介机构六位一体的协同创新机制，大力引进高校院所，建设13个公共科技创新平台对接企业协同创新，引领东莞乃至珠三角产业转型升级。松山湖高新区加快规划建设大学创新城。积极引进国内外大学创建研究院，目前积极与清华大学、复旦大学、同济大学、上海大学等高校洽谈合作，共建研究院。江苏按照教育部等国家部委《关于实施高等学校创新能力提升计划的意见》，制订"江苏高校协同创新计划"。基于"江苏急需、全国领先，部分领域世界一流"的要求，江苏将计划培育建设50个左右的"高校协同创新中心"，引导和支持高校突破学科、学校、行业及地区等壁垒，与国内外各类创新主体和创新力量紧密合作，真正实现优势互补、资源共享、共同发展，推动知识创新、技术创新和区域创新的战略融合。上海杨浦区提出大学校区、科技园区、公共社区"三区融合、联动发展"，支持大学及其校区创新发展，促进知识创新源头建设，支持科技企业向大学科技园区聚集，搭建知识创新高端平台，打造城区经济发展的新增长极，从而推进"传统工业杨浦"向"知识创新杨浦"的历史性转型。

二 浙江大力推进智能制造与机器换人

智能制造是信息化与工业化深度融合的方向和突破口。这需要供需对接、资源动态配置、能源的智能、虚拟资源最大化等。德国的工业4.0、美国的先进制造或者工业互联网、中国的两化融合，首先要实现整个数据链和工业数据在整个生产线，在机器、车间、工厂、信息系统、劳动者、产业链、价值链等环节全面、生动、动态地流动。工业互联网在智能制造中处于核心地位，起着重要作用。

德国工业4.0的核心是"信息物理系统"。德国正在通过信息物理系统竭力阻止信息技术的侵入，因为这些会干扰其在制造业的支配地位。德国希望通过这套系统从下而上快速地侵占制造业，直至占领顶端的信息和数据系统，从而实现"智能工厂"。具体手段就是通过传感网紧密连接外界现实世界，将网络的高级计算能力有效运用于现实世界中。企图将设计、开发、生产等所有流程的数据通过传感器采集并进行分析，形成可自律操作的智能生产系统。德国正在不断升级信息物理系统，以期使它成为具备"独立思考能力"的"智能工厂"，让生产设备因信息物理系统而获得智能。美国"工业互联网"将智能设备、人和数据连接起来，并以智能的方式利用这些交换的数据。在通用电气的倡导下，AT&T、思科Cisco、通用电气GE、IBM、英特尔Intel已在美国波士顿宣布成立工业互联网联盟IIC，以期打破技术壁垒，促进物理世界和数字世界的融合。另外，作为一个未来的潮流，工厂将通过互联网实现内外服务的网络化，向着互联工厂的趋势发展。之后，采集并分析生产车间的各种信息，向消费者反馈。将从工厂采集的信息作为大数据进行解析，能够创造更多的、新的商业机会；对硬件从车间采集的海量数据进行处理，也将在很大程度上决定服务、解决方案的价值。[①]

1. 推进创新与协同制造，以智能制造促转型

未来制造业转型发展将日益呈现市场多样化、个性化的趋势，而

---

① 《工业互联网托起"中国制造2025"》，赛迪网，2015年5月13日，http://miit.ccident.com/art/32559/20150513/5837443_.html。

且服务在价值链中的增值化、生产过程及设备的柔性化、产品和制造过程的绿色化、企业的"虚拟化"和制造的网络化与以信息技术为代表的高新技术融合,实现产品、设计、制造、管理的数字化,信息技术与制造业融合朝着更深、更广大力推进。浙江关键在于获取人才要素的领先优势,大多数制造业的竞争基础正在改变,获得多样化的人才至关重要,尤其是在"微笑曲线"背景下,培养研发能力及数据分析和产品设计专才更为关键。同时,大力推进创新与协同制造,以此为路径加快浙江制造业转型发展。创新带来新的可能性,创新在各制造产业和地区创造出新需求,并推动生产率进一步提高。目前,浙江情况不容乐观,需要加强科研方向的引导以及监管力度,特别是鼓励具有原创性的科研。在协同制造方面,供应链的演变反映出协同制造的发展趋势,未来的供应链会更复杂,形态也会有所改变,以适应供应商减少、分销商增加的市场环境,不断提升生产效率尤其是提升全要素生产率。政策在制造业中的作用主要是创造一种使有竞争力和创新能力的企业繁荣的环境,从而为当地制造业创造可持续发展的条件。以"机器换人"为标志的政策促进,正是提升效率的及时应对。

当前,信息技术与制造业的融合朝着更深、更广大力推进。制造业与信息技术、高新技术的融合,能够促进传统的制造业向现代的制造业转型升级。其中,绿色制造、智能制造、服务型制造将成为浙江制造业的方向。绿色制造就是在制造业的产品和全生命周期当中,从设计、生产到再制造的环节,都要贯穿绿色的概念。例如发展节能产品、节能技术、节能工艺;发展少污染、无污染、低排放产品和工艺;促进低碳发展、循环经济;减少资源消耗、节约资源;保护生态。智能制造系统最终要从以人为主要决策核心的人机和谐系统向以机器为主体的自主运行转变。例如发展智能化产品(聪明机床);生产过程的自动化、智能化；发展工业自动控制技术和产品（传感元件、自动化仪表、PLC、DCS、FCS、现场总线、数控系统）；远程监控、检测、诊断等。

加快基于数字化与标准化的浙江制造业转型发展，推进从"浙江制造"到"浙江创造"再到"浙江智造"。数字化技术在制造业中的重要性会呈现显著增长，其中智能化非常重要：产品和装备实现数字化，可向国民经济各部门提供智能化工具，从而提高中国社会生产力水平，提高中国装备制造业国际竞争力。绿色制造、智能制造、服务型制造将成为中国制造业的方向。此外，制造业将会变得愈加国际化，更多的公司会为全球市场进行生产并在许多国家运营他们的工厂。现阶段，工业是经济基础，不能放松。对关系国计民生的产业以及弱小产业要通过政策、关税和补贴等方式进行扶持。同时，提高教育质量，鼓励留学人才归国，吸引海外高技术人才来浙发展。在互联网时代，在互联网基础上谋划以大数据、商业与管理模式创新为平台的浙江制造业发展。大数据的使用可以大幅改善企业响应消费者需求的方式以及操作机器和运营企业的方式。这些海量数据（包括从关于某品牌或产品的网络聊天记录到来自机床和机器人的实时反馈）对制造商来说有巨大的使用价值——前提是他们可以掌握这门技术，并找到具有分析技能的人才。

2. 浙江大力推进"机器换人"，促进转型发展

"机器换人"的本质是以设备更新为载体的技术创新、工艺创新、管理创新，提升企业市场竞争力和可持续发展能力。在当前经济增长减速和转型发展的关键阶段，推进"机器换人"具有多重现实意义。不仅有助于提升生产效率，再造浙江低成本优势，加快推进浙江新工业化进程；同时也是应对危机、抢占机遇、布局新工业革命的重要举

措。具体来看，推进"机器换人"的意义主要有以下三点。一是能缓解环境压力与人口、土地等要素成本上升压力。根据浙江人口现状与发展趋势，未来人口老龄化与劳动力短缺将成为制约经济持续增长的两大难题。继续依靠以往的"四大红利"（人口红利、出口红利、改革红利、资源红利）已不具竞争优势，需要以"机器换人"为契机形成"技术红利"，再造新成本优势。二是"机器换人"能提升技术效率，成为实现转型发展的一个有效着力点。机器人不会疲劳，也不会有情绪波动，生产的产品质量一致性更高，可以使流水线作业更加完善。三是成为应对新工业革命的一个可靠路径和方向。提升浙江制造业优势的希望和潜力，在于技术创新和效率提升。前者决定产品的内在技术含量水平，后者决定产品质量。这些年，技术创新一直在推进，而忽视了后者的重要性，"用工荒"恰恰暴露了这一问题。所以，如果在制造业由劳动和资源密集型，向资本和技术密集型升级转型进程中，忽视了技术效率提升，就会造成技术创新与应用步伐落后于产业演变进程。

新工业革命的核心内容是智能化、数字化制造，其主体就是机器人。国际金融危机后，发达国家重振制造业，如美国提出"新工业革命"，欧洲提出"再工业化"，机器人应用就是重要推手。当然，"机器换人"形成规模与效益，不仅需要政府有力引导支持、企业主动参与，还需要专业厂商的积极服务，形成合力，甚至需要技术资本和产业资本的积极介入。目前，受企业规模、行业类别、技术人才以及政策配套等因素影响，加上替代机器价格普遍昂贵，大规模推广还面临困难与障碍。"机器换人"不是简单的替代，而是与生产流程优化、生产工艺改进、生产效率提升的有机结合，关键仍在于技术人才、设备研发、系统服务能力方面。目前来看，实施推进"机器换人"，产品质量与稳定性、标准化程度将得到大力提高,在同类产品中,市场占有率和竞争优势也是较高的。国外对这些方面要求普遍较高,所以很多企业现在敢于大胆地接外贸订单了。而且企业通过生产线和产品的技术改造,实现了减员增效、减能增效、减耗增效、减污染排放增效。同时,企业劳动生产率和技术贡献率得到了大幅提高,这是技术红利带来的效率提升。一是以资本投入的增加代替劳动力投入的减少,企业生产率是提高的;二是单位资金投入效率是稳步提高的,据杭州经信委调查统计,有近3/4的受访企业反映可提升20%以上的效率。但是,对于各地政府部门和传统劳动密集型产业来说,"机器换人"是转型的重要途径之一,但不是全部,尤其是企业不要以为完成"机器换人"了就完成了转型。"机器换人"主要是生产线部分环节、自动化生产线或工业机器人的替换,主要是在生产流程层面上通过提高生产效率实现产品质量的转型。因此,不能忽视在创新层面上提升技术含量水平的转型。更重要的是,机器人产业还没有形成优势。除杭州在自动化和小型机器人上有一定规模和影响外,各地使用的很多是外省乃至国外的进口设备,比如机器人手臂就要用一二十万美元的外汇。目前各地的补贴力度都很大,省经信委还计划未来几年投入数千亿来推动"机器换人",这可能导致"政策红利"的外流,迫切需要浙江自身在加强机器人制造产业上积极布局,加快发展。

浙江在推进"机器换人"提升生产技术档次、提高劳动生产率、降低生产成本的同时,应充分借助信息化与工业化深度融合的契机,合理引导和规划"机器换人"今后的提升方向,进一步提升产业整体技术水平。首先,"机器换人"形成规模与效益,不仅需要政府有力引导支持、企业主动参与,还需要专业厂商的积极服务,形成合力,甚至需要技术资本和产业资本等第三方服务机构的积极介入。目前这方面是缺乏的，由政府主导的"机器换人"，会不会产生类似"家电下乡"那样的负面寻租行为，其效果的持续性也有待观察。在借助"机器换人"提升传统产业的同时，不能忽视战略性新兴产业的整体布局及其引领作用。机器人需求将会进入爆发式增长阶段，这也是机器人技术和产业发展的重要机遇期，尤其是浙江已率先进入老龄化社会，在日常家务、病人陪护和互动娱乐方面，机器人拥有广阔的施展空间。此外，要全面变革。因"机器换人"技术要求高，在维修服务方面，很多企业反映要加强职业教育和培训，增加企业培训配套和补贴力度。同时，要突出市场化运作，因"机器换人"配套要经过环评、能评、雷评等相关评审并备案，时间长、手续烦、限制条件多，建议形成前置环节备案制，以后端实际结果来评定是否给予补贴及符合标准。

以"机器换人"为基础，推进标准化制造，提升国际竞争力。十九大报告提出"支持传统产业优化升级，加快发展现代服务业，瞄准国际标准提高水平"。作为国家标准化综合改革试点省份，浙江要坚定不移地实施标准化战略，着眼于供给侧结构性改革，最大程度释放"标准化+"对新技术、新业态、新产业的催化效应，以高标准引领高质量发展。特别是在打造"浙江制造"区域公共品牌的过程中，主动对接世界一流标准，加快标准提档升级，品字标"浙江制造"日益成为高品质、高标准产品的代名词。高水平的标准助力高档制造，让"浙江制造"产品的竞争力得到提升。新秀集团、方太厨具、永高股份等企业的"浙江制造"产品价格均高于市场同类产品价格30%以上。改造提升传统产业是振兴实体经济、实施创新驱动发展战略的重要内容。围绕"10+1"传统产业改造提升，浙江逐一开展与国际先进标准比对分析，发布纺织、服装、皮革、化纤等产业对标报告；建立国际、全国标技委对接浙江的产业机制，打通先进标准供需渠道，推动企业制定、实施先进标准，加快产业迭代升级；围绕纺织服装产业改造提升等领域，实施标准化重大示范试点大项目，探索出产业标准提升的新路径。"浙江制造"标准国际化步伐也持续加快，质监部门加大引进国际标准化机构、国际检测机构和海外市场代理商参与标准研制力度。

三 人工智能与制造业转型升级

人工智能是堪比工业革命的大革命。作为新一轮科技革命和产业变革的核心驱动力，人工智能正在叠加释放历次科技革命和产业变革积蓄的巨大能量，快速催生新产品、新服务、新业态，培育经济发展新动能，重塑经济社会运行模式，改变人类生产和生活方式，促进经济社会发展的大幅整体跃升。新一轮产业变革和科技革命的窗口已经开启，人工智能成为决定一个国家未来竞争力的关键性要素。发展智慧产业、培育智能经济、构建智慧社会都离不开人工智能技术的支撑，人工智能的发展对企业发展、产业变革、经济增长、国际竞争和社会演进都将产生重大的深远影响。自党的十八大以来，面对新一轮科技革命和产业变革形势，党中央和国务院高瞻远瞩、审时度势，发布和实施了《新一代人工智能发展规划》，制定和实施人工智能发展国家战略，从国家层面对人工智能发展进行了统筹规划和顶层设计，提出建设世界主要人工智能创新中心发展目标，并在人工智能科技创新体系、智能经济、智能社会、军民融合、智能化基础设施、重大科技项目等方面做出系统部署，为我国在新一轮科技革命和产业变革中把握未来科技发展主导权、培育经济发展新动能、塑造国际竞争新优势提供了坚实的政策保障。百度、腾讯、阿里、美团、滴滴出行等互联网企业在搜索、驾驶、家居、人际交互、制造、交通等多个领域大力推进"人工智能+"，大型互联网企业纷纷把发展人工智能业务作为未来业务发展的新抓手，都期望通过发展人工智能来把握新一轮科技革命主导权。科大讯飞、商汤科技等人工智能专业企业分别在智能语音技术、智能图像识别技术等领域取得重大突破，技术被广泛应用在互联网、电信、金融、电力等行业，相关智能技术多次斩获国际大奖。大疆无人机、京东无人车、新松智能机器人等新型智能设备的发展和广泛应用，正在推动人工智能产业与传统产业加速深度融合。

1. 浙江布局人工智能具有三大优势

人工智能是万物互联时代科技发展的新引擎。互联网发展历经高速发展，大数据、云计算及移动互联等新技术涌现，互联网金融、互联网医疗等全新业态革新，驱动产业快速崛起。随着资本涌入，互联网各行业正趋于饱和，竞争达到白热化。而人工智能有望为互联网的发展提供全新的动力引擎，再次掀起颠覆性革命浪潮。

人工智能将深度引发浙江各行业的深刻变革。作为万物互联时代最前沿的基础技术，人工智能能够渗透至各行各业，并助力传统行业实现跨越式升级。首先，浙江已经充分发挥当前优势，在交通、教育和医疗等领域广泛拓展，各领域已涌现出一批独角兽。从全国范围看，浙江这些领域与行业具有独特的市场敏锐性和前瞻性，特别是在应用领域，当前省级医疗机构已经充分利用人工智能辅助医生更快、更准确地发现患者病症，在制药领域加速新药研发；在金融行业，有很多互联网金融企业已实现投资咨询与投资决策制定等。客观而言，人工智能的应用领域几乎涉及生活的方方面面，当前国家力推的工业4.0、智慧医疗、智慧安防等无一例外均是"AI+行业场景"的形态，在浙江都有充分的应用经验。虽然在一定程度上看，人工智能产业将对社会制度造成颠覆性的破坏。各色岗位被智能取代,大批劳动者成为"无用阶级"。尽管危机重重,各国发展人工智能的热情从未退却。全球人工智能产业竞争已经白热化,浙江已经在以互联网为代表和核心技术的信息技术、信息平台上取得竞争优势,正努力在众多相关行业与领域谋划布局,实现在新技术产业上弯道超车,抢占未来技术的主导权。当前阿里巴巴已经初步建立人工智能平台(2015 年 8 月发布首个可视化人工智能平台 DTPAI)并构建起大数据挖掘(阿里小 AI 和金融领域大数据挖掘),建立了服务平台(人工智能服务产品"阿里小蜜"),带动了一批产业链,未来空间应用大有可为。滨江的海康威视、华为研究所与网易研究部门在智能应用上都具有明显优势和核心竞争力。

因此,浙江加快推进布局人工智能产业战略意义重大,相关部门必须充分研究把握当前人工智能领域的规律、特征及影响,进一步推进浙江在人工智能领域的布局,加速其与浙江现有行业交织融合,如智慧医疗、智慧交通、智慧家居、智慧农业,提升信息安全,促进经济及社会进程,重塑产业链条,助力企业提高核心竞争力。

2. 浙江布局人工智能产业的重点与难点

人工智能是智能产业的战略制高点,是浙江进一步提升新兴产业竞争力的重要抓手。人工智能作为战略性和前瞻性新兴产业,是智能产业发展的核心,直接决定着智能产业发展的进度。近期,国际商业机器公司、谷歌、微软、百度等知名高科技公司纷纷斥巨资在人工智能领域布局。首先,加快"智能+"将引领社会变革,推进浙江"智能大省"建设。互联网变革人类生活方式,人工智能将会切实带动整个社会生产力的提高,引领新一轮科技浪潮发展。人工智能技术一方面可提升生产效率,另一方面也逐渐变革着生活方式。如"智能+机器"能够让生产加工更加高效,"智能+汽车"能够代替人类从事单调枯燥的驾驶工作。人工智能将人类从低层次的体力和脑力劳动中解放出来,转而从事更加有意义的创新性劳动。其次,浙江应抢先布局,发挥政策与基金的先导作用,加速推进相关领域布局。当前浙江正处于产业转型升级的关键阶段,正逐步迈向新兴产业引领,急需新的动力引擎带动新经济进一步向前发展,而人工智能是进一步巩固现有信息互联网产业领先优势,再创新优势的重要基础和方向。此外,浙江应推进多元化创新为引领的发展路径,加快人工智能在各行各业的广泛布局。包括制造业(工业4.0,智能制造和信息物理系统应用,打通生产环节的数据连通,实现机器与机器对话,更好地预测需求、调整产能、实现定制化生产)、教育、医疗、文化传媒、法律、家居和农业等诸多领域,进行跟踪与分析,提供预测数据和决策建议。

四 构建大数据平台,推进转型发展

大数据技术是重要生产力,是谋划经济发展新动能的重要核心要素。未来的大数据将成为新的财富高地,是推进新技术、新产业、新业态的重要战略性资源。在大数据时代,数据资产已经成为核心资源。美国政府明确提出将"大数据战略"上升为国家意志,并将数据定义为未来的"新石油",数据可谓是大数据时代的王者。大数据对经济的影响力快速增长,将成为浙江领先区域竞争的重要推力。以信息经济为代表的新兴产业正成为各地发展经济新动能的重要抓手,而浙江已在互联网行业等信息经济领域极具领先优势。未来浙江急需发挥优势,挖掘大数据价值,加快推进基于大数据的产业链延伸布局,包括互联网、物联网和人工智能等,努力在体制机制、政策环境等方面加

大支持，提升经济增长新动能。

在互联网基础上，以大数据、商业与管理模式创新为平台，大力推进浙江制造业转型发展。大数据的使用可以大幅改善企业响应消费者需求的方式以及操作机器和运营企业的方式。这些海量数据（包括从关于某品牌或产品的网络聊天记录到来自机床和机器人的实时反馈）对制造商来说有巨大的使用潜力——前提是他们可以掌握这门技术，并找到具有分析技能的人才。

浙江具有推进大数据产业链布局的现实基础与优越条件。浙江具有全球领先的互联网平台、支付优势和产业基础，在相关标准及检测、大数据、智造设计等高端领域以及教育培训、媒体、项目应用等方面也有广阔的布局与延伸。浙江在大数据实践如金融大数据、医疗大数据、交通大数据、运营商大数据、互联网大数据、物流大数据等方面在全国具有领先优势。

加快推进大数据与浙江传统产业融合转型。大数据与产业融合聚合效应明显，特别是与生物医药、农业、电信、视频、互联网金融、工业互联网、车联网、信息安全等产业融合能产生巨大化学反应。数据价值巨大，可挖掘商机、精准营销、支持决策、提高效率，还能创造新消费体验、创造新商业模式和创造新消费需求等。加快推进浙江大数据产业链布局，可以从互联网大数据、政府大数据、企业大数据、个人大数据等领域展开。目前互联网大数据已经开始得到广泛应用，而政府、企业和个人的大数据应用才刚刚开始，是大数据应用的重要发展方向。具体应用包括数据采集和整合、数据存储和运算、数据分析和挖掘、数据应用和消费。数据采集和整合是通过技术手段从互联网、移动终端、物联网、应用软件等采集数据，然后把数据按照一定的规则进行存储和运算，再按照需求调用数据并进行智能挖掘和分析，将数据转化成价值信息或者产品，为支持决策、提升效率、创新产品提供依据。政府是推动大数据应用的最关键力量，浙江相关政府部门应加快政策完善，在大数据产业链布局上大有作为。政府拥有最多且最具应用价值的核心数据，政府推进大数据开放是大势所趋。

第十二章
加强互联网应用创新，推进转型发展

互联网作为最大的市场信息集散和交易平台，它促使传统产业发生巨大变革，新兴业态不断涌现，有力地促进了经济增长与转型。现代服务业是依托互联网与信息等高技术、现代管理理念、现代经营方式和组织形式发展起来的，主要为生产者提供服务。当前，高速发展的互联网为服务业注入了新的生命力。现代服务业已经成为提升一个国家或地区国际竞争力最关键的因素。现代服务业是在制造业高度发展的基础上蓬勃兴起的。国际经验表明，制造业高度发展会呈现服务化的新趋向，其附加值中有越来越大的比重来源于服务，而不是加工制造。自主创新依靠研发，研发就是现代服务业的范畴。依靠研发，获取高附加值，这就是现代服务业的力量所在。发达国家制造企业为了保持核心竞争力，逐渐将非核心业务外包出去，同时也越来越利用分工更为专业、功能更为强大的服务性企业来整合自身的技术平台和服务平台，以进一步做强自己的核心业务。这样，便大大增加了对服务性中间投入的使用，产生了制造业对服务的大量需求。

近年来，浙江以技术创新为重点，不断推进产业转型升级。在服务业领域，贯穿于资源配置、研发、制造、营销、市场、融资、人力等每一个环节的创新也日益多样。这种商业模式的创新对传统经济（传统服务业和传统制造业）的强大推动，意义同样重大。当前，在产业结构层次多样化和消费市场空间巨大的背景下，浙江商业模式的创新发展无疑需要得到更多的关注与重视。要做大做强互联网产业，实现制造业实体经济与虚拟经济互动，构建浙江区域大网络体系。着眼于互联网应用的技术创新、管理创新、制造方式创新和商业模式创新，重点推进基于互联网应用的产业转型与创新发展、基于互联网应用的城市转型与智能发展以及基于互联网应用的社会转型与智能服务。其中，以互联网应用创新引领浙江转型发展，是浙江近年来实现转型发展的成功经验和加速器。当前，浙江互联网行业发展已明显走在全国前列，浙江互联网发展实践证明，互联网经济会极大地颠覆传统商业模式，全面改变传统行业盈利模式。当前在浙江转型发展的关键期，在由"效率驱动"向"创新驱动"的转折阶段，基于互联网应用的技术创新、管理创新、制造方式创新和商业模式创新等四大创新，不同主体间的协同创新、全面创新及万众创新是实现浙江成功转型的关键动力。为全面推进基于互联网应用的创新发展，必须进一步加快培育创新主体、营造创新环境、提升创新服务和优化建设创新平台，加快突破形成合力，建立完整的系统化创新体系。

一 立足互联网领先优势，加快推进互联网应用创新

改革开放以来，历届浙江省委、省政府高度重视创新驱动发展和科技创新工作，浙江自主创新能力、科技综合实力和竞争力不断迈上新台阶。基于浙江互联网发展的领先优势和良好基础，众多企业纷纷利用互联网技术和平台，抢占产业链中高端、市场中高端，紧盯国内外消费前沿，不断开发新产品，提升产品质量与品牌知名度，以满足

更高层次的市场需求。特别是自 2014 年开始推进"三名"培育工程以来,基于互联网应用的四大创新得到大力推进。仅 2015 年,首批 38 家试点企业在技术创新、管理创新、制造方式创新、商业模式创新等方面投入超 80 亿元,完成工业新产品开发 432 项,获得专利等知识产权 977 项,科技成果产业化实现产值 346 亿元。浙江要跨越"中等收入陷阱",成功向基本现代化迈进,就必须加快创新发展,尤其是加快提升浙江互联网创新优势和创新驱动力。

浙江在消费型互联网方面已形成引领优势。进入 20 世纪 90 年代以来,以互联网为代表的信息技术革新速度越来越快,互联网信息技术已成为实现经济目标最重要的技术手段。高速发展的互联网行业加快了浙江先进制造业转型发展,也为浙江服务业质量提升注入了新的生命力。互联网作为最大的市场信息集散和交易平台,促使传统产业发生巨大变革,新业态新模式不断涌现,有力地促进了浙江经济的增长与转型。浙江在电子商务、专业网络市场、移动支付、物流网络以及诸多"互联网+"领域,已抢占领先优势,互联网水平、互联网政务稳居全国首位。全球最大的电子商务企业阿里巴巴以消费者需求为中心,在购物、出行、健康、文化和金融等领域大力布局,以提供资讯社交与个性服务为主要方式,衍生出各种新产业新盈利模式,形成了完整的综合性产业链。

加强互联网应用创新,推进传统产业转型。推进互联网应用创新,有助于以企业为中心融合互联网技术,寻求新的管理与服务模式,为消费者提供更好的产品与服务体验,创造更高价值的产业形态;有助于更多企业将数字技术融入战略组织,对研发、供应链等运营模式进行重组,利用云计算、数据分析和客户关系管理等技术实现关键业务流程再造,企业运营管理效率显著提高,品牌影响力和知名度不断提升；有助于产业实现产业链流程的全方位重塑，加速产品革新与商业模式改变。当前，浙江正处于"制造"向"智造与创造"转型的关键期，加快互联网应用创新将加快推进生产设备联网，灵活智能地配置生产要素，使制造业向智能化转型。浙江要在新一轮技术革命和全球竞争中占据主动，提升发展战略，提高产业竞争力，就必须加快推进传统产业基于互联网的应用创新。

基于互联网应用的全面创新是创新重点。主要包括技术创新、管理创新、制造方式创新和商业模式创新四大创新。一是基于互联网应用的技术创新。包括着眼于开发网络化、智能化、数字化的新产品、新装备、新服务，以及为提升互联网安全与服务质量水平而开展的创新性技术突破等活动。二是基于互联网应用的管理创新。主要是基于网络利用能力的流程再造而开展的创新性管理活动。包括企业财务成本管理、要素与能源管理、仓储物流管理和生产经营管理、销售服务管理等方面的创新。三是基于互联网应用的制造方式创新。主要是着眼于推广网络制造的方法，包括围绕绿色安全制造、网络协同制造等生态制造模式而开展的创新性制造方式改进活动。重点是数字制造（如两化融合）、智能制造（如正泰智能工厂等）、协同制造和绿色制造等。四是基于互联网应用的商业模式创新。着眼于电子商务、网络销售、云工业、云城市等新的市场开发、为客户提供"一揽子解决问题"商务模式而开展的创新性经营活动。

互联网社会越来越多的是共同创新，群众创新会变得越来越重要。虽然浙江大众创业、万众创新在消费领域，在生活服务业（吃、住、行、游、购、娱等）环节中得到广泛布局，资本蜂拥而入，但是在制造业如工艺技术等生产性服务业上的布局严重不足，创新空间巨大。

二 基于互联网应用的创新在浙江的探索与实践

近年来,浙江各地通过坚持推进"四换三名"加快互联网应用创新,推进着眼于互联网应用的四大创新,重点推进基于互联网应用的产业转型与创新发展,重点推进基于互联网应用的城市转型与智能发展,重点推进基于互联网应用的社会转型与智能服务。在主要传统行业与领域,形成了一批能引领技术创新、管理创新、商业模式创新和协同制造方式创新的示范型企业,部分创新型企业在产业融合、创新引领、开放合作、产业提升上走在全国前列。在创新平台建设上,浙江各地按照既高又新、错位布局、集聚发展的理念,推进高新园区创新进程,强调以技术创新为重点,加快管理创新、制造方式创新和协同创新进程。青山湖科技城、未来科技城等重大创新平台建设率先推进,浙南科技城、宁波新材料科技城以及台州科技城规划建设也在大力推进,杭州也正加快创建国家自主创新示范区建设,全省创新发展的基调和步伐日益加快,已成为当前转型发展期关键的增长动力。在政策支持保障上,省委、省政府通过研究制定《关于发展众创空间促进大众创业创新的指导意见》,大力培育高校系、阿里系、海归系、浙商系"创业创新新四军",发展一批基于互联网应用的"众创空间"平台,大力支持众创、众筹、众包等新业态发展,云栖小镇、梦想小镇、创客小镇等一大批基于互联网的"众创空间"蓬勃发展。

基于互联网应用的技术创新。主要是围绕个人消费、产业应用,以及互联网基础、安全和技术建设,瞄准互联网应用的尖端前沿,通过主业延伸、行业兼并扩展以及跨界并购,专注推进技术创新。其中并购是成熟资本市场中非常重要的一种技术创新突破方式,如美国思科作为创新型企业,大举收购和投资,在技术创新上主要采取内部开发、战略联盟和收购相结合的方式，其几乎所有的生产都采用外包的形式。一是基于个人消费终端的技术创新。余姚舜宇光学围绕主业向个人互联网技术应用延伸，通过自主技术创新开发360度全景相机、VR影像模块、双目视觉模块、虹膜识别模块等系列新产品，颇受谷歌与微软等巨头青睐。2015年销售额突破100亿元，在部分产品技术和应用上形成突破。二是基于工业应用领域的技术创新。巨星科技作为国内最大的手工具企业，自主创新大力进军机器人行业，同时跨界并购进入激光领域。三是基于互联网自身建设的技术创新。互联网自身建设需要强大的技术与安全支撑，安防龙头企业海康威视围绕研发、营销、技术支持、部门设置和信息化管理系统全面创新，将安防技术与IT、互联网、物联网、云计算技术跨界融合，将技术、产品、行业需求三者有机结合，提供定制化的不同行业安全解决方案。

基于互联网应用的管理创新。互联网应用的管理创新路径，主要是管理的数字信息化，包括成本与财务管理、企业内部各种各样信息化管理，如产品寿命管理、供应链管理、企业资源规划、客户关系管理等。一是以基地为依托的产业链模式创新。横店影视城以多层次的影视基地建设为依托，以多元化的文化和品牌为内涵，以多业态的旅游观光、休闲娱乐、快乐体验为题材，以影视旅游与综合服务为主体，逐步形成完整影视产业体系的集聚复合型发展模式。宋城围绕中国传统文化和现代游乐，探索形成"主题公园+旅游文化演艺"，并进而向上游（创意设计）和下游（主题旅游商品、动漫产品）广泛延伸，形成"千古情"演艺连锁的商业创新模式。二是以品牌为核心的总部型管理创新。森马集团创新无实体工厂的发展思路，坚持"虚拟经营、品牌为先"，持续推进资源的整合、品牌的管理、渠道的规划，形成"品牌引领、营销制胜"的创新商业模式。创新在于，一是紧抓"微笑曲线"的两端模式（研发设计的品牌引领、营销渠道整合）；二是渠道的管理拓展模式实现由"配补制"向"订货制"的转型；三是以差异品牌延伸产品线模式，由"森马"到"巴拉巴拉"再到中高档休闲服装领域。三是以技术为支撑的平台式服务管理创新。迪安诊断通过建立以技术为支撑的独立平台，推进整体解决方案，形成具有"服务+产品"的一体化商业模式，不仅可以向各级医疗卫生机构提供医学诊断服务外包业务，还可以向其提供国内外知名的诊断产品。

基于互联网应用的制造方式创新。制造方式创新不仅包括智能制造、智能工厂，还包括企业之间协同创新与协同生产制造。协作是互联网开放思维下的创新生产方式，不同创新主体协同合作形成协同创新。一是同步制造及创新。亚太机电通过与国内众多汽车生产厂家建立合作关系，从跟踪到同步，在鼓式制动器总成与卡钳总成等项目创新研发上，目前已与大众等汽车品牌形成同步创新制造，此外还加强自主研发汽车智能驾驶辅助系统。二是协同制造及创新。温岭先导电机以"上门服务、解决共性技术问题"为导向，围绕温岭大溪、泽国等地泵与电机行业的共性问题，形成提供技术服务进而向研发设计延伸的商业创新模式，只做服务而不做生产。三是智能制造与云制造。正泰杭州智能工厂涵盖智能装备、工业互联网、工业软件以及自动化集成与生产线集成，在强大硬件支撑和精密软件集成下，从备料到入库27道工序实现了人与机器、机器与机器间的高效对话。报喜鸟智能工厂的每件服装都有芯片，顾客用微信定制服装、定制生产，实现了企业生产、核算、监控全线智能化，未来极力推进研发、物流、企业管理的互联网智能化及服务互联网化。

基于互联网应用的商业模式创新。近年来，浙江以技术创新为重点，不断推进产业转型升级。在服务业领域，贯穿于资源配置、研发、制造、营销、市场、融资、人力等每一个环节的创新也日益多样，这种商业模式的创新对传统经济（传统服务业和传统制造业）的强大推动，意义同样重大。一是渠道型模式创新。华瑞物流重点专注于化纤纺织与塑化"物流领域"，突出信息与金融"两翼"支撑，全程提供信息、原料、生产到销售各环节"总包物流"服务，积极向上下游领域拓展延伸，不断发掘服务内容和服务方案的创新服务模式。除总包物流外，重点强化信息流与资金流的有效保证，以"四流"（即物流、商流、信息流和资金流）渠道建立完善第三方物流，提高效率、降低风险；积极向码头、货轮和散货船等下游领域延伸，提升产业链价值；大力实施由第三方物流向第四方物流（供应链集成商）的转变。二是平台型模式创新。配电平台模式是当前两大主导型商业模式之一，平台模式的关键在于必须是完全独立的第三方，其只是提供一个充分沟通的平台和相应辅助的服务，让买卖双方在了解完全信息的条件下自由配对成交。阿里巴巴围绕电子商务广泛发展，以强大的平台号召力集聚各行业、各地区中小企业，通过各种新技术、新模式提供最便捷高效、最完善齐全的信息和交易平台，提供全方位信息服务、数据、融资和评价体系，构建完善生态可持续的电子商业生态模式。三是"C2B2C"特色供应链。遂昌遂网电子商务有限公司独建"C2B2C"特色供应链，增加由政府信用担保的"B"环节，破解淘宝难题。"B"坚持政府部门指导下的品质监管，由农业、质监、工商、团委、卫生、环保、林业、渔业等部门联合建成遂昌农特产品品质专家小组，负责建设品质指导、监管等相关规范、标准体系，负责产品和服务质量的监管，同时帮助产品供应商进行产品推广，提供有效的市场信息，加强上游供应商"C"（农户、农民专业合作社）系统性的管理，并提升对下游售后"C"（淘宝买家）的服务。四是投资控股型商业模式创新。大众创业、万众创新在浙江创业创新的热度持续走高,科技企业孵化器建设不断增强,目前全省有140多家"众创空间",180家省级以上科技企业孵化器。高校系、阿里系、海归系、浙商系"新四军"蓬勃发展,成为创新创业生力军。在滨江区就有25个"众创空间",在孵企业900多家。① 五是共享经济、分享经济新模式。当前,诸多资本纷纷布局共享型新经济、虚拟现实新经济、人工智能新经济。滴滴快的通过重新配置大量闲置汽车资源,深化和拓展新经济模式,成为社会经济发展的重要业态。虚拟现实丰富了消费与游戏内容,将在军事、房地产、工程和教育等领域大幅扩张。未来随着虚拟现实技术的强力推广,人类生活必将发生翻天覆地的改变,将带动更多新技术新模式产业融合,产生形成新经济。浙江数联云实业有限公司通过研发整合VR(虚拟现实)、AR(现实增强)、360(实景场景)、三维扫描建模、智能交互终端研发等集成体,形成分享型、场景型科技。

三 重点谋划全球互联网应用创新中心,推进转型发展

近年来,省政府高度重视创新发展,包括设立科技型中小企业专项资金,设立"创新券",实施公众创业创新服务行动,推动科研仪器设备向社会全面开放共享。深化推进科技与金融结合,大力发展创业风险投资,推进科技型中小企业贷款保证保险、知识产权质押融资等工作。但是,仍然存在一些制约创新驱动发展的体制机制问题,比如政府公共服务的职能和手段不够完善,企业、高校院所、金融机构等各类主体结合不够紧密,创新创业中介服务体系不够健全等。

1. 聚焦互联网应用创新的关键领域与重要环节

随着互联网领域的创新不断推进,浙江应在关键领域与环节,尤

---

① 王健、陈樱之:《创新,打开发展的天空》,《浙江日报》2016年8月5日。

其是在未来产业"新王者"包括生物基因领域、健康医疗领域、文娱领域，如智能机器人、物联网和人工智能（AI）领域实现新的突破。一是物联网领域创新。美国高德纳咨询公司（Gartner）预测，到2020年物联网将带来每年300亿美元的市场利润，届时将会出现25亿个设备连接到物联网上，并将继续快速增长。[①] 由此带来的巨大市场潜力已经成为美国科技公司新的增长引擎，包括思科、亚马逊、苹果、通用电气、谷歌与国际商业机器公司（IBM）等在内的美国公司争相抢占在物联网产业的主导地位。未来，物联网将从纵向专业化向横向多样化普及，其中智慧城市将成为领先物联网技术的综合应用空间；"物联网+"与发迹于消费互联网的"移动互联网"不同，将从消费端、产业端加快同步推进，政府、企业、个人应学习如何在物联网基础设施上创新创业，"软+硬"才能构筑更深的"护城河"。二是人工智能领域创新。通过万物智能化、人类机器化，实现人、机、数的一体化。数据是人类在比特世界的生命载体与表现形式，人类自身与智能设备（手机、穿戴式设备、传感器等）、在线数据正在加速融合，线上数据、服务将通过智能终端融入人和物。

2. 以"全球互联网应用创新中心"为战略目标

省委、省政府明确把"率先进入全国创新型省份行列"作为2020年高水平全面建成小康社会的总目标，基于互联网应用的四大创新作为浙江的领先优势和特色，将是重中之重。总体来看，发挥现有的创新优势和互联网基础，浙江有条件成为全球互联网应用的科技创新中心。这一战略目标的实现，不仅体现在互联网创新资源的集聚上，更应体现其在互联网创新活动方面的扩散能力与影响力上，包括以杭州

[①] 杨漾、金嘉捷：《谷歌执行董事长大胆预言：互联网即将消失，物联网无所不能》，网易新闻，2015年1月27日，http：//news.163.com/15/0127/AHOBUOKQ00014SEH.html。

为互联网创新中心城市向外扩散,也包括从现有领域向所有行业扩散。全球互联网科技创新"策源地"目标战略的实施,需要发挥阿里巴巴等本土跨国互联网企业在全球互联网创新网络中的治理位势。全球互联网科技创新中心功能主要体现为创新网络的流动性和互联性,成为全球互联网创新网络的中心。全球互联网创新中心必须具备以下特征:高度集中化的全球互联网创新活动的控制与协调中心,进而成为全球互联网创新体系的连接点;全球互联网创新功能性机构主要所在地,全球互联网创新资源要素的汇聚地和流动地;引领全球互联网创新思想、创意行为、创业模式的主要"策源地",包括创新生产在内的主导产业的生产场所。

3. 浙江互联网应用创新仍然存在不足

首先,互联网研究平台还很少,研究规模力量都还很不够。以阿里巴巴为代表,较多偏重于互联网应用的商业模式创新研究,对互联网应用领域最新理念的前沿技术跟踪,对传统行业领域的技术创新、管理创新和制造方式创新研究还不够,四大创新研究平台非常不均衡。其次,除杭州外,省内其他大中城市现有户籍管理制度对互联网领域高科技人才的吸引力还不够强。即便是杭州,在创新人才竞争上与北上广深也还存在较大差距。再次,现有的金融体制与创新中心的建立还存在一定的不匹配。金融领域的制度环境建设与改革还不够快,还不能完全适应风险程度较高的创新活动需要,与创新活动特征相匹配的金融支持工具还不够多,金融资本与互联网行业融合发展缺乏长期规划。另外,以知识产权体系为代表的创新服务体系和环境还难以适应创新需要,当前对产权保护的力度较低,影响互联网企业创新动力;政府服务意识较强,但针对性不明显,对创新活动的激励作用还不够强;部分行业和领域产学研结合程度还比较低,技术研发和市场转化的结合与协同创新急需加强。

四 浙江加快推进互联网应用创新的战略举措

浙江要率先建成创新型省份，就必须全面利用互联网，加快推进互联网应用创新成为推动经济中高速增长和产业高端化发展的主引擎，成为全国转型升级和创新发展的引领和支撑。为此，要聚力建设重大创新平台，全力推进杭州城西科创大走廊建设，高水平建设杭州国家自主创新示范区，提升发展高新园区和科技城，着力实施重大创新项目，实施重大科技基础研究专项，实施重大科技攻关专项，实施重大科技示范应用专项。

以改革开放为前提，推进突破型互联网应用创新。与传统行业相比，互联网行业创新能力和扩散性非常强，对既有体制、传统思维、传统经营与管理及消费方式的突破非常明显。一般来说，对传统路径突破力越大的互联网行业，其市场前景越好且爆发式增长越强。因此，需要高度重视技术创新与制度创新的结合。为促进互联网应用在更多传统行业的创新带动，就必须切实增强改革开放动力。尤其是要根据互联网行业的无边界特性，继续抓好"互联网+"改革试点，构建有利于互联网创新驱动发展模式的政府职能体系，同时还要扩大开放程度，整合全球互联网创新资源，出台相关法规和政策促进本土互联网平台对外开放。

以企业创新为主体，全面推进互联网应用创新。充分发挥企业创新的主体地位，引导互联网要素资源向企业集聚，更大地激发互联网创新的全面拓展。浙商发展历史表明，企业是自变量，创新型龙头企业大部分不是招商引资吸引来的，而是土生土长，其发展有自动力，永远不满足，永远旺盛。互联网应用创新，必须着力构建"以技术创新为重点、制造方式创新为基础、管理创新为保障、商业模式创新为纽带"的创新体系。完善以企业为主体、市场为导向、金融资本相结合的互联网应用创新体系，强化资本动力支持下的企业创新主体地位，促进创新政策向企业倾斜，创新成果向企业集中，创新人才向企业流动，创新要素向企业集聚。

以金融支持为引领，建立互联网应用创新融合通道。增强互联网应用的技术、金融和产业合作，是突破瓶颈约束、不断创立浙江互联网领先优势的重要方式。要发挥浙江资本优势，引领创新发展。当前，经济增长正由投资驱动向创新驱动转变，浙江传统投资优势应因时而变，向资本优势、创新优势驱动转变。浙江民间资本以PE投资为主，未来要引导扶持更多资金形成"天使—风投VC—PE"的完整创新生态体系，更多投向未来的可能"ABT"，形成更多新增长点。尤其是围绕物联网、云计算、大数据、基因生物工程、智能机器人、先进储能材料、生物、文娱等重点领域和环节，重点布局，加快构建互联网产业链布局创新链。

以关键技术为重点，加快互联网应用技术创新。集中优势力量，突破操作系统、高端芯片、大规模集成电路、网络传感器、机器人、工业控制器、高端数控机床、高端工业软件以及信息系统领域的大量核心技术，尽快摆脱低端地位。通过政策引导和资金支持，构建政府、产业界、学术界和各种科研机构相互合作的协同创新体系，鼓励互联网与行业龙头企业联合开展四大创新。启动实施关键技术专项工程，以行业骨干企业为龙头，联合省内外、国内外的实力大学和科研机构，协同攻克系列关键技术，并建立融合创新试验平台，为开展技术攻关、新产品新业务新模式研发等提供支撑。

以创新环境为优势，大力引进、集聚互联网创新人才。创新人才是创新思想的重要来源，青年又是创新活动成功的关键。要大力培育、引进高层次互联网人才，着力改善人才环境，加大对青年人才支持力度。加大户籍、入学、房产与社保等制度改革，促进人才向重点支持的自主创新领域集聚，吸引顶尖人才，把思想、成果留在浙江。加强创新人才市场建设，鼓励互联网创新人才在企业、科研机构、高校以及各地区、部门之间自由流动，鼓励创新人才柔性流动。探索互联网创新教育进高校，融合学科和专业建设，建立多层次、多种类、高水平的人才培养体系，加快构建领军型、科研型、应用型人才和技术、管理兼备的复合型人才等多层次人才结构，建设高水平人才队伍。

以创新平台为支撑，完善互联网生态系统建设。创新的交流、孵化、共享与转化平台，是实现互联网应用创新引领的重要支撑。国际经验表明，宽松、自由的思想交流平台是孕育创新的土壤和摇篮。因此，应当按照"政府扶持平台，平台服务企业，企业自主创新"的思路，加快推进互联网创新平台的建设。一是更多地建立一些定期或不定期交流创新思想的平台。充分利用高校、学科和专家优势，进一步提升创新交流的层次，丰富创新交流的形式，扩大创新交流的领域，激发创新的灵感。二是创新研发与孵化平台。提升浙江整体的创新能力，建设孵化器和公共科技创新平台是一个关键环节。三是创新技术与信息共享平台。可共享的城市创新信息平台，使中小企业能更多地分享创新信息资源，推进个体创新的应用性开发。四是创新推广与基地建设平台。创新基地是一个多功能的重要平台，往往集研发、服务、推广、转化、产业化等为一体。

以知识产权保护为保障，加快推进互联网应用产业化。着力加快知识产权强省，实施知识产权行动计划，推动知识产权全面运用，加强知识产权保护等工作。目前，省人大已审议通过《浙江省专利条例》，在全国率先开展电子商务领域专利保护行动，设立国家级和省级知识产权维权中心，获批"中国电子商务领域专利执法维权协作调度（浙江）中心"。谋划知识产权强省，要深化产权领域改革，加强知识产权创造和运用，严格知识产权保护，推进知识产权强市、强县、强企建设。尤其要以专利化与标准化加强创新产权保护，在服务外包和动漫、设计、咨询等文创产业，积极支持企业专利申请、品牌创建、知识产权保护和标准化建设。

参考文献

胡家勇、高明华：《转型经济学》，安徽人民出版社，2003。

王振中主编《转型经济理论研究》，中国市场出版社，2006。

宋德勇：《经济转型问题研究》，华中理工大学出版社，2000。

冯绍雷、相蓝欣主编《俄罗斯经济转型》，上海人民出版社，2005。

胡健：《转型经济新论——兼论中国、俄罗斯的经济转型》，中共中央党校出版社，2006。

热若尔·罗兰：《转型与经济学》，张帆、潘佐红译，北京大学出版社，2002。

吴敬琏：《当代中国经济改革》，上海远东出版社，2003。

许平：《法国农村社会转型研究》，北京大学出版社，2001。

冒天启：《转型国家不同制度安排和价值取向》，《经济研究》2007年第11期。

裴小革：《论中国经济转型的目标选择》，《天津社会科学》2006年第1期。

尼尔·J. 斯梅尔塞：《社会转型与社会变迁》，黄语生译，《国际社会科学杂志》1999年第2期。

《西班牙、意大利社会保障的主要做法》，《党建研究》2007年第7期。

高新军：《墨西哥社会转型如何走过大事件》，《南风窗》2008年第3期。

阿兰·图雷纳：《20世纪的社会转型》，陈思译，《国际社会科学杂志》1999年第2期。

卓勇良：《弥漫式泛城市化格局初步分析》，《浙江学刊》2011年第6期。

陈庆利：《非均衡协调发展的城市化路径》，《西南师范大学学报》（人文社会科学版）2005年第3期。

韦伟、赵光瑞：《日本城市化进程及支持系统研究》，《经济纵横》2005年第3期。

杜德斌、智瑞芝：《日本首都圈建设及其经验》，《世界地理研究》2004年第4期。

刘华、李学梅：《周谷风城镇化"他山之石"——走进国外小城镇》，《半月谈》2010年第3期。

唐茂华：《城市化的型式：同一性还是差异性——基于历史和跨国视角的研究》，豆丁网，http://www.docin.com/p-1182971.html。

吴伟、许美婷、俞慰刚：《韩国城市化道路的分析与思考》，苏州大学中国特色城镇化研究中心，2009年12月31日。

全毅、张旭华：《社会公平与经济发展：东亚和拉美地区的比较》，中国改革论坛网，http://www.chinareform.org.cn/cirdbbs/dispbbs.asp?boardid=12&Id=149507。

李善同等:《中国经济发展的阶段特征与面临挑战——基于人均 GNI 增长过程的国际比较分析》,中国改革论坛。

徐冠华:《科技部长徐冠华解读"创新型国家"》,央视《决策者说》2006 年 1 月 11 日。

李元元:《典型创新型国家的经验及启示》,《学习时报》2011 年 3 月 3 日。

中华人民共和国商务部:《德国促进自主创新的立法与实践》,中国创新方法网,2008 年 10 月 22 日。

C. A. Crabbe, "A Quarter Century of Pension Reform in Latin America and the Caribbean: Lessons Learned and Next Steps," Inter-American Development Bank, 2005。

图书在版编目（CIP）数据

转型发展：国际经验与浙江路径／聂献忠著. --北京：社会科学文献出版社，2019.4
（中国地方社会科学院学术精品文库. 浙江系列）
ISBN 978-7-5201-4315-8

Ⅰ.①转… Ⅱ.①聂… Ⅲ.①区域经济发展-转型经济-研究-浙江 Ⅳ.①F127.55

中国版本图书馆 CIP 数据核字（2019）第 028284 号

中国地方社会科学院学术精品文库·浙江系列
转型发展：国际经验与浙江路径

著　　者／聂献忠

出 版 人／谢寿光
责任编辑／李建廷　汪延平

出　　版／社会科学文献出版社·人文分社（010）59367215
　　　　　地址：北京市北三环中路甲 29 号院华龙大厦　邮编：100029
　　　　　网址：www.ssap.com.cn
发　　行／市场营销中心（010）59367081　59367083
印　　装／三河市尚艺印装有限公司

规　　格／开　本：787mm×1092mm　1/16
　　　　　印　张：20　字　数：247 千字
版　　次／2019 年 4 月第 1 版　2019 年 4 月第 1 次印刷
书　　号／ISBN 978-7-5201-4315-8
定　　价／128.00 元

本书如有印装质量问题，请与读者服务中心（010-59367028）联系

△ 版权所有 翻印必究